浙江省哲学社会科学规划课题成果

台州市非遗保护工程成果

台州市哲学社会科学规划课题成果

周仲强　著

越文化研究丛书

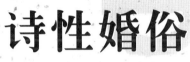

诗性婚俗
——台州"洞房经"的审美研究

中国社会科学出版社

图书在版编目(CIP)数据

诗性婚俗:台州"洞房经"的审美研究/周仲强著. —北京：中国社会科学出版社，2015.9

ISBN 978 - 7 - 5161 - 6867 - 7

Ⅰ.①诗…　Ⅱ.①周…　Ⅲ.①婚姻—风俗习惯—审美文化—文化研究—台州市　Ⅳ.①K892.22

中国版本图书馆 CIP 数据核字(2015)第 208593 号

出 版 人	赵剑英
选题策划	郭晓鸿
责任编辑	武兴芳
责任校对	闫 萃
责任印制	戴 宽

出　　版	中国社会科学出版社
社　　址	北京鼓楼西大街甲 158 号
邮　　编	100720
网　　址	http://www.csspw.cn
发 行 部	010 - 84083685
门 市 部	010 - 84029450
经　　销	新华书店及其他书店

印　　刷	北京君升印刷有限公司
装　　订	廊坊市广阳区广增装订厂
版　　次	2015 年 9 月第 1 版
印　　次	2015 年 9 月第 1 次印刷

开　　本	710×1000　1/16
印　　张	22.75
插　　页	2
字　　数	358 千字
定　　价	82.00 元

甘其食，美其服，安其居，乐其俗。入乡问俗，入境问禁。致君尧舜上，再使风俗淳。天人合一，物我两忘。

——题记

目　录

下编 诗性婚俗
——台州"洞房经"的审美价值

序　言

　　对于婚俗的研究，学界在其历史过程与民间形态的资料搜集方面下了很大的功夫。近年将婚俗视为一种文化遗产，强调其原生态保护，对于婚俗的文化形态进行详细描述和记载，是婚俗文化探究的显著特征。这种历史与现实的资料搜集的目的很明确：为了文化遗产保护，为了民俗文化的传承，同时也是为了文化产业的发展。

　　我们在强调其保护意义的时候，一般会强调婚俗的社会功能，比如对于家庭稳定和谐的意义，对于两性关系和谐的意义等。为了说明这些问题，学者们一般还会联系到原始时代的一些风俗来讨论，从历史发展的视角来讨论，以见出这些文化形态的历史源流，及其恒久不变的功能，这些研究无疑都是很有意义的。

　　但是，婚俗之美，婚俗之诗性传统，这样的显在的事实却很少有人关注。民俗是生活的华彩乐章，它具有树立规则、信仰崇拜和审美陶冶等几项最为重要的功能。婚姻习俗更是这样：人类两性关系如果没有婚姻这样一种制度的保障，那就乱套了，所以婚姻的第一功能就是建立规则。中国人将这事看得极为重要，认为嫁娶制度是伏羲氏开创的，又说是女娲开创的，也有说是黄帝开创的，无论是哪一位开创的不重要，因为他们都是中华文化的奠基者，这就是说，文化的奠基与婚俗的建立息息相关。婚姻的规则是社会稳定的前提，否则就会演变为猴群般的以力为王，战端不已的野蛮局面。当然这不仅是中国，整个世界，人类的第一规则应该是两性资源分配的准则与食物分配的准则，所谓食色性也，人类的最根本的属性是生存与繁衍的规则，没有这些规则，其他便无从谈起。

　　但是民俗规则不是一种强硬的外力形态，而是一种自觉的尊奉，这就需要一种内在的信仰。就婚俗而言，夫妻男女首先是与天地阴阳宇宙大化联系在一起的，所以是一件神圣的大事。婚姻典礼，一拜是天地，这种神圣性进一步强化了规则，即生活的准则。

　　既然是神圣的生活原则，那也一定是美好的，所以雅致审美，诗性狂欢便成为民俗活动的重要特征。民俗不是那种僵硬的形式来迫使民众服从，相反是以一种轻松愉悦的方式吸引民众的认同。所以，除了少数的民俗行为，多数民俗活动都采用了娱乐性、审美性的方式，获得民众广泛而自觉的参与。在一定程度上，审美娱乐是民俗功能实现的最为重要的因素。而民俗审美本身，也是民俗的目的——通过审美行为，提升日常生活的境界，培育民众生活的激情，以升华人生。

　　可是，我们过去对于婚俗之美，婚俗之诗性重视不够。民俗学对此研究不足，美学研究更是远离婚俗之美。现在周仲强先生勇敢地有远见地开辟诗性婚俗的研究空间，真是了不起的创造！

　　仲强老师前些年在华东师范大学做访问学者，师从著名文学理论家殷国明先生，其研究论题是金庸武侠，金庸武侠这个具有神话与传奇色彩的论题与民俗学有丰富的关联。在华东师范大学这个充满浓郁的民俗学研究氛围的校园里，几代学人学术积淀，不受到感染很难。周仲强一边在华东师范大学学习，一边思考着回到浙江开拓民俗研究与社会服务的方略，因此不时地和我讨论些问题，我们十分投缘。等到他回到浙江，寄来了一份浙江省哲学社会科学基金的申报表，课题就是研究台州婚俗的"洞房经"。他用功甚勤，论证有力，一举申报成功。一位现代文学的访问学者，迅速转型成长为一个民俗文化研究者。很快，他又建立了"地方民俗与文化研究所"，并担任所长，成为一方带头人。这样成就的取得，一方面是当代民俗文化的复兴，国家与地方社会保护和重建民俗传统蔚然成风，时代促进了他的民俗研究与事业发展的成就；另一方面，也是华东师范大学学术传统的陶冶养成，我们始终把培养学术带头人作为使命，我们希望华东师大的学生不是一把散沙撒到水里，连个泡沫都起不来，我们的学生应该是一粒粒种子，种植在中国地域文化的土壤里，生根开花结果，长成参天大树，默默无闻地，如春夜喜雨随风潜入夜润物细无声地滋养回报社会。仲强就是这样的一位践行华东师大教育理想的人，自觉带头服务社会，所以我们会由衷地赞美他。

台州的"洞房经"是中国婚俗文化的一朵奇葩。此前，陈华文教授进行过相关研究，仲强继起，乘着非遗保护的东风，写出了第一本关于台州"洞房经"的专著，把"洞房经"的文化形态较为完整地呈现出来，丰富了中国婚俗研究的内涵，这是一项贡献。他研究"洞房经"的著作分为两个部分，前一部分是关于婚俗和"洞房经"的一般研究阐述和研究，后一部分则是关于"洞房经"的审美研究。而在开头，仲强提出了婚俗研究的跨学科跨文化的研究方法，我非常赞同。多学科的视野为民俗研究带来活力，这是一个显著的事实。中国学术的失语症，在民俗研究和美学研究领域都不同程度地存在着，唯有识之士在努力寻求自我，体现出世风日下之下的文化自觉。对于台州"洞房经"，最高的传承方式，也是最为基本的传承方式，是让它回到婚礼仪典中。他们选择在婚博会亮相，选择活态保护，都是十分正确的保护形式。民众需要精彩的、文化含量高、美轮美奂的婚礼，但是他们往往不得不选择粗陋的婚礼仪式，是不是他们自己也很庸俗呢？不是的，是社会上的婚礼服务业没有向他们提供有价值的服务，老百姓别无选择。作为民俗研究者，民俗资源的开发者，应该将这种文化形态加以整理推荐，成为城乡婚俗的选择之一，建立专业的有品级的婚庆服务公司，这样婚俗文化的保护就不再是纸上谈兵了。长期以来，民俗学界长于嘴上功夫，缺乏民俗实践能力。希望仲强老师在这个方面再做一些探索，做地方民俗资源的研究者，更要成为地方民俗实践者，地方民俗的传承和开拓者。

本书的突出成就是"洞房经"的审美研究，婚礼仪式研究不能仅仅是开始—进入—出离的通过仪式，应该多方面感受婚俗之美，认识婚俗之美，这也是建设美好人生的重要组成部分。一个从事审美研究的人，应该是美的生活的塑造者。美不是空洞的存在，是附丽在各种文化行为、形态之上的。婚俗之美，是人生之美的最高境界之一。洞房花烛夜，金榜题名时，人生的两大成功之始，当然是盛大的典礼，也是最令人陶醉的审美感受。这个仪式的审美狂欢，不是男女行为本身，而是一系列的歌唱诗性表达对于婚姻这个自然行为的升华，是人们从生物性转变为社会性，然后提升为诗性的过程，因此，便在人生中展开了华丽的进程。生物性是野蛮的，社会性是僵硬的，而诗性是有审美华彩的，人的生命，人类的境界在此才达到了一种崇高之境。因此，我们需要仲强老师这样的民俗的审美研究，这是一种诗性的民俗学，一种审美的民俗学。这是研究，也是社会生活的审美塑造。当然，这种探索还是初创性的，还是有待提高的。但迈出这一步是多么重要啊！

期待"洞房经"这样的美俗能够代代传承，期待更多的人像仲强老师一样从事民俗学的诗性研究。

2015 年 3 月 1 日于海上南园

绪论　跨文化语境下地方民俗研究的转型镜像

几千年来，在中国这块土地上，中华儿女都在民俗惯例的左右下辛勤地耕耘和劳作，过着"日出而作、日入而息"的生活，为了生活，为了和谐，为着富裕，共同前进，和睦相处，他们自觉不自觉地遵守着规约生活方式、习惯、行为和社会运转的制度；为了自由，为了幸福纵情豪言、倾情放歌，抒情述志，他们不断地创造着"言为心声""我口唱我心"粗犷而雅致的文学，叙说着"我思故我在"式的历史传说；为了幸存的古代文明（神话传说、风俗习惯、仪式信仰）能告诉我们人类文化可以如何迥然相异，特别在民族精神沦丧的年代，民俗如何根植于民族文化肥沃的土壤中，以其重建民族精神和民族传统的坚持，熠熠闪耀于历史。这些传承于历史长河，源自每个社会阶段，流传在不同族群的民间知识汇聚成厚实、博大、严密的中华文化而光耀四射，并以其独特的功能与不朽的魅力引导着文化的创制与发展，调适着民众的生活秩序和精神世界。他们的久远，他们的广博，他们的精深，他们自由沸腾的思想，他们承传延续的结构范式，体现了炎黄子孙对生命的不懈追求和对艺术的无限创造力。

但在当下，民俗历经经济全球化带来的跨文化的冲击，地方文化产生了具有历史意义的裂变，很多具有悠久历史的传统地方民俗逐渐退出了舞台，慢慢消失于大众的视野，正因为传统的民俗文化处于这种状态，所以针对特定民俗的单一田野调查方法遭遇了前所未有的困境，对民俗的研究到了转型时期。20世纪80年代，随着比较文学学科的建立，中西文化间的比较开始受到重视，西方文化批评及其研究思潮和方法走进中国，引起了广泛认同，并逐渐介入中国地方民俗文化的研究，这在一定程度上迎合了中国地方民俗文化研究转型的需要，在思想和方法上为其提供了一种新路向，并产生了诸多研究成果。从整个文化发展过程看，交流作为一种时间的延伸、空间的扩展，化解和消融了不同文化背景所造成的隔阂和距离。跨文化的研究理论，是新时期地方民俗文化研究发展的一个新的质点。在这里，"转型"成为理解这个时代的关键词——呈现出 21 世纪中国地方民俗文化研究从传统到现代的迁徙与变迁。地方民俗文化研究的转型是整体性的迁徙，在历史纵向的变化过程中包含了文化语境、理论观念、研究方法、理论话语以及研究价值的转型等多个方面。民俗研究在转型过程中，可以改变地方民俗文化研究长期以来线性复制的状态，打破历史、经验、经典的重复、复制与粘贴的僵化局面，突破以往狭隘的"小文化"的价值尺度与观念，在更广泛和宽容的层面上，建立一种人类性的思维桥梁与文化空间，实现多元的文化共享与理论创新。

一　文化语境转型

21 世纪地方民俗文化研究转型面临着历史机遇，因为地方民俗文化存在的历史语境已发生变化，不再是区域性、地方性或中国性那么单一，而是全球化后的摇曳多姿。因此，当前的研究已经拥有比以往任何时候都更为丰富的文化和理论资源，处在这样一个开放时代，还可以吸收人类的一切文化成果，恰如牛顿所说："我是站在巨人的肩膀上的。"在跨文化语境下，中国地方民俗文化研究视域大大开拓，地方民俗文化和学术研究从区域出发不断走向中国，甚至走向世界，中国地方民俗文化逐渐被西方国家认知和认同。华东师范大学殷国明先生认为东方文化对西方充满了诱惑，提出三个观点："面向东方：西方文化发生的历史契机；叩问东方：西方文化的寻根之旅；发现东方：西方文化的持续动力。"[①] 这是目前阐释东方文化历史价值的具有厚度的独到观点。

从文化交流史看，西方的思想和学术资源在不断地向东方学习和索取，很多文化资源来源于东方。中国文化作为西方文化发展的镜像和深度

---

① 殷国明：《东方之魅：理解西方思想学术发展的一面镜子》，《中华读书报》2012 年 9 月 26 日。

空间已经被学界所公认。文化交流的双向通道形成影响多个层面，关于这一点尼采有过相似论述，尼采考察古希腊文明后认为："……他们（古希腊）汲取了其他民族的一切活着的文化。而他们之所以走得如此远，正是由于他们善于始乎其他民族之所止。他们精通学习之道。我们正应当像他们那样，为了生活，而不是为了博学，向我们的邻居学习，把一切学到的东西用作支撑，借助它们更上一层楼，比邻居攀登得更高。"① 这种交流现象还可以从世界佛教文化的发展得到佐证，回顾佛教文化发展史，"南教北渐"无疑是一条重要线索和脉络，"西天取经"成为中国家喻户晓的故事，印度佛教的传入并逐步成为中国的主要宗教之一，涌现出八大区域性佛教流派，不仅改变了中国宗教文化思想的历史走向，而且催生了中国新的佛学思想和佛教文化镜像。但是，也正是在这种进程中，人们可能会忽视佛教文化发展的另一条重要线索，这就是印度佛教在不断地走向中国的同时又不断探索和吸取中国的哲学思想和文化资源，从中国区域佛教文化发展和佛学思想吸取自身发展所需的思想、资源和力量，由此也构成了印度甚至东南亚佛教文化持续发展的文化动力。从唐代开始，"中国佛教在东南亚和日本都有极大的影响力，不少外国僧人到中国学习佛教，学成归国后，有的还创立了自己的佛教宗派，并捧中国佛教各宗派大师为祖师，使中国佛教各派名播域外。"② 目前留存于世的尼泊尔、柬埔寨、泰国、印度等寺庙或多或少带有中国文化的元素。"潘桂明、吴忠伟所撰《中华天台宗通史》引慧岳《天台教学史》，列举了东南亚各国的天台宗道场有果照法师创办的新加坡梵影精舍，慧僧法师主讲的马来西亚槟城佛学院，智梵法师主讲的越南华严寺，圣扬法师主讲的柬埔寨金边正觉寺等。"③

　　作为一种新起点，印度佛教中国化后的主要流派台州天台宗佛教又传入东亚各国，鉴真和尚6次东渡日本传道，日本天平十二年新罗名僧审祥到日本宣讲华严宗教义等，天台宗成为日本、朝鲜宗教的源头母教。而东

---

① ［德］尼采：《希腊悲剧时代的哲学》，周国平译，译林出版社2014年版，第4—5页。
② 释源：《寺庙文化》，内蒙古人民出版社2006年版，第9页。
③ 潘桂明、吴忠伟：《中华天台宗通史》，南京凤凰出版社2008年版；转引自项敏《天台宗在东南亚百年的传播》，《台州学院学报》2012年第4期。

亚诸国的宗教文化反过来反哺中国，日本、朝鲜每年都有相关专家到天台
国清寺寻踪访祖，交流心得。从东亚和东南亚宗教文化源流与演变研究也
可以看出这一点，要真正研究世界佛教文化其实是绕不开中国台州地方民
俗文化的，在印度、尼泊尔佛教文化逐渐式微的背景下，佛教的最主要流
派之一——天台宗，却在东亚地区广为流传，并反过来影响了南亚很多国
家，台州地方民俗文化像一个轴心串起整个亚洲甚至世界的宗教（佛教）。
所以，现在的佛教文化已经跨越了时空，我中有你你中有我，难分彼此。

二 理论观念转型

"跨文化"是单一文化与其他文化融合成熟的过程，本身就体现为一
种美学价值，建立在地方民俗文化研究的横向联系和纵向发展的交叉点
上。它是和开放的思想品格联系在一起的，在不断走向更宽阔文化氛围过
程中实现，为当下中国地方民俗文化研究提供了新的发展空间和动力。对
于中国地方民俗文化来说，转型的意义在于继续突破原有的既定的理论概
念和模式，建立一种超越原来狭隘民族和国家理念局限的世界性、人类性
的文化眼光和观念，关注不同理论观念和概念之间的碰撞、交流、磨合和
沟通的过程及意义。譬如：地方民俗文化研究转型的拐点；地方民俗文化
转型的拓展；从唯美到历史哲学的探寻；中国地方民俗文化批评的滥觞与
魅力等。理论观念的转型有助于摆脱"独创的贫困"的困境。地方民俗文
化研究的转型，是其自身获得发展和扩展的新的向度，它所包容的是一个
同中国整体文化一样的无边无垠的世界，不断从已经开发的领域，向正在
开发和尚未开发的领地发展。

一个国家经济、政治等活动离不开本国文化的支撑，中国文化巍然矗
立于世，其成功之处在于实现了30多年中国经济的高速增长，在跨界传
播中，无论有多少负面报道，但过去30年的发展证明了中国文化必有其
独到之处。从小范围去考察，民营经济的"温州模式""台州模式"的创
建，与两地的区域文化构成千丝万缕的紧密联系。事实证明，没有地方文
化的强有力的支撑，是不可能产生这种独特发展模式的。浙商遍布全球，
带去的不仅是商品，更是浙江本土文化。刘士林认为："江南文化的丰富
性是一口至今没有穷尽的深井。在这口深井之中，我们至少可以打捞出家

族文化、商业文化、审美文化三块沉甸甸的文化宝石。"① 家族文化、商业文化、审美文化就是温州、台州经济模式的基石。当这种模式走向中国甚至走向世界，伴随着的是区域文化的对外扩张，其背后是这种地方文化具有的开放视野和胸襟。当然这并不意味着文化的某些优点可以一成不变。发展会导致既有文化某些方面不能再适应新的阶段，不能提供再发展的支持，甚至反而可能成为再发展的桎梏。经济全球化了，文化的视野和胸襟也必须走向全球化。在不断遭到批判否定的旋涡中走出来的中国文化，新时期逐渐显现其自身传统的光芒，5000 多年从没有间断的发展历史已经形成无惧于任何侵略的强大文化。文化无优劣之分，当我们对西方文化及体制一知半解、缺乏对他国文化体制的切身感受时，我们对文化优劣做出的大胆评判不过感情用事而已。

所以，首先从理论上走向世界就显得非常重要，任何地方民俗文化的研究最终归结为理论的哲学高度。正像汉民族仅存于世的流行于浙江省东南沿海地区，伴随婚礼举行过程而吟唱的仪式歌——"洞房经"一样，作为汉民族独一无二的地方婚俗文化对歌②，学界对其研究还仅止于源流与演变及形式的阐述上，缺少对这种地方民俗文化蕴含的深刻内涵的真正挖掘。陈华文教授是研究台州"洞房经"的代表，他认为："洞房经习俗最主要的特点就在于汉民族的婚礼仪式中不但保存了完整的仪式歌，而且保存了对歌这一独特的文化现象，至今流传于温黄平原（台州），这确实可谓是一种文化的怪异现象。"③ 如果想把这种富含地方特色、历史价值和现实意义的婚俗文化现象赋予新的生命，应该把它置放于人类婚俗的共同价值和精神去考察，挖掘"洞房经"所体现的追求婚姻秩序、幸福生活的文化价值及诗性婚俗的审美意义。因为人类共同关心的问题不仅大大缩短

① 刘士林：《江南文化理论》，上海人民出版社 2010 年版，第 66 页。
② 陈华文认为：在婚礼中保存着对歌形式，从目前汉民族婚礼习俗的角度去考察，台州的"洞房经"则可以说是独一无二的。那些在少数民族中存在，而在汉民族中遗失的文化表现形态，都一览无余地保存在"洞房经"仪式中，这是一种值得保护和保存的文化传统和活的婚礼对歌的文化化石。参见《一组古老的文化符号——汉民族婚礼对歌"洞房经"溯源》，《浙江师范大学学报》1990 年第 3 期。
③ 陈华文：《洞房经：文化的神话——温黄平原"洞房经（歌）"习俗的思考》，《东南文化》1990 年第 4 期。

了我们之间的空间距离，更重要的是，也大大缩短了我们之间的心理距离。这种跨越时空的文化视觉和多学科的背景可以改变目前"洞房经"研究的单一性，不仅阐释其古朴形式以及与古越文化关系，更是注重跨文化语境下的多元化视角的空间理论阐释，立足于地方现实民俗文化生活，挖掘内蕴的普世价值。

三　研究思维方法转型

在研究地方民俗文化时，强调地域文化民族性的同时，要关注全球性；强调个案研究和田野调查的同时，要注重纵向考述与横向对比；强调区域社会变革孤立事件的文化想象力的同时，要注重跨学科综合研究。对地方民俗文化的事象意义和价值进行了多元文化视觉的立体摹画，努力为地方民俗文化的传承寻找更为广阔的发展道路。"洞房经"的研究思路与方法需完成三个转变：

其一，从注重对"洞房经"这一民俗事象的文本研究转向重点对民俗文化"洞房经"的人本研究。如：审美功能、价值追求、共同的文化、精神倾向等。

其二，从注重强调"洞房经"收集整理的线性研究转向跨区域和多学科的横向综合研究，如：文艺美学、历史、地理、宗教、民间文学与吴、楚、沪等区域文化关系等综合研究。

其三，从注重区域地方性研究转向跨文化普世价值研究。跨区域、跨民族，甚至跨国界的婚俗文化交流、碰撞、融合和价值认同，婚俗仪式的功能起到社会确认、文化确认、心理确认的三种确认应具备全人类共同的价值观。

我们要用转型思维清理地方民俗文化研究、发展的历史经验，把社会变革和开放的精神甚或一个国家的政治、经济、文化等融入地方民俗文化的研究，以历史批评的态度对地方民俗文化研究的重要学者和重要著作做一番重新梳理和考察，从中汲取经验和教训。既保持地方民俗文化史料线形研究的传统，又开放融合地方民俗文化在全球化背景下呈现出来新型特征的维度，以此分析和解释区域文化的独特性。同时，关注到影响地方民俗文化走向的历史语境和时代给特定区域带来的历史印记，它通过战争、灾难、政策、移民、交通、民俗与社会事件、开放程度、地方行政区划变迁等深刻影响地方社会构成与人们的思想意识，分析和论证地方民俗文化的社会价值和审美意义。透视地方民俗文化传统与现代的内在联系，本土和外来的碰撞融合，对在区域文化交流、跨文化交流过程中扮演转折点角色的地方民俗文化新特征逐一呈现，分析其源流演变历程以及与其休戚相关的形成与传播过程。解释容纳多元文化后的新体征可以通过中国地方民俗文化研究范式的转变、对重写地方民俗文化史的探索、研究过程中审美与政治的相互映照以及对寻找精神文化的穿越等，来推动中国地方民俗文化研究的跨文化交流进程。地方民俗文化研究的转型承担了承上启下的历史重任，把中国地方民俗文化研究从传统带到了现代，进入了一种开放的、与世界文化发展紧密相关的境界，不再仅仅从本民族和本地域文化传统出发去理解文化的意义，而是在不同文化传统的共同理想中寻求沟通和理解。

四　理论话语转型

由于西方引进的现代观念与地方民俗文化的区域性、封闭性造成的"自伤"，使传统话语无法直接参与到现代文艺美学的创造之中。这种"失语"不仅产生在理论的观念与话语之间，也表现在中国人的内在美学精神与现代新的话语系统之间。其特征首先表现为地方民俗文化"民族性"研究如何进行新的诠释。随着全球化的深入扩张，民族性已超越单纯的文化范畴而逐渐上升为关系民族和国家独立生存的重大问题。在全球化与民族性、多元化与一体化的两难选择中，去其两偏而得乎其中，既是非常困难的事，又是关乎本民族文化有没有脊梁骨的事，对文化民族性的理论基础、当代价值、现实境遇以及当代中国地方民俗文化构建的思维误区进行深入细致的研究，可以让我们重新找到全球化视野下地方民俗文化民族性重建的可能路径。其次，从20世纪西方对我们文化的误读开始，我们在一段较长时间内丧失了文化的话语权。不同文化体系之间的陌生感和互相纠缠，导致了传统与现代之间难以沟通的尴尬。在地方民俗文化的研究发展中，由于西方观念无法在传统文化语境中找到表达，而传统话语一时无法适应和承担现代观念的解释。于是，中国地方民俗文化研究的"失语"现象提到了理论层面，这种"失语"不仅产生在理论观念与话语之间，也表现在中国内在美学精神与现代新的话语系统之间。

同时，地方民俗文化研究本身缺乏响亮的声音也是很重要的原因，传统的研究不能与当下的西方话语构成对等回响，直至目前还没有产生世界性影响的理论及人物。作为汉民族仅存的独一无二的婚礼对歌——"洞房经"，其本身蕴含历史和人文价值，就足以进入研究者的视野，但至今研究者只有一人，而这个人还是在一个偶然的机会接触并发现"洞房经"的现实意义，这才有了不多的研究性文章，在他的推动下，"洞房经"才跻身浙江省非遗保护名录，才去申报国家非遗。如果没有他的努力，这种诗性婚俗话语权及影响力就像深埋在地壳中的黄金，不会发光。我们在极具民族性的地方民俗文化研究理论方法、意义价值的阐述上就失去应有的话语权，变得无语，无法赢得广泛的认同。应该明确的是，我们不是缺少文化资源，而是缺少发现、概括和提炼后形成的一种普世价值的系统理论，也就陷入了"独创的贫困"境地。

这种失语现象给我们提出了一个严峻的问题，如何在理论上确立地方民俗文化在中外文化交流中的意识形态特征，重新定义地方民俗文化的历史与现实价值，其研究的转型就成为重新获得话语权的必要手段之一。于是，新的话语就产生了，在误读—失语—无言—新语的话语转换的背后是理论话语的争夺，典型的文化的意识形态之争；如果能在没有历史偏见的语境中审视文化的理论话语，我们的文化将得到公正的表述。这是我们所希冀的。

五 批评价值追寻转型

跨文化的文化理论和文化批评，是中国 21 世纪地方民俗文化批评发展的一个新的视点。主要维度为：（1）微观与宏观结合的地方民俗文化研究，重视地方社会历史文化资料搜集整理，以新的思维、理论和批判价值进行综合研究；（2）不同地域文化的平行与交叉研究，重视地方政治、经济和风土类型的考察比较与地方民俗文化互动关系的研究；（3）兼容并蓄的开放研究，重视对西方批评理论的引进和本土化改造；（4）小地方和大中国互为依存的文化批评研究，重视区域文化的特性与中华文化整体性的构建。

　　既要肯定中国理论界对于追求宏大理论建构的努力，又要重归日常生活，分析学理化与规范化的弊端与歧路，把握地方民俗文化批评的生命化与生活化。注重文化的多层面、跨界传播，挖掘地方民俗文化之历史、精神价值，使之自觉消解不同地域文化在交流中产生的摩擦现象，走出随历史变迁引发的文化变迁所带来的精神困境，防止地域文化在转型期出现冰冻或断裂。独具民族特色的地方民俗文化是中华传统文化的有机组成部分，是世界共同的文化宝库。中国地方民俗文化的巨大价值应为世人所公认。辜正坤在研究中西方文化比较时看重东方文化，他认为："文化多元主义重视东方文学，比较文学应包括东方文学比较研究。"①

　　在不显山、不露水的台州"洞房经"研究上更为明显，"洞房经"已列入第四批浙江省非遗名录，台州的"洞房经"亮相2012年全国婚博会引起轰动，但研究的专家从知网查阅只有陈华文一人，作为汉民族仅存的婚礼仪式——对歌，真正的美学价值至今无人窥知。其实，从跨文化视野看，台州"洞房经"至少有以下价值：

　　1. "洞房经"所体现出来浓郁的家族文化意识正是浙东家族企业兴旺发达的一个缩影。

　　2. "洞房经"传唱过程塑造了台州式"硬气"、热情奔放、敢闯敢冒、勇立潮头等台州沿海人民的品格气质。

　　3. "洞房经"释放出集体意识的幸福生活愿景和对快乐生活的现实把握。

　　4. "洞房经"仪式体现出来的社会舆论、文化意识、共同价值观、宗族组织等社会力量，能够有效维系家庭的稳定，保障婚姻秩序。

　　5. "洞房经"歌词，对仗工整，韵脚相押、平仄协调，亦诗亦谣，用当地土话、吴歌韵律颂唱起来朗朗上口。其内容或为祈福祝福、生活掌故，或为当地俚语俗言，或为神话传说、历史故事，既独具意韵，又生动活泼，文采斐然，极富文学价值。

　　当然，这需要研究者有独到的智慧和宽阔的思维，对那些有代表性意义的地方民俗文化研究从更大范围入手，探求人类的共性，其价值层面才会被不同地域各色人等认同。文化批判价值的追寻是转型期地方民俗文化

---

①　辜正坤：《中西文化比较导论》，北京大学出版社2007年版，第265页。

研究的焦点，也是凸显新的生命意识和诗意审美的核心价值之本。

　　当然，一种新的生命意识和诗意审美的产生必须建立在历史与未来、外来与本土、传统与现代结合的精神之上，不单是靠外来的和尚好念经这一惯常理解上。对西方所能给予我们的一切应当掌握先占有、后挑选的方法，"运用脑髓，放出眼光，自己来拿"①。只有这样，才不会辜负时代所赋予我们的一切。目前在海外，对中国地方民俗文化的研究还不能称得上是一门显学，但从中外文化交流的角度考量，却是传统悠久，潜力巨大。文化交流的境界在于彻底地渗透和融合，最终达到"齐一论"的平衡状态，外国人喜欢中国文化中超凡脱俗、亦真亦幻的生命形态理念，也关注因经济合作而涉及的地域文化；而中国人也会吸收国外先进科学技术及先进理念，这种文化的汇合构成了异域文化之间的双向通道，彰显出各个文化主体的地方性、民族性与时代性。总结与梳理中国地方民俗文化的历史内涵，将它们置于历史的、宏观的和全球化的视野下进行系统性历史回顾，特别是西方消费文明的迅速传播对地方民俗文化构成的强力冲击和由此引发的因开放而造就的地方新文化形态，提升地方民俗文化研究学者的宏观研究意识势在必行。

---

　　①　鲁迅：《拿来主义》，《鲁迅文集》第 6 卷，黑龙江人民出版社 1995 年版，第 33 页。

上　编

"洞房经"

——飞扬的台州民俗风情

　　人生礼俗，无非是一个人人生经历中所要处理的人际关系及其构成的社会关系。它看似简单却有着教化、规范、秩序等社会作用，不可轻视。人是社会中的人，有情感，过的是群体生活，因而在与人交往的过程中，不可避免地要涉及人生礼俗。如果忽略这些礼俗，不仅会使你丧失在周围群体中的亲近感，也会使你的人生失去情趣。婚礼是人的一生当中非常重要的礼俗，是一种民间宗教仪式，或是法律公证仪式，其功能在于获得社会的承认和祝福，帮助新婚夫妇适应新的社会角色和要求，以便承担社会责任。所有的民族和国家都有其传统的婚礼仪式，所有的婚礼仪式都是民俗文化的继承途径，也是本民族文化教育的仪式。在农村，结婚生子被看作是农民一生中最大的喜事，而婚礼就像农村收割开镰的祭祀仪式一样，带有狂欢色彩。从某种意义上讲，婚礼就是农民的狂欢节，是民俗风情的基点。

　　婚礼是一个人一生中重要的里程碑，属于生命礼仪的一种，也是世界上最古老、延续时间最长、影响最广的民俗。在地方文化里，通常都会产生独特的传统与习俗，婚俗就是其中的典型，在漫长的历史发展进程中，传统婚礼逐渐向现代转变。婚礼在现代社会中渐渐失去了其原始象征的意义，演变为世俗婚礼。结婚之日，婚礼规模非常盛大，大摆筵席，贺婚之人从四面八方赶来，大喝喜酒，在恭贺新郎新娘新婚快乐的同时，自己也享受到快乐。恭贺新婚快乐，是所有到场贺客的一致愿望。说起贺婚，还可以追溯到两汉之际，据《汉书·宣帝纪》记载："五凤元年秋八月，诏曰：'夫婚姻之礼，人伦之大者也。酒食之会，所以行礼乐也。今郡国二千石或擅为苛禁，禁民嫁娶不得具酒食相贺召，由是废乡党之礼，令民亡所乐，非所以导民也。'"汉宣帝颁发诏书的目的，在于提倡老百姓在婚礼上要行礼乐，摆酒宴，相贺召。婚礼既在于礼，又在于贺，与众乐乐，才是最乐。

　　婚礼说深了，很深；说直白了，很浅薄。婚礼，本来应该是基础实用艺术，但上升到诗性与审美的高度，就可以有深层次的诠释。台州是一片神奇的土地，地理位置独特，三面环山，一面临海，这里有九万里壮丽河山，八千年历史风云，七百里黄金海岸，六百万英雄儿女。从6000年前的"下汤文化"开始，台州风云激荡，三国时卫温率队开启远航台湾的征程；东晋时中国海盗鼻祖孙恩三次进攻临海；方国珍、金满等台州"绿壳"在新中国成立前曾是浙江的三大名片之一（台州绿壳、绍兴师爷、宁波商帮）；南朝陈、隋之际创立佛教"天台宗"，天台国清寺成为日本、朝鲜的国教祖庭；明朝时诞生了人文地理学始祖王士性以及抗倭英雄戚继光；八达岭长城的模板——江南长城巍然矗立……数千项文化遗产光耀千古。汉民族仅存的对歌"洞房经"就诞生在这片迷人的土地上，它是汉民族仅存的婚礼对歌，在对歌声中，台州的历史风情肆意飞扬。

第一章　传统婚俗

——洞房

宋代《神童诗》（出自《四喜》篇）认为人生在世有四大喜，分别是久旱逢甘霖、他乡遇故知、洞房花烛夜、金榜题名时。人的婚姻、事业、友情、天运中的代表性事件都包括在里面，集中反映了人类对幸福与成功的期待和渴望，这些期待和渴望转而成为文学表达的集中主题之一，在不同时期文学中得到倾情抒发。中国文学历来以现实主义为主，民间文学离不开这一特性，但几千年来却从不乏浪漫主义，神思纵横，绚丽多姿，思接千载，视通万里，极尽想象之神奇。这四喜中"洞房花烛夜"因其关联人生幸福的核心，洞房又是人间的富贵温柔乡，是令人遐想的销魂之地。洞房之夜充满了柔情蜜意，有说不尽的儿女情长，所以最让人留恋和憧憬。因此，在后世的四喜之中，文人讴歌渲染最多的还是洞房花烛夜。

第一节　洞房及考辨

在"洞房"一词初创之时，它不具备结婚表意功能，在较长一段时间内，它都是指幽深房间，并不指涉婚房。随着婚俗事象意义指向的明朗和清晰，洞房的词义逐渐演化为结婚新房的代称。

一　幽深的房间——洞房的本义

"洞房"一词出现很早，准确年代不可考，最初的意思并不是指新婚夫妇的卧房，而是指深幽的房间。《辞海》中解释洞房本义，意为深邃的内室，"洞"指的是"深穴"，"房"指的是正室两旁的房间。焦循在《易通释》中说："房必有户以达于堂，又必有户以达于东夹西夹。又必有户以达于北堂。"含有曲折幽深之意。这种意思保留了很长时间。战国时楚国诗人宋玉《招魂》有句云："娇容修态，缅洞房些"，意思是幽深的内室里，都是容貌美丽、仪态优雅的女子，这里的洞房所指可能是较早出现的洞房本义，指的是女子居住的幽深而又豪华的房间。西晋陆云《登台赋》："蒙紫庭之芳尘兮，骇洞房之回飙"和《梁书·徐勉传》："高门甲地，连闼洞房，宛其死矣，定是谁室？"中的"洞房"指的也是相互连接曲径通幽的房间。陆机有一句"甲第崇高闼，洞房结阿阁"（《君子有所思行》），描述的是亭台楼阁，豪华绵延，无关乎婚房。南北朝时出现蜡烛，如《西京杂记》中讲："南越王献汉高帝石蜜石斛，蜜烛二百枚，帝大悦。"于是洞房花烛开始联姻，北周时庾信《三和咏舞》诗中有"洞房花烛明，燕馀双舞轻"一句，洞房首次与花烛"携手"，但不是现代意义的洞房花烛，仍然是指幽深的房间里，烛火通明，体态轻盈的女子载歌载舞。

从现有的资料考察，春秋战国时期洞房一词出现后，由于表意单一，诗文中较少使用。汉时，洞房一词词义虽有所拓展，但在文学作品中出现的频率依然不高，使用范围较狭窄，单指幽深房间，而这种意思仅限于在宫廷和公侯的闱苑中使用，一般指王宫贵族们深深的宅院和富丽堂皇的居所。到了魏晋南北朝时期，洞房一词的意义虽继续向外延伸，可以和幽深房间里的人和事联系在一起，但仍旧沿用与本义相关的意思。总之，唐代以前"洞房"一词基本是指幽深的房间，与结婚没有关系。

二 新婚的卧房——洞房的词义转换

从幽深的居室到新婚的卧房，洞房的词义转变经历了漫长的过程。

到了唐代，洞房一词意思渐渐有扩散现象，因为狎妓之风流行，洞房频频用来指代酒楼、青楼等吟诗作乐和欢爱的场所，如"两家合奏洞房夜，八月连阴秋雨时。"（白居易《与牛家妓乐雨夜合宴》），"东井沐浴辰已毕，先进洞房上奔日。借问君欲何处来，黄姑织女机边出。"（顾况《金珰玉珮歌》），"落叶流风向玉台，夜寒秋思洞房开"（沈佺期《古歌》），"莫吹羌笛惊邻里，不用琵琶喧洞房"（乔知之《倡女行》）等都是例证。

把新婚的卧房称为洞房应是唐中期以后的事了。

中唐以后，洞房一词的含义有了新的演绎，既可用来形容华美高大的女子闺房也开始用来指新婚卧房，如张修之《相和歌辞·长门怨》有"长门落景尽，洞房秋月明。玉阶草露积，金屋网尘生"，这里的"洞房"就是指汉武帝的皇后陈阿娇的住处；上官仪《高密长公主挽歌》有"寂寞平阳宅，月冷洞房深"，指长公主幽深的住所。洞房之"洞"，强调的是房间的幽深。柳永《昼夜乐》"洞房记得初相遇，便只合、长相聚。何期小会幽欢，变作离情别绪，况值阑珊春色"指的是幽深的内室、妓女的住所，寻欢作乐的场所。

唐中期之后，"洞房"作为婚房的别称才真正出现在诗文中。比如"洞房有明烛，无乃酣且歌"（刘禹锡《苦雨行》），"洞房环佩冷，玉殿起秋风"（杜甫《洞房》），"新妍笼裙云母光，朱弦绿水喧洞房"（顾况《宜城放琴客歌》），"画图封裹寄箱箧，洞房艳艳生光辉"（李涉《寄荆娘写真》），"清晓洞房开，佳人喜燕来"（张祜《洞房燕》），"佳人眠洞房，回首见垂杨"（刘希夷《晚春·佳人眠洞房》），"市言唯恐田园陂地之不广也，簪珥羽钿之不侈也，洞房绮闼之不邃也"（沈亚之《贤良方正能直言极谏策》），"洞房深闭不曾开，横卧乌龙作妒媒"（韩偓《妒媒》）。

与此同时，小说和戏文也同样出现这一意思，宋人洪迈在《容斋随笔》里就有"洞房花烛夜，金榜题名时"的佳句流传后世。此后，洞房就演变为新婚夫妇卧房的专称了，"洞房花烛夜"也成为人生四大喜事之一。冯梦龙纂辑的《古今小说·金玉奴棒打薄情郎》有："双双拜了天地，又拜了丈人、丈母，然后交拜礼毕，送归洞房做花烛筵席。"刘鹗《老残游记》第九回说："搬来搬去，也很费事，不如竟到你洞房里去弹罢。"洪深《少奶奶的扇子》第二幕："二十年以前，男女总要在入洞房以后，才说到爱情。"

也有反映婚姻不如意的，如白居易《寒闺怨》："寒月沉沉洞房静，真珠帘外梧桐影。秋霜欲下手先知，灯底裁缝剪刀冷。"权德舆《舟行见月》："月入孤舟夜半晴，寥寥霜雁两三声。洞房烛影在何处，欲寄相思梦不成。"乔备《长门怨》："秋入长门殿，木落洞房虚。妾思宵徒静，君恩日更疏。"明代刘芳节《缺题》："徒劳掩袂伤铅粉，但惜流尘暗洞房。"

从此，洞房就成为新婚夫妇新房的专指，一直延续至今。

三 "青庐"——洞房的别称

中唐以后，洞房虽然已指称结婚用的婚房，但婚房也不全叫"洞房"，有时称"青庐"。《辽沈晚报》2012 年 8 月 15 日刊登《唐朝以前"洞房"与新婚无关，婚房称为"青庐"》一文，文中介绍，在《世说新语》中有这样一个小故事，曹操与袁绍年轻的时候，非常要好，经常出去"侠游"，这样就免不了搞一些恶作剧，有时还会偷鸡摸狗。有一天他俩见一对新人结婚，便偷偷地溜进人家的院子，看到新娘貌美，就冒出了个坏主意。突然大喊"抓贼"，把"青庐"里的人都引了出来，混乱之中把新娘劫走了。我们姑且不去论证这个故事的真假，但古代人把举行婚礼的时候临时搭建的帐篷叫"青庐"，那是千真万确的。据学者考证，从东汉至唐初，古人都是在青布搭成的帐篷里举行婚礼，"青庐"一般设在住宅西南角的"吉地"上，下轿的新娘从特备的毡席上走过，最后进入青庐。《玉台新咏·古诗为焦仲卿妻作》："其日牛马嘶，新妇入青庐。"唐代段成式《酉阳杂俎·礼异》："北朝婚礼，青布幔为屋，在门内外，谓之青庐，于此交拜。"清代蒲松龄《聊斋志异·神女》："公子辞而出，曰：'明夜七月初九，新月钩辰，天孙有少女下嫁，吉期也，可备青庐。'"古人除把"青庐"作为新人结婚用的婚房外，有时也把结婚称为"青庐"，这一点，与我们现在用"洞房花烛"指代结婚是一样的意思。到了近现代，仍有人把"青庐"指代结婚，如郭沫若《卓文君》第二景："卓翁，你该晓得，司马长卿名扬四海，如今尚未青庐，假使他能得女公子为他的内助，那岂不是天作之合吗？"

四　意义延伸——洞房词义的拓展

在洞房词义漫长的演变过程中，其意义逐渐向四周扩散延伸，使其具备多种含义，有的已经超出婚房的概念，虽与结婚有关，但不全指称婚房，洞房有时借指完婚。如《玉娇梨》第十七回："虽别有人家肯与我，却又不中我意，自分今生断无洞房之日。"

在一些诗文中，洞房还有另外特指，如张说《深渡驿》有"旅泊青山夜，荒庭白露秋。洞房悬月影，高枕听江流"，诗人在驿站里住的就是"洞房"。岑参的《春梦》"洞房昨夜春风起，故人尚隔湘江水"，指男子住的房间。《梅葛》诗第二部"高山梁子上，盖起三间土洞房"，指的是房屋。朱德的《游南泥湾》"今辟新市场，洞房满山腰"，指的是窑洞。洞房还可以是道教养生之道中所指的人体的一个穴位，即穴位名。《黄庭内景经·灵台部》："洞房紫极灵门户。"梁丘子注引《大洞经》："两眉直上……却入二寸为洞房。"由于盛唐时佛教流行，洞房还曾用来指僧人的山房，唐代牛希济词《临江仙》："谢家仙观寄云岑，岩萝拂地成阴。洞房不闭白云深。当时丹灶，一粒化黄金。"王维也有"洞房隐深竹，清夜闻遥泉"（《投道一师兰若宿》）的诗句。

作为民俗的一种普遍性仪式，具有跨越时空的意义和价值的婚俗，能够体现一个村落、一个族群、一个区域甚至一个民族相对稳定的风俗习惯和共同的价值追求，一种精神层面的同质性。其物质表现形态是洞房。以婚姻为描写对象的洞房，其语言性体现在，洞房是高度私密的场所，它既涉儿女私情又与男欢女爱有关，展现夫妻人伦天性，很好地满足了观众的猎奇和窥探心理，同时也可考验人物品性，从婚俗的生活细节来展示民众的生活态度。但无论呈现哪一种形状，洞房都直接指向婚俗，指称新房，包含夫妻深层的情感交流，最是引人遐想。

台州的民俗记载最早来自南朝孙诜《临海记》："郡北四十步有湖山，可坐数百人。民俗极重，每九日菊酒之辰，宴会于此三者常至三四百人。"但婚礼颂歌的年代或不可考，可能随着婚礼产生而产生，但从婚房称为洞房的唐代中期开始，或许也是"洞房经"真正开始形成的年代。究其历史，大概有一千年。台州民间有一种说法，"洞房经"已经流传了数百年，可能就基于唐中期后把婚房称为洞房这一事实吧。

第二节　闹洞房的来历

中国传统婚姻以其礼仪的隆重和场面的铺陈而颇具特色。它通常要经过提亲、合八字、订婚、亲迎、闹喜宴、闹房等"程序"。其中以闹洞房为一高潮，闹完洞房后，完成了送洞房仪式，宾客下楼梯回家，新郎新娘入睡。闹洞房是结婚必经的程序，在闹房时，因为老少无忌，参与者众多，除却欢庆外，有时闹的过程有人会浑水摸鱼做出一些"异样"的举动，新娘会因此被人吃点豆腐，揩点油，都很正常。因这一切都发生在结婚喜庆的洞房里，故称为"闹洞房"，也叫"闹房""闹新房"等。过去因为在送洞房前，新郎是不能到洞房的，所以很少闹新郎，专闹新娘，故又称"闹新娘""耍新娘"，台州有些地方还称为"戏新乌娘"，以戏耍新娘取乐。台州各地都流传着"新婚三日无大小"的说法，这里的大小就是所谓"尊卑""贵贱""长幼"，新婚之夜，可以不分尊卑、贵贱、长幼，自由地闹。

闹房习俗始于何朝代，现在不可考证了，对于婚俗有过详细记载的《礼记》也没有记载"闹房"一事，记录北宋风俗的《东京梦华录》、南宋风俗《梦粱录》都没有相关的闹房记载。从现存的史料看，"闹洞房"应该在宋代以后出现。

但婚礼起于汉代先秦时期或更早，那时有确凿记述。孔子在《礼记·曾子问》中说："嫁女之家，三日不息烛，思相离也；娶归之家，三日不举乐，思嗣亲也。"这反映了先秦婚礼的淳朴、肃穆的习性，但那时还没有大操大办，婚礼似乎是相离、相亲之意，没有举家之乐，或亲友集体恭贺。到了汉代，社会稳定，经济发展，人们开始一反先秦婚礼的淳朴、肃穆，而变得自得其乐，聚众喧闹，大肆欢庆，真正意义上的世俗喜庆婚礼开始形成。

近代有学者考证闹洞房的源流，认为在汉代已经存在，如杨树达在《汉代婚丧礼俗考》一书中说："而为之宾客者，往往饮酒欢笑，言行无忌，如近世闹新房之所为者，汉时即已有之。"杨氏引汉末仲长统的

《昌言》中的记载："今嫁娶之会，捶杖以督之戏谑醮以趣之情欲，宣淫佚于广众之中，显阴私于新族之间，污风诡俗，生淫长奸，莫此之甚，不可不断之也。"杨氏引汉代的史料，说明古时闹新房的形式，结论还是较为可信的。如果依据杨树达的观点认为闹房起于汉代，那说明闹房古亦有之，已绵延近两千年。只不过之前记载流传下来较少，所以很难找到更多佐证。到了宋代以后倒有许多记载，如：明代杨慎《丹铅续录》："今此俗世尚多有之，婿妇之家，亲婿避匿，群男子竞作戏调，以弄新妇，谓之谑亲。或寒裳而针其肤，或脱履而规其足，以庙见之妇，同于倚门之倡，诚所谓敝俗也。然以《抱朴子》考之，则晋世已然矣，历千余年而不以变，可怪哉！"

闹洞房在传承过程中，因为动作、表意各有不同，不同历史时期对其看法不同，从其出现伊始，或被视为有效增进热闹气氛的手段，或被视为一种低俗陋习，必须摒除。

关于闹房来历的另一种观点认为，闹房最早在北方出现，而且开始时不是闹新娘，而主要是闹新郎，这大概与北方民族的生活习性有关。如《汉书·地理志》中记载："（燕地）婚娶之夕，男女无别，反以为荣。"寥寥几笔，虽无从反映出北方新婚之夜男女无别是什么样子，但能揣摩他们在快乐之时不分男女，也不以为耻的景象。

据周作人说："又浙中有闹房之俗，新婚的首两夜，夫属的亲族男子群集新房，对于新妇得尽情调笑，无所禁忌，虽云在赚新人一笑，盖系后来饰词、实为蛮风之遗留，即初夜权之一变相。"①

周作人还引录了《越谚》卷上的一首元初童谣："低叭低叭（唢呐声），新人留歹（歹读如 da，语助词），安歹过夜，明朝还俉乃（'俉乃'系'乃'——你们之缓读）。"反映了元朝时蒙古贵族曾对汉人施行过初夜权之事。周氏的看法颇有见地。闹房确实留有古代蛮风的痕迹。明代田艺衡《留青日札·弄新妇》卷二记载徽州等处"弄新妇"恶习：新媳妇入门，众亲戚百般戏辱，以至有的新妇不堪毒虐而自缢的。

闹洞房是婚礼的高潮。婚宴之时，觥筹交错，婚宴之后，酒足饭饱，

① 周作人：《初夜权·序言》，《知堂序跋》，岳麓书社 1987 年版，第 273 页。

似乎是例行公事，亲朋好友往往要走进洞房，开始闹洞房。一是与新娘谈价格，如何赎回迎亲路上抢走的送洞房的物件，你来我往，讨价还价，经过多个回合拉锯，最后达成妥协，新娘出红包，分发给在座的洞房客，洞房客把抢走的草席、枕头等东西送还；二是逗乐新娘，每个人挖空心思，给新娘出难题，在这一过程中，新人难免会出现尴尬场面，所以在洞房之前，新人们必须准备几招应对婚礼洞房过关妙招的"必杀技"。还有的新娘父母怕新娘在闹房时应对不力，下不了台，往往派一个会事的年长妇人跟随，在闹房时见招拆招，帮新娘抵挡。无论如何，闹洞房都是无伤大体，最后以皆大欢喜收尾，首先要知道人们来闹洞房本意是怀着良好的祝愿，来同新人共同欢度这一人生最美好幸福的时刻。所以对这些前来闹洞房的亲朋好友一定要热情接待，不可态度冷淡。闹洞房是台州一带农村婚俗中的一项重要内容。但台州闹房仅在结婚这一天，不像其他地方一样可以闹三天，新郎新娘与村中的一帮年轻人结婚之日不论大小，尽情耍笑。一般结婚那天，新郎新娘既怕人闹洞房，又怕没人闹洞房。因为这洞房若没人闹，说明主人家乡情不好，没人与你打交道。若闹得太过火，当然新娘也受不了。

第三节　洞房游戏举偶

1. 吃香蕉

用弹性绳捆住香蕉吊于新郎跃起能够到的高度，新郎用嘴咬着香蕉并拉下，新娘用嘴努力剥皮，新郎咬着不能松动，双方合力，剥皮后共同把它吃完。为了不让绳子缩回，两人的配合一定要协调一致，否则就过不了关。

2. 吃苹果

可以和吃香蕉一样，也可以由宾客举着苹果，不断抖动，让新郎新娘很难吃到。

3. "打夯"、"拥葱"

这"打夯"是让新娘赤着脚，两个有力气的男子分别提起新娘的左右臂，一上一下，类似农活"打夯"，新娘一会儿踩地，一会儿凌空，需赶紧出一点"花利"，才告一段落；"拥葱"是借用了农村种菜的专业术语，指把灯拉灭，于黑灯瞎火中把新娘新郎裹挟在一起，你推我搡。

4."撒帐"

"撒帐"是在闹洞房时最为普遍的形式，几乎汉族婚俗都有这个仪式，由新郎的嫂嫂或者年长的长辈主持表演的一种边歌边舞的游戏，司仪手托红色铜盘，盘内铺红纸，红纸上放红鸡子、枣、花生、桂圆等物。

新娘坐在床上，主持抓起铜盘上喜果往床上撒，边撒边唱，叫"撒帐歌"。如临海流传的：

撒果子
果子撒眠床，老新生儿状元郎。

果子撒布帐，百年好合结鸳鸯。

果子撒新被，世世代代富到底。

果子撒衣橱，老新生儿当总理。

果子撒枕头，新娘爬过新郎头。

果子撒在箱上面，老新生儿顶快便。

果子撒落地，五世其昌万年贵。

闹洞房的众人听了主持的歌唱，也随声附和，撒出的喜糖和果子被大家一抢而空，洞房中欢声笑语不断，嬉笑打闹声一浪高过一浪。

"撒帐"是婚俗中重要的仪式之一，群体游戏痕迹较浓，参与闹房的人既是观众又是演员，而主持"撒帐"的人是主角，其他人都是观众或者配角。

所以，"撒帐"主持是个非常重要的角色，是经过精挑细选的。不仅要会唱，还要懂程序，重要性几乎和傧相一样。结婚之前，新郎的父母已经物色好人选。有些地方选一个，有些地方选两个。

选出的这个"撒帐"的主角，首先是儿女双全的"吉祥人"；还要能唱曲，会编词；再者，要口齿伶俐，头脑灵活，善于察言观色，随机应变。另外，由于撒帐时间长，歌词篇幅也长，况且有时还要根据具体情况临场发挥，故而撒帐人记忆力要强，能正确运用歌词把自己所看到的事物和场景描绘出来，受这些条件的约束，筛选出的"撒帐"人自然是技高一筹了。作为嫂辈们，能受到娶亲人家的器重，也感到非常自豪。她们会尽自己的能力，帮助新郎家调节好洞房的气氛。

20世纪80年代以前，农村无以为乐，人们往往借机闹一闹，以排解寂寞的生活，其中，武闹较为流行。

其实，闹洞房从传统的功用看不过是一种性启蒙和性教育方法，是属于性启蒙一类。在中国历史上性教育绝对是奢侈品，于是借新婚之夜闹洞房的机会，由一些已具性知识的人给新郎新娘隐晦而大胆地介绍一下初级性技巧，使一些未婚小伙子接受一下性启蒙，这在思想禁锢、谈性色变的年代不失为一条普及性教育的途径。民间还有一种性启蒙和性教育方法，就是在嫁妆中暗藏压箱底的"嫁妆画"，也称为"春宫画"。新人在进洞房后拿出来观赏，一方面消除紧张心情，另一方面刺激感官，使第一次房事和谐顺利。"春宫画"在与平民有了更广泛的接触后，渐渐达到艺术的高度。明代大画家唐寅、仇英技痒难禁，创作过很精致、艺术性很高的"春宫画"。除了"春宫画"之外，还有一些母亲为出嫁女儿准备的随身用品。如开裆裤、妆粉之类的洞房专用的神秘用品。

由于古代大多是经媒人介绍父母指婚，新郎新娘在进洞房前一般都没有见过对方，结婚时大都不足20岁，所以洞房夜第一次见面时就要脱光衣服实在有些尴尬。女方父母以此开裆裤作为嫁妆，让女儿在第一次房事时可以减少心理障碍。这也让男方不会因为女方脱光衣服了感到太兴奋而早泄，或者因为害羞而难以正常发挥。

妆粉古代也称"铅粉"，是女子化妆用的，是新娘的随身用品。《战国策》中那句"士为知己者死，女为悦己者容"，就是典型的写照。《韩非子》也云："故善毛嫱、西施之美，无益吾面，用脂泽粉黛，则倍其初。"

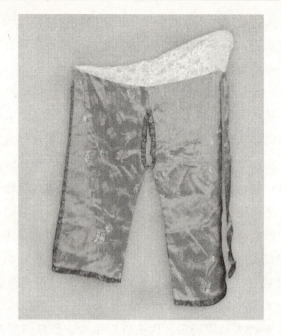

开裆裤

妆粉盒

长命锁

梳妆盒

　　"洞房花烛夜"经过历朝历代的演变，加上各地风俗不同，形式也随之变化无穷。但不论如何变化，都与性启蒙有关，以至于"启蒙"不"启蒙"并不重要，毋宁说与性有关。

　　相传明朝时有一婚俗：洞房床上反铺一条花席，需要新娘把它翻过来。在新娘翻席的同时，一旁的闹房者会问："翻过来了没有？"新娘自然羞于回答，但闹房者一定会穷追不舍，直到新娘红着脸说："翻过来了！"这大概是有关洞房花烛夜最文明的荤段子版本了。在这样的场合，黄色笑话自然是可以大行其道的了，色情灯谜更是家常便饭。

　　明末清初，李渔在其色情名著《肉蒲团》中将"看春意（春宫图）、读淫书、听骚声"称为闺房三乐而大肆宣扬。有关"骚声"的说法实在有点过于开放。但毕竟还仅仅是"听"，生怕当事人发现，有些地区闹房居然闹到了"调戏"的程度。明朝时期，某地流行的《新房曲》，实在是这方面的代表作："一看新娘手，二看新娘脚，三看新娘腰，新娘要不亲手送，我们就要伸手掏……"遗憾的是，此曲并未完全流传下来。

　　"久旱逢甘露，他乡遇故知，洞房花烛夜，金榜题名时。"前两项关乎生命的每一次惊喜与每一次期盼，后两项关乎人生境遇，是追求的目标，也是生命的感动。人们对于新婚之夜充满了期待与想象，毕竟，这将意味着全新生活的开始。新中国成立前，婚姻都是遵循父母之命，媒妁之言。改革开放后，由于西方文化的侵入，中国式的洞房花烛夜已经名存实亡了。但无论怎样变化，洞房花烛夜的氛围还是温馨浪漫的。

第二章　诗性婚俗

——台州民俗风情的基点

台州地区特有的地理条件、社会结构及文化传统等，不仅直接参与了台州的历史建构，也深刻地影响着它今天的存在与发展。台州的文化传统本身还是以一种比较自然的方式从中国传统社会结构中发展而来，并随历史发展而发展，这就为我们融合传统与现代、整体与局部进行传统社会与文化的现代转换提供了重要的思想资源与发展模式。刘士林认为："江南城市诗性文化把中国诗性文化提高到了一个新的高度，代表了诗性文化在中国历史上的最高发展水平，同时，作为古代江南人民留给后人的一笔极为珍贵的古典人文精神资源，对它的深入研究与现代阐释，对于我们提高当代中华民族的生活质量，提升当代城市文明发展水平等方面，具有十分重要的参照价值与借鉴意义。"① 作为江南文化形态较为典型的台州，在城市集群形成之际，其民俗所体现出的诗性品质有待进一步挖掘。

人们的目光一直比较关注以民营经济为中心与主体的台州模式，这种模式能够体现出台州人的一大品性，他们甘为事业而奋斗，既想着奋斗成功之后再坐下来享受生活，又可以在奋斗过程中不磨损主体享受生命和创造生活的审美机能，由于肯在日常生活细节上下功夫，使得台州人的审美感觉越来越精细和敏感，他们具备对生活的热情、耐心和执着，还有关心生活之外事物的闲情和逸致，既可参加自己亲友的婚礼，也可不邀自来参加村友的婚礼。盛大的婚礼在相关人员的努力下变得诗意盎然，婚俗的诗性价值通过仪式的展演得以显现。李渔《闲情偶寄》中的江南生活理念与

---

① 刘士林：《江南城市与诗性文化》，《江西社会科学》2007 年第 10 期。

日常实践方式，可以看作是对古典台州生活方式最高的理论总结。

"在大都市社会中逐渐形成并不断扩散的新型思维方式、生活方式与价值观念，不仅直接冲垮了中小城市、城镇与乡村固有的传统社会结构与精神文化生态，同时也在全球范围内对当代文化的生产、传播与消费产生着举足轻重的影响。"① 刘士林指出了长三角城市群在形成过程中对社会生产、生活及各种关系带来的巨大冲击，作为台州民俗风情的基点——诗性婚俗，存在着两种可能，一是在非遗保护下，运行市场经济模式，老树发新芽。二是在消费社会里将逐渐失去消费的理由。

第一节　台州的文化历史

台州地处浙江省东南部，东濒东海，南邻温州，北靠绍兴、宁波，西连丽水、金华。三面环山，一面临海，陆地面积 9411 平方公里，海域面积 8 万平方公里，近海有大小岛屿 571 个，大陆海岸线 745 公里，占浙江省的 28%，有 6 个县市区濒临东海。台州市的地理位置得天独厚，属中亚热带季风区，四季分明。受海洋水体调节和西北高山对寒流的阻滞，境内夏少酷热，冬无邪寒，热量丰富，雨水充沛，气候温和湿润。地势自西北向东南倾斜，平原丘陵相间，谷地错落，河流如织，名山古刹时掩时映，碧海蓝天云卷云舒，自有一派江南"海上仙子国"的明媚秀色。台州自古以"海上名山"著称，群峰叠翠，海岸曲折，山奇水秀，风光旖旎。在大气澎湃的山海之间，山风过处，林涛泉音，海风袭来，潮涌浪拍，天籁之音飘升耳际。有雁荡山、括苍山、大雷山和天台山等主要山峰，其中括苍山主峰米筛浪海拔 1382.4 米，是浙东第一高峰。浙江第三大水系"灵江水系"向东经市区流入东海。灵江流域是台州祖先繁衍生息的摇篮，在这里诞生了中、日、韩三国佛教祖庭天台宗，它又是中国道教南宗的祖庭。

台州市人口近 600 万人，辖 3 个市辖区、2 个县级市、4 个县。

---

① 刘士林：《都市文化学：结构框架与理论基础》，《上海师范大学学报》2007 年第 3 期。

台州市行政区域图

一 台州文化历史的源头——先秦

台州历史悠久，新中国成立后的考古发现和近年来全面展开的文物普查，慢慢地解开台州史前文化的谜团。从出土的几何印纹陶、原始青瓷、青铜兵器和青铜生产工具以及新石器时代的遗址、遗存（共60多处），为研究台州史前文化提供了第一手可靠的实物资料。其中最典型的是台州仙居下汤文化遗址和玉环三合潭遗址，仙居下汤遗址考证说明，6000多年前就有先民在台州生息繁衍，是陆地生活历史的记载，玉环三合潭遗址成于春秋战国时期，是海岛生活遗迹。

台州在夏商周时代为瓯越地。公元前324年，楚国出兵灭了在会稽一带的越国，越人四下逃散，一部分人逃到台州与当地土著的瓯越融合，出现部落联盟，《越绝书》记载过这一事件："（越国）诸子争位，或为王，或为君，滨于江海之上。"此后，又有中原人逃难或迁徙至台州，台州与中原文化逐步融合，台州文化发展进入新的历史时期。

二 台州历史文化的萌芽——秦汉

公元前221年，秦始皇统一中国，在瓯、闽之地设置闽中郡，台州属闽中郡，但那时不是正式的政权机构。汉初，越族首领摇和无诸因助汉伐楚有功，先后封为东瓯王（东海王）、闽越王（东越王），台州在东瓯王管辖范围。汉武帝建元三年（前138），东越王反汉，北上遇阻后返回，东瓯王自知势单力薄，自请举国迁到江淮之间，有些原住民逃往山林、海岛，成为历史上的"山越"。汉武帝元封元年（前110），东越王余善被朝廷所杀，"诏军吏，将其民处江淮间"，改其地属会稽郡鄞县，在东瓯故地置回浦乡，属会稽郡鄞县。

台州地方历史有明确文献记载的是西汉昭帝始元二年（前85）以鄞县回浦乡设置回浦县，县治回浦（今章安），管辖范围相当于后世台、温、丽三市，当时人口不多，大多是东瓯北迁后留下的山越，《台州府志》有过记载："地方千里，户仅四千三百。"东汉建武年间（25—56）回浦县改名章安县。《元和郡县志》："汉立东部都尉，本鄞之回浦乡分立为县，后汉改回浦为章安郡。"《赤城志》："章安城，在临海县东南一百一十五里，本汉回浦县，属会稽郡，后汉光武时改为章安。"建安四年（199），拆分章安县西南部设置松阳县。因为越地山民经常啸聚生事，郡县不断改设，以适应朝廷控制需要。至此，汉朝南进策略形成，回浦和章安成为朝廷南进的据点。

汉献帝建安元年（196），孙策攻取会稽郡，控制了大片滨海之地，台州一带成为孙策的势力范围。《元和郡县志》："唐兴县，三国时吴分章安置南始平县，晋武帝以雍州有始平，改为始丰。"《宋书·州郡志》："临海太守，本会稽东部都尉，前汉都尉治鄞，后汉徙治章安。临海令，吴分章安立。"少帝太平二年（257），拆分会稽郡东部设置临海郡，隶属扬州，郡治章安，管辖章安、临海、始平、永宁、松阳、罗阳（后改安阳）、罗江7县，境域远及闽北。这是台州建郡的开始。章安成为东南地区的军事重镇，公元230年，孙权派大将卫温、诸葛直率甲士万人从章安出发远征夷洲（今台湾）。

西晋太康元年（280），把始平县改为始丰县；分鄞县800户、章安县北部200户设置宁海县，属临海郡，《元和郡县志》："晋穆帝永和三年分会稽之鄞县置宁海县。"是时，临海郡辖章安、临海、始丰、宁海、永宁、松阳、安固、横阳8县，隶扬州。《晋书·地理志》："临海郡，吴置，统县八。"

东晋太宁元年（323），分临海郡南部永宁、松阳、安固、横阳4县置永嘉郡。《宋书·州郡志》："永嘉太守，晋明帝太宁元年分临海立，领县五：永宁、安固、松阳、乐成、横阳。"临海郡管辖章安、临海、始丰、宁海4县，后世台州管辖范围大致形成。

这一时期，宗教传入台州，对台州文化发展影响深刻，出现了台州历史上第一个见诸文献的文士，即西晋时章安豪族任旭。西晋穆帝时著名文士孙绰写下《天台山赋》，使台州声名远播；三国吴人沈莹著《临海水土异物志》，是台州历史上现存的最早的学术著作；南朝孙诜《临海记》是台州历史上现存的第二部学术著作，也是最早记载台州民俗的专著，台州文化开始萌芽并得到发展。

三　台州历史文化的发展——隋唐

隋开皇九年（589），灭南朝陈，废临海郡，并临海郡各县入临海县，改属处州（十二年改称括州，今丽水）。炀帝大业三年（607），改括州为永嘉郡（今温州），临海县属永嘉郡。

唐武德三年（621）临海分为章安、始丰、乐安、宁海、临海5县。武德五年（622）在临海郡的故地设置台州，以境内有天台山而得名，台州之名开始形成，《元和郡县志》记载："隋平陈，废郡为临海县。武德四年讨平李子通，于临海县置海州，五年改海州为台州。"七年，把宁海县并入章安县。次年，又将始丰、乐安、章安3县并入临海县。贞观八年（634）又分拆临海县设置始丰县。高宗上元二年（675）拆分临海县东北部设置宁海县。至此，台州的政区才算大致稳定。由于台州远离中央政权，属于蛮荒之地，随着秦汉中央政权的南进政策实施，北方人口的大量南迁，台州经济开始得到发展，经济发展进而促进政治与文化的发展。

而唐代朝廷把台州作为远谪官吏的地方，宰相来济、侍御史骆宾王、广文博士郑虔、给事中沈佺期先后被贬至台州，带来了读书和文化气息。特别是广文博士郑虔在台州临海开馆收徒（私塾），台州的读书之风得以兴起。

唐代兴起的兴修水利，修筑海塘，对台州的发展起到积极作用，如唐代的僧人怀玉在三门健跳所筑的健阳塘，堤长 500 丈，是见之于台州文献最早的人工海塘。台州柑桔等地方特产在唐代开始声名远播，《新唐书·地理志》记载："台州临海郡……，土贡金漆、乳柑、干姜、甲香、鲛革、飞生鸟。"盐业、造船、茶叶等行业规模越来越大，特别是海上贸易的兴起，使得台州与外地交往变得频繁，台州与日本等国的海上贸易已经见诸史册。贞元二十年，日本僧人最澄来天台山求法，次年带回茶籽在日本播种，成为日本种茶的源头。稍后来的日本僧人圆珍在《行历抄》中记述："天台山云雾茶园遍山皆有。"鉴真和尚六次东渡日本，弘扬天台宗佛法。中日佛教天台宗交流进入黄金时期。

四　台州历史文化发展的黄金时期——五代至南宋

台州在五代属吴越国。天宝元年（908），唐兴县改为天台县，后复改为始丰县。后晋天福年间（936—942），又把始丰县改为台兴县。北宋建隆元年（960），又把台兴县改为天台县。吴越国奉行保境安民的政策，统治 82 年，境内基本没有战争，台州在唐末战乱中较快得到休养生息。

宋太平兴国三年（978），吴越国消失于历史，台州州、县无改变，隶属两浙路。景德四年（1007），以"其洞天名山屏蔽周卫，多神仙之宅"，诏改永安县为仙居县。南宋隶属两浙东路。

靖康二年（1127），北宋灭亡，康王赵构在金兵追击下一路南逃，在建炎四年（1130）正月，曾驻扎台州章安，为时半月余。绍兴八年（1138）南宋定都临安，近 150 年，临安是南宋政治、经济和文化的中心，作为辅都，台州经济得到快速发展。北方的沦陷，使得大批文人和贵族南迁至台州，台州社会地位急剧上升，南北文化融合大规模形成，台州的文化实力大幅提升。

奖励农耕、大兴水利、围涂造田，极大地促进了农业发展。传统的水稻改良、盐业兴盛、柑桔扩展、青瓷等手工业发达，使得台州百业兴旺，境内集市有 30 多处，对外贸易急速拓展，与日本、朝鲜的贸易联系更加紧密，与其他一些沿海国家也有往来，台州地方志有过记载："嘉定元年阇婆国番船寇松门，巡司失印记，复降给。"阇婆国就是现在的印度尼西亚的西爪哇，台州人在宋代时就记得该国名，说明交往已很多了。

随着经济政治中心的南移，文化中心也从中原移到东南沿海，台州的文化发展进入快车道。最典型的是理学在台州兴起，1173—1183 年这 11 年间，集理学大成的朱熹两次提举台州崇道观，并到台州各县讲学，从此理学在台州大行。特别在淳祐元年（1241）理宗下诏钦定理学之后，理学更为兴盛。读书科举日渐成为社会地位的象征，出现一大批名人，如临海的杨蟠作诗千首，才华横溢；陈克是爱国诗人，清代学者李慈铭认为他"在北宋诸家中可与永续（欧阳修）、子野（张先）齐名"；陈耆卿编《嘉定赤城志》是宋代名志，台州第一部总志；黄岩戴复古是江湖诗派的领袖人物之一；徐似道著《检验尸格》为中国第一部司法验尸技术专著；赵师渊与朱熹协编史学名著《资治通鉴纲目》；陈咏的《全芳备祖》被后人称为中国第一部植物学辞典；天台赵汝适的《诸蕃志》是中国第一部记述中外交通、贸易和外国物产丰土的志书；仙居陈仁玉的《菌谱》为目前所知世界最早的植物学辞典……还有在艺术、宗教等方面都出现一批有分量的人物，文化昌盛，号称"小邹鲁"。

五 台州历史文化走向衰落——元、明、清、民国

元至元十四年（1277），台州政区建制称为台州路，主要官员为达鲁花赤，隶属江浙行省浙东道。元贞元年（1295），黄岩县民户达 5 万户，升为黄岩州，仍隶属台州路。元朝推行的民族间残酷统治，苛重的赋税，使得台州经济一落千丈，加上灾荒连年，战争不断，台州人口减少五分之一。但元代军事上实行对外大扩张，带来文化的局部扩张，如临海人僧一宁奉召出使日本，被扣留，在日本 20 年，传授禅宗佛学，被称为"一山派"，同时，仙居还出现一个杰出的宫廷画家柯九思，黄岩出了一个大学问家陶宗仪，算是给台州文化画上一抹亮色。

明洪武元年（1368），朱元璋把台州路改为台州府，隶属浙江行省。成化五年（1469）十二月，分拆黄岩县南部方岩、太平、繁昌 3 乡设立太平县。十二年，划乐清县东部山门、玉环 2 乡并入太平县。自此，台州管辖临海、黄岩、太平、仙居、天台、宁海 6 县。明代经济虽较元代有起色，但中晚期倭寇持续骚乱台州，给台州的经济发展带来深重灾难。但明代科举制度

的改变，让所有读书人都有机会参加科举考试，读书入仕风气渐浓，整个明代，台州高中进士的有 271 人，出现了"一代大儒"方孝孺，临海还出现了中国第一个地理学家王士性，出版第一部地理学专著《广志绎》。

康熙元年（1662），台州隶属浙江省绍台道。七年隶属宁台温海道（驻台州）。十一年隶属台海道（驻台州）。二十四年隶属宁台道。雍正四年（1726）隶属宁绍台道。清宣统三年（1911）八月，辛亥革命，九月台州光复，成立军政分府，隶属省军政府。此时的台州文化可用"古道西风瘦马"来形容。

民国时期，台州的行政区建制更动频繁，时局更为动荡。民国元年（1912）废除府、州、厅建制。7 月，撤销台州军政分府，各县直属省政府。9 月改设特区，台州为第五特区。1922 年 10 月改划为第四特区。1925年，台州称第七行政督察区。1937 年 7 月划为第六区，管辖临海、黄岩、温岭、天台、仙居、三门、宁海 7 县。历经辛亥革命、五四运动、抗日战争、解放战争，台州满目疮痍，文化发展几乎停滞不前，没有出现大家名作。

六 台州文化新的发展期——新中国成立后

1949 年 6 月台州解放后，设浙江第六专区。同年 10 月 10 日，第六专区改称台州专区，驻临海县。1954 年 5 月，撤销台州专区。1957 年 7 月，设立台州专区。1958 年 12 月撤销台州专区。1962 年 4 月，设立台州专区。1978 年 10 月改称台州地区。1994 年 8 月 22 日，国务院批准撤销台州地区和县级黄岩市、椒江市，设立地级台州市和县级椒江区、黄岩区、路桥区，至此新的台州市正式成立。

台州经济和文化在这一时期得到长足发展，经济上创造了"台州模式"，成就了多个世界和中国第一，出现了李书福这样的世界级汽车狂人；文化上出现了叶文玲这样的小说大家；在非遗保护上，成就斐然，台州现有 13 个国家级非遗名单：台州乱弹、黄沙狮子、天台山干漆夹苎髹饰技艺、济公传说、仙居无骨花灯、黄岩翻簧竹雕、临海词调、大奏鼓、彩石镶嵌、线狮（九狮图）、坎门花龙、章氏骨伤疗法、石塘七夕习俗，67 个省级非遗项目，177 个市级非遗项目。其他的如书法、美术等都得到不同程度的发展。

第二节 名人笔下的"台州"

隋陈之时去郡设州，武德五年（622）置台州，因境内有天台山故取名台州，天台山雄奇奔放，深受世人喜爱，也因山海秀丽而得到历朝文人墨客的歌咏。

天台山者，盖山岳之神秀者也。涉海则有方丈、蓬莱，登陆则有四明、天台，皆玄圣之所游化，灵仙之所窟宅。峻极之状，嘉祥之美，穷山海之瑰富，尽人神之壮丽。（西晋·孙绰《天台山赋》）

龙楼凤阙不肯住，飞腾直欲天台去。（唐·李白《琼台》）

天姥连天向天横，势拔五岳掩赤城。天台四万八千丈，对此欲倒东南倾。（唐·李白《梦游天姥吟留别》）

此行不为鲈鱼脍，为爱名山入剡中。（唐·李白《秋下荆门》）

石梁如可渡，携手弄云烟。（唐·李白《送杨山人归天台》）

百丈素崖裂，四山丹壁开，龙潭中喷射，昼夜生风雷。（唐·李白《求崔山人百丈崖瀑布图》）

台州地阔海溟溟，云水长和岛屿青。（唐·杜甫《题郑十八著作丈》）

十里松门国清路，饭猿石上菩提树。（唐·皮日休《题记天台国清寺齐梁体》）

吾友太乙子，餐霞卧赤城。（唐·孟浩然《寻天台山》）

问我今何适，天台访石枯。坐看霞色晚，疑是赤城标。（唐·孟浩然《舟中晓望》）

曾闻清禁漏，却听赤城钟。妙宇研磨讲，应齐智者踪。（唐·贾岛《送僧归国清寺》）

仍空世谛法，远结天台缘。魏阙从此去，沧洲知所便。（唐·刘长卿《夜宴洛阳程九主簿宅送杨三山往天台寻智者禅师隐居》）

奇峰嶻嶭箕山北，秀崿峍峣嵩镇南。地首地肺何曾拟，天目天台倍觉惭。树影蒙茸郛叠岫，波深泓涌落悬潭。（唐·李旦《石淙》）

重溟倒影，五芝含笑，神仙今古台州。山拥黄堂，烟披画戟，双

岩瑞气长浮。（南宋·洪适《望海潮》）

邦伯今推第一流，几因歌席负诗筹。一时文采说台州，雨脚渐收风入牖。云心初破月窥楼，翠眉相映晚山秋。（南宋·洪适《浣溪沙》）

碧云低处浪滔滔，万里无云见玉毫。不是长亭多一宿，海神留我看金鳌。（南宋·赵构《碧云低处》）

漠漠长淮路，茫茫巨海涛。惊魂犹未定，消息问金鳌。（南宋·文天祥《入浙东》）

数友越州居，无书无三年。台州已无数，逢人每相贤。（南宋·戴表元《书叹七首》）

岭云尽处是台州，有个诗翁住下头。不寄一书春又晚，相思百里水空流。（南宋·戴表元《寄天台舒阆风先生》）

松竹幽幽委羽山，空明洞口我来还。金书玉简如可见，别有天地非人间。（清·康有为《题委羽山》）

"台州式硬气。"（鲁迅《为了忘却的记念》）

塔古钟声寂，山高月上迟。隋梅私自笑，寻梦复何痴。（郭沫若《题国清寺》）

剪取东风第一枝，半帘疏影坐题诗。不须脂粉绿颜色，最忆天台相见时。（邓拓《题梅》）

天台有爱传千古，灵气天涯继万年。（张岳琦《天台随想》）

万地迎新争看日，旸门直对石塘开。（陈祗时《石塘迎二十一世纪中国大陆第一缕阳光》）

台州倚山面海，自然风光雄奇秀丽、古朴庄严、山水相依、风光秀丽、玄远清幽；人文景观源远流长、开放兼容、内涵丰富、独放异彩；名山古刹时掩时映，绿树参天、林涛泉音、古意连连；碧海蓝天云卷云舒、潮涌浪拍，自有一派江南"海上仙子国"的明媚秀色，诗人墨客竞相折腰。

第三节　风情万千
——台州婚礼仪式

冯书成在博客中解读《礼记·昏义》："礼者，自婚姻意义中以订婚姻制度与仪式也。婚姻有礼，则为文明；婚姻无礼，则为野蛮。文野之分，即肇于此。"①

我国各地区、各民族的婚姻形态多种多样，贯穿于婚姻过程中的礼仪习俗更是花样迭出，烦琐而复杂。

据民俗学考证认为：汉族先人认为黄昏是吉时，所以会在黄昏行娶妻之礼，因此夫妻结合的礼仪称为"昏礼"，后来演化为"婚礼"。汉族人认为红是吉祥的象征，所以传统婚礼习俗总以大红色烘托喜庆、热烈的气氛。吉祥、祝福、孝敬成为婚礼上的主旨，几乎婚礼中的每一项礼仪都渗透着中国人的哲学思想。《礼记·昏义》开篇即讲："婚礼者，将合二姓之好，上以事宗庙，而下以继后世也。故君子重之。"冯书成在《礼记·昏义》讲解中提到："婚姻者，人类传种之大事，民族繁衍之根源，伦理道德之权舆，社会组织之基础也。……男女结婚一事，非仅关二人性欲感情之需要，实为人种延续，民族存亡，文化盛衰，社会隆污之所系。如果把二姓之好之'好'字作美字解，可另有一解，'好'字，作名词解，系好人好事，好的家风、家道、家学。男女结为婚姻，成家立业，经由举行隆重而繁复的婚礼，教育并警醒当事人与观者：婚姻之所以视为人生大事，而'合二姓之好'者，须经由夫妇有别，夫义妇德，而传承'二姓'家族好之家风、家道、家学甚至家业。其关键乃为养育出好后代、贤子孙也。不然，悖昏义远矣。"②

据中华婚俗考释，相传汉族最早的婚姻关系和婚礼仪式从伏羲氏制嫁娶、女娲立媒妁开始。《通鉴外纪》载："上古男女无别，太昊始设嫁娶，以俪皮为礼。"俪皮是上古经典的婚礼聘礼之一，后来慢慢发展货币作为聘礼。流传至今，除了"俪皮之礼"之外，还得"媒妁之介""必告父母"。到了夏商，又出现了"亲迎于庭""亲迎于堂"的仪节。关于婚姻仪礼，一般认为起源于周代，周代是礼仪的集大成时代，史称"周礼"。《礼记·曲礼》曰："男女非有行媒，不相知名；非受币不交不亲。"男女双方以婚姻为目的交往必须以媒妁为中介，通过纳币结成姻亲。《礼记·

---

① 冯书成：《〈礼记·昏义〉义理正解》，新浪博客，http://blog.sina.com.cn/s/blog_a11cdf1e0101edef.html。

② 同上。

昏义》曰："昏礼者，将合二姓之好，上以事宗庙，而下以继后世也。故君子重之。昏礼者，礼之本也！"经过长期发展，逐渐形成一套完整的婚姻礼仪，合为"六礼"。记载在《仪礼》《礼记》中的"六礼"，堪称中国古代汉族完备的聘娶婚姻模式。所谓"六礼"，即纳采、问名、纳吉、纳征、请期、亲迎。讲究的是男女从家长议婚到结婚的全过程，都要按一定的礼仪程序执行。父母之命，媒妁之言逐渐沉淀为民众所遵循的传统风俗。实际上各地民间约定俗成的婚礼习俗几乎都受这"六礼"所限，虽然局部有变化，侧重有所不同，大体的程序和做法却相似。

《诗经·小雅·棠棣》篇曰："妻子好合，如鼓瑟琴。"《诗经·国风·周南·关雎》篇曰："窈窕淑女，钟鼓乐之。"好合者，至善、至美、至乐也。"中国人之人生观，非个人幸福主义，而是民族生存主义与全体幸福主义。故结婚不仅为夫妇二人之终身大事，且成为家族之千秋大事。负有承先启后，继往开来的责任。故曰：上以事宗庙，延续祖先之血统，保持祖先之光荣也。下以继后世，生育后代，创造文化，保民族生命于无穷也。"①

一　婚礼仪式

《礼记·昏义》"六礼"为纳采、问名、纳吉、纳征、请期、亲迎之礼。②

从形式上讲，汉民族的婚礼仪式是相似的，都要经过六个过程，但在台州要完成结婚的所有仪式还必须"望三日"，"望三日"后婚礼才全部结束。

纳采："六礼"中的第一礼。这是古代汉族婚姻风俗，流行于全国许多地区。男方欲与女方结亲，男家须先遣媒妁往女家提亲，送礼求婚。得到应允后，再请媒妁正式向女家纳"采择之礼"。初议后，若女方有意，则男方派媒人正式向女家求婚，并携带一定礼物，古纳采的礼物只用雁。纳采是全部婚姻程序的开始。

问名：六礼中第二礼。即男方遣媒人到女家询问女方姓名，生辰八字。取回庚帖后，卜吉合八字。《仪礼·士昏礼》："宾执雁，请问名；主人许，宾入授。"郑玄注："问名者，将归卜其吉凶。"贾公彦疏："问名

---

① 冯书成：《〈礼记·昏义〉义理正解》，新浪博客，http://blog.sina.com.cn/s/blog_a11cdf1e0101edef.html。

② "六礼"内容参见大中国上下五千年编委会《中国婚俗文化》，外文出版社2010年版。

者，问女之姓氏。"

问名在台州民间俗称"合八字"，"合八字"的具体做法各有不同，相传古老的做法是：男家经媒人之手取得女方的生辰八字后，放在家中一个具有占卜意味的场所（压在香炉下或放在神像前等）。三日后如家中人畜平安，即认为已取得神灵同意，占卜成功。如有意外发生（即使只是摔了一只碗），则把八字退还女方，议婚不成。也有的地区是拿到女方八字后，请卜卦者排比，从"易"理上断定是否相合。如男女双方八字相合，则议婚告成。不论采取何种做法，总之含有占卜的意味。民国以后，民间出现专门帮人排比生辰八字的人，叫"择日子先生"。生辰八字经这些专业人士认可，男女八字相合，即可配对成婚。八字这一关通过后，男方即"下帖"，用红纸把男女双方的姓名、生辰八字并排写好，送往女家。女家接男方的八字帖后，就表示答应这门亲事。取八字目的在于"询查天意"，这一婚俗行为暗寓着"婚姻天定"的观念。

纳吉：六礼中第三礼。男方问名、合八字后，将卜婚的吉兆通知女方，并送礼表示要订婚。古时，纳吉也要行奠雁礼。郑玄注："归卜于庙，得吉兆，复使使者往告，婚姻之事于是定。"宋代民间多以合婚的形式卜吉订婚。至明代，以媒妁通书、合婚代之。清代，纳吉一仪已融于问名和合婚的过程中。民国时期，无纳吉仪，只有简单的卜吉习仪，多将女方庚帖放置灶神前，如三日内无异事发生，则认为顺利，即可拿男女庚帖去合婚。

纳征：六礼中第四礼。纳征即聘，是婚礼前最后也是最重要的环节。《礼记·聘义》："聘礼，上公七介，侯伯五介，子男三介，所以明贵贱也。"南朝沈约《奏弹王源》集部文选卷四十："璋之下钱五万以为聘礼。"清代李渔《奈何天·调美》："若还果是年侄，自然没有做亲之理。既然如此，只得把聘礼还他。"沈从文《阿金》："这婚事阿金原是预备今晚上就定规的。抱兜里的钱票一束，就为的是预备下定钱作聘礼用的东西。"[①] 任德耀《马兰花》第一幕："这真是咱们姑娘的聘礼。"

请期：六礼中第五礼。又称告期，俗称选日子，是男家派人到女家去

---

① 沈从文：《阿金》，参见凌宇选编《沈从文小说选》，人民文学出版社 2002 年版，第 64 页。

通知成亲迎娶的日期。《仪礼·士昏礼》："请期用雁，主人辞，宾许告期，如纳征礼。"郑玄注："夫家必先卜之，得吉日，乃使使者往辞，即告之。"《二刻拍案惊奇》卷九："这里金员外晓得外甥归来快了，定了成婚吉日，先到冯家下那袍段钗镮请期的大礼。"清梁章钜《退庵随笔·家礼一》："古昏礼有六礼，今《朱子家礼》略去问名、纳吉、请期，止用纳采、纳币、亲迎。"

据台州府志介绍，男方在婚礼三天前送去帖子，告之亲迎之期，叫"请帖"，女方接到帖子后，同意，回帖，叫"出帖"。

亲迎：六礼中第六礼。迎娶之前的一段时间，女方家要准备嫁妆，以随新娘到男方家日后使用，多是成双成套的被褥、衣服、盆桶、箱柜等。女家的亲戚朋友也帮助办嫁妆，送"添箱"礼。一般在迎娶前一天请亲友将嫁妆送往男家，也可以在结婚当天送达，但一定要早于新娘到达前送到男方家里，摆放在新房内。

"望三日"即婚后第三天，新郎新娘去新娘家拜望，新娘家摆酒，请亲朋好友喝酒，也叫"走三日"。望三日，夫妻不能在新娘家过夜，当日赶回新郎家。至此，婚礼全部结束。

二　台州的婚俗"六礼"

简单地说，台州婚嫁习俗，从说媒到结婚直至"望三日"的一系列礼仪与程序都有独特的一面。

1. 媒人

在婚俗文化中，我们不得不提到媒人的作用。在中国传统婚姻中，绝大多数夫妻在结婚前是不相识的，甚至他们彼此的家庭也互不了解或知之不多。他们的婚姻主要通过媒人沟通信息。媒人在其中不仅起着牵线搭桥的作用，在某种程度上还起着决定夫妻命运的作用。媒人如果比较客观，双方可以据此作出较为客观的选择，倘若媒人为了一己之利或想快速促成婚姻，往往会夸饰一方的优点，掩盖缺点，导致婚后因为婚前信息不对称而产生不和睦现象，媒人成为双方责怪的对象。长期以来，关于媒人的雅号也很多，比如月老、红娘、掌判、媒公、媒婆、皮条、牙婆、牙嫂、媒官、行媒、牵头等，史书和民间还有叫冰人、执柯的。《红楼梦》中出现过一个恶媒人"王婆",是个反面形象。现在较为普遍的叫法是介绍人。在台州流行的聘娶式婚姻形式中,媒人的牵线搭桥作用非常大,所谓"父母之命,媒妁之言","父母之命"可能起于周朝,《诗经·齐风·南山》有过记述:"芝麻如之何?衡从其亩。取妻如之何?必告父母。既曰告止,曷又鞠止?"娶妻必须事先告诉父母,有一定自主权。到了春秋时代,婚姻已经完全被父母控制了。《孟子·滕文公下》有过描述:"丈夫生而愿为之有室,女子生而愿为之有家;父母之心,人皆有之。不待父母之命,媒妁之言,钻穴隙相窥,逾墙相从,则父母国人皆贱之。"父母和媒妁是婚姻成功的两大保证,媒人是男女双方成功缔结婚姻必不可少的条件。即使在当下,相当一部分年轻人还是靠别人介绍而成就婚姻的,即使有一部分时髦的年轻人自由恋爱成功了,结婚时也要找一个介绍人(朋友、同事、亲属等)打理其中媒人应承担的任务,特别是行聘礼时,都是请媒人两面跑,先把男方的礼金送到女方,女方的回礼由媒人带回,礼金的数目双方都必须告诉媒人。现在,有人为了炫富,让媒人提着几十万元甚至上百万元现金去女方家,也有的送一张银行卡,大多家庭礼金都在几十万元,少于十万元的不多。当然也有开明女方家长看男方家庭境况不是很好,干脆不收聘金。婚姻结束后男女双方都必须送礼谢媒,叫"媒利""媒钱""媒红"等。《焦氏易林》卷一:"东齐郭庐,嫁于洛阳,俊良美好,媒利过倍。"现在一般是后腿一蹄猪肉(20—70斤)加馒头(88双、128双不等),也有送猪肉和烟酒之类,少数家庭直接送礼金。媒人在做成一桩婚事后都可获得报酬,男女双方所送媒酬合计在2000—6000元之间,客气一点的人家甚至送到8800元。台州民间还有一种说法,一个人一生必须替人做成至少一次媒,人生才算有意义,别人帮你完成人生大事,你也必须反过来帮助别人。

做媒这一婚俗,在我国由来已久。《说文》曰:"媒,谋也,谋合二姓者也。"即谋合二姓以成婚。谋介婚姻之人,称为媒人。媒人是使婚事得以成立的关键人物。《礼记·曲礼》曰:"男女非有行媒,不相知名。"《礼记·坊记》曰:"男女无媒不交。"只有经过媒人的介绍,男女双方的家长才能进入议婚阶段。郑玄《诗经笺》道:"媒者,能通二姓之言,定人家室之道。"给媒人角色以定位。《诗经》中有这样的诗句:"伐柯如之何,匪斧不克；娶妻如之何，匪媒不得。"（《豳风·伐柯》）"匪我愆期，子无良媒。"
（《卫风·氓》）中国古代社会中，媒人的职权很大。《周礼·地官·媒氏》
云："媒氏掌万民之判，凡男女自成名以上，皆书年、月、日、名焉，令男
子三十而娶，女二十而嫁。"所谓"媒氏"，即媒官，可见除民间的媒人外，
此时还出现了"媒官"这种掌管男女婚姻的官。

　　在我国漫长的封建社会里，男女之间讲究授受不亲，强调"天上无云
不下雨，地上无媒不成亲"，男女双方一般都要经人从中说合，才能共结连
理，这就是所谓的"父母之命，媒妁之言"。《诗经》中就曾有多处描述，
如"匪我愆期，子无良媒""取妻如何？匪媒不得"，可见说媒的历史是源
远流长的了。实际上，媒人确实有特殊的地位和作用，从提亲到迎娶，几乎
每个环节都少不了媒人的身影。《诗经笺》道："媒者，能通二姓之言，定
人家室之道。"给媒人的作用予以价值定性。台州与其他汉族婚姻缔结方式
大致相同，如果没有了媒人的参与，其婚姻缔结过程也就不合乎礼仪规范
了。男女不经说媒就私订终身后花园的交往方式，会被大部分家庭所不容。
戏文中出现这种悲剧性故事叙说已经得到大众的心理认同，个体的单一力量
无法改变世俗的道德评判。

　　旧时媒人也称"冰人"，这在白话小说中多有反映。《今古奇观》第
四十一卷："这做媒乃是冰人撮合，一天好事。除非他女儿不要嫁人便罢
休，不然，少不得男媒女妁。"金庸《倚天屠龙记》里，殷素素和张翠山
两个欢喜冤家就是靠谢逊做了一回冰人，才最终成为恩爱夫妻。

　　媒人不仅需要熟悉男女双方及其家庭的基本情况，力求门当户对地提
亲，而且必须做到既基本准确地向男女双方及其父母反映对方的情况，又
尽可能隐恶扬善，使双方充分认识彼此的长处，从而乐于达成嫁娶的协
议。台州临海流传着这样一个故事：一个瘸腿的男子请媒人说媒，媒人一
看男的这种情况，心中有底了，她找了一个塌鼻子的女子说媒，撮合两
人，见面时，媒人让男子骑着高头大马，让女子拿一簇鲜花放在鼻子前
面，作闻花香之状。女子见男子英俊潇洒，一见钟情，男子看女子花容月
貌，心旌荡漾，双方都非常满意，然后进入结婚程序。送洞房后，掀开红
盖头，双方发现对方的缺陷，但木已成舟，况且，自身的不足失去了攻击
对方的理由，都只能忍了。后来，居然白头到老。说媒的功夫，就全在这

一张巧嘴上，而且还要勤于跑腿，从开始为男女双方牵线搭桥之日起，就要经常往来于男女两家之间，交流情况，传达彼此的愿望和要求，防止发生意外和变故。媒说得好，双方都满意，以后常来常往，成为故旧知交；媒说得不好，双方不满意，往往归咎于媒人，从此视为路人乃至仇敌，日后再想给人做媒可就难上加难了。在台州，过去曾有两支歌谣表达对媒人的不满：

其一

一说婆家有田地，二说婆家是大家。

又说男子多聪明，又说女子貌如花。

一张嘴巴叽里呱啦，好似田里蛤蟆（ou mo 指青蛙）。

无事就在讲空话，啐儿叫女烂嘴巴。

日后死在阴间地，鬼卒拿你去挨打。

其二

……给我小妹讲做媒。

讲闲往（那里）？讲东洋。

开了前门亮晃晃，开了后门白洋洋。

东洋人，烂肚肠，把我小妹拐到水中央。

都讲水路通四海，怎知那条是黄泉路，到得阎罗府上会亲娘……

（黄岩民谣）

台州对于官媒的历史记载几乎是空白，可以从一个角度证明古代台州的不开化。

2. 合八字

台州自古流传的结婚仪式基本上遵循"六礼"程式，但相亲、订婚阶段的过程相对简化，传统的家庭特别注重双方的生辰八字是否契合。媒人将女方生辰八字递给男方，男方接受后，将女方的生辰八字在灶山龛里放七天，如果在七天内没有磕碰（如打碗、争吵、损伤等，大灾祸更不用说）发生，就将男女双方的生辰八字叫算命先生排一排（俗称评八字）。如果相合，再由双方父母带子女相亲（俗称踏亲）。那时相亲不面谈，相亲后又互相找人问讯，了解对方的家庭概况及人品。双方认同后，由男方择日子送小定（即定亲，俗称定头），少量的钱和一些毛线、衣料等物。送小定一般不办酒席，双方都准备一些好的点心，大部分是煮两碗面给二位媒人吃。至此，双方的婚姻初步落实。

八字相生相属的叫"合八字"，可以匹配，八字相克的不能相配，如属鸡的一般不与属狗的相配。民间有俗语叫"六冲"，鼠与马相冲，牛与羊相冲，虎与猴相冲，兔与鸡相冲，龙与狗相冲，蛇与猪相冲，如"狗别（追）鸡，满天飞"，男女相差6岁不相配，婚后不和谐；也有一些老人有另外说法，他们认为肖龙的不能和肖虎的相配，否则龙虎斗；肖虎的不能和肖羊的相配，否则羊入虎口，女子命运坎坷。

生肖属相相冲的意思就是不适合在一起，在一起会导致冲突、互相削弱，除了相冲外还有属相之间的相害、相刑、相破等，比如六冲、六害、六合、三刑。生肖相冲：子鼠、午马相冲；丑牛、未羊相冲；寅虎、申猴相冲；卯兔、酉鸡相冲；辰龙、戌狗相冲；巳蛇、亥猪相冲。生肖相害：子鼠、未羊相害；丑牛、午马相害；寅虎、巳蛇相害；卯兔、辰龙相害；申猴、亥猪相害；酉鸡、戌狗相害。生肖相刑：子鼠、卯兔相刑；寅虎、巳蛇、申猴相刑；丑牛、未羊、戌狗相刑；辰辰（龙）、午午（马）、酉酉（鸡）、亥亥（猪）四组自刑。生肖相破：子鼠、酉鸡相破；丑牛、辰龙相破；寅虎、亥猪相破；卯兔、午马相破；巳蛇、申猴相破；未羊、戌狗相破。生肖相冲、相害、相刑、相破的实质是对应的地支阴阳不调、五行相克、方位背离。以子鼠、午马相冲为例，从五行来看子（鼠）属阳水，代表北方，午（马）属阳火，代表南方。从五行来看，因为水克火，所以鼠马五行相冲；从阴阳来看，鼠马为阳水、阳火，二者皆阳性，属于阴阳不调；从方位上看也是南北分离，子（鼠）代表北方，午（马）代表南方，故子鼠午马相冲，其他类推。通过以上分析，我们就很好理解属相相冲的原理了，并不是两种动物放在一起犯冲，而是某些生肖属相之间五行相克、阴阳不调、方位相背。了解了生肖相冲、相害、相刑、相破的原理，化解之法也就不难了。只要采用适当的风水法器确保五行流通、阴阳交感即可。较常用的有以下两种方法。方法一：贴五行八卦福，催动五行能量流通，调节阴阳气场平衡，可有效化解各生肖间的刑、冲、破、害。这是一种万能化解法，对所有生肖间的刑、冲、破、害皆可有效化解。方法二：生肖相合。生肖之间不仅有相冲的关系，还有相合的关系。十二生肖相冲、三合、六合为鼠冲马（三合：龙、猴，六合：牛）、牛冲羊（三合：蛇、鸡，六合：鼠）、虎冲猴（三合：马、狗，六合：猪）、兔冲鸡（三合：猪、羊，六合：狗）、龙冲狗（三合：鼠、猴，六合：鸡）、蛇冲猪（三合：鸡、牛，六合：猴）、马冲鼠（三合：虎、狗，六合：羊）、羊冲牛（三合：兔、猪，六合：马）、猴冲虎（三合：鼠、龙，六合：蛇）、鸡冲兔（三合：蛇、牛，六合：龙）、狗冲龙（三合：虎、马，六合：兔）、猪冲蛇（三合：兔、羊，六合：虎），只要在两个相冲的生肖间引入一个相合的生肖，就可有效化解生肖相冲。举一个例子，鼠与牛六合、马与羊六合。当家人间有鼠与马相冲的情况，只要家庭成员中有一个属牛者与鼠相合，或者有一个属羊者与马相合，就可有效化解鼠与马相冲。鸡兔相冲，牛羊相冲，龙狗相冲；相冲即对冲。逢冲有吉有凶，冲去福神为凶，冲去克神为吉。①

属相之间的相害、相刑、相破等不是双方家长说了算，一般请民间的算命先生对照双方生辰八字后定夺。如果八字匹配，双方父母顺心，下一步行动紧随而来，纳吉（送礼订婚）或纳征（下聘礼），请期（商定迎娶日期），非常重视亲迎之后的合卺（新郎新娘喝交杯酒）、闹新房和婚后的"回门"（回娘家）等仪礼过程。台州很在意结婚、工作、赚钱、死亡仪式，认为婚丧都是人生大事，须得大办。

中国的婚姻喜庆礼仪最早是媒人牵线搭桥，两家交换物品，而后缔结婚姻，以后逐渐蔓延，由家庭扩至家族，再扩至邻居朋友，君王婚礼还可以举国同庆。如《后汉书·李合传》记载："大将军窦宪纳妻，天下郡国皆有礼庆。"

3. 送日子

送日子就是择定吉日，男方起帖送日子（俗称送定头）。男方将算命先生所择的结婚日期写在红纸上，通知女方，同时送给女方一笔可观的"日子银"和"衣裳钱"。此钱有"小定"和"大定"之分，"小定"又称"送小日子"，亦即订婚。结婚前要进行"大定"，又称"送大日子"。

---

① 参看 http://www.azgl68.cn/祥安阁风水网。

男方将财礼送往女方家，表明聘定女方为妻。《礼记·内则》云："聘则为妻。"下聘礼后，虽还未举行婚礼，但女方名分已定，夫妻关系已确定。《大戴礼·盛德》曰："婚礼享聘者，所以别男女、明夫妇之义也。"此前，男方要向媒人了解清楚女方嫁妆准备的情况，根据嫁妆的多少确定"日子银"的多少。嫁妆丰厚，日子银多送，否则就少送。当然，也不是完全对等，这与男方家庭的经济实力及大方程度等有关。"至于日子单，即两封帖子，封面写有'全福'二字，帖内写一'正'字。再直行写上'敢献恳述，窈窕淑女，伏维允诺，才郎俊秀'或'谨呈雁币，佳偶天成，伏乞金诺，天作之合'等字样。再准备两封空帖子，两只毛笔和两块墨，给对方写回帖用。一切准备就绪，两位媒人吃罢早餐，将日子单、日子银、衣服布料、金银首饰以及红鸡蛋、桔子、五色果、万年青、柏树枝等送往女方家。当日中餐，女方家办送日子酒，邀请内亲外眷来。宴毕，女方回帖，表示应允，在男方送过来的另外两封空帖上写上：'凤缘既定，鸾凤和鸣，恭承雁币，百世其昌。'或'恭承雁币，凤缔良缘，竚候星期，南国佳人'等字样，以示接受并允诺（写帖的形式多种多样，不求统一）。准备完毕，女方将回帖并陪礼一起托付媒人带回男方，男方晚餐邀请四亲六眷办送日子酒。至此，这桩婚姻大事算是基本确立，从此双方家长就可以亲家的名义称呼。接下来，男女双方都为操办婚事作准备。"[1]

送日子，过去钱物一起混合送，随着时间推移，物越来越少，钱的金额越来越大，有的干脆全部折算成现金，不再送金银首饰及其他。

"小定"数目不多，大多是男方向女方表明心迹。"大定"的数量既有民间不同时期流行的较为一致的数量，也有少于或多于社会心理认定的普遍数。男方通常根据民间普遍性聘礼的数量，然后依据自己的能力，尽可能以超过市面的平均数为目的。"大定"的聘礼一般是给女方购买嫁妆的，而女方接到男方聘礼后，要贴上自己做姑娘家赚的钱和娘家送的，一同出嫁。过去，邻居和路人看嫁妆中的棉被数量和陪嫁东西的多寡就可判断女方嫁妆的丰盛与否，现在，男方所送的聘礼金额越来越大，女方的嫁妆也越来越丰富，女方送房子也司空见惯，但房子别人看不见，所以只能在别人看得见的

---

[1] 参见温岭市文广新局编《温岭记忆》，西泠印社 2010 年版，第 181 页。

物件上下功夫，陪嫁的车子越来越好。以金钱财帛为聘，本身包含有一定的买卖意味。聘礼的一部分是具有象征意义的物品，用大雁是古代早有的习惯，取它按时南北往来不失其节和专一于配偶的特别含义，所以聘礼当中以"奠雁"为重。台州民间各地的聘礼还有"戒子（多子）""银元（人样）""全猪全羊（圆满）"等。

4. 送嫁

女方家购置嫁子货（即嫁妆），亲戚朋友都要送礼物（俗称送嫁），过去一般送生鸡蛋、衣料或被服等。男方家则准备婚房与婚床，给亲戚朋友发帖请吃酒。吉日的前三天，男方要宰猪（有些地方是全猪，有些地方是半只猪）送到女方家（俗称送轿前肉），一来为女方办酒宴所用，二来为女方给亲戚朋友作"送嫁肉"之用。同时送去的还有两条大鲤鱼、红鸡蛋、桔子等，这叫送"梳头叶"。现在加上两到八箱啤酒、雪碧、可乐等。

5. 暖房

吉日的前一天晚餐，男方办酒宴，俗称"暖房"。传统说法，"叔伯亲戚皆要来喝喜酒，是'三日酒'的一部分，做舅公的席位要坐上横头，舅公未到，众宾不得入席，待舅公坐好，才能开宴。男方的要好朋友（俗称洞房客或相好客）要进行洞房布置（俗称护洞房）。而在女方家，女方也在姐妹的陪同下，给自己的长辈们一一跪拜"①。

6. 发嫁妆

吉日的当天，男方家称作"正场"。早饭后，男方一般有一个辈分较长的中年人带领新郎堂弟和几个朋友前往女方家发轿迎娶，接新娘的队伍出发，媒人领路，吹鼓手、扛嫁子（嫁妆）的相好客跟后，人数根据嫁妆的多少而定。迎娶嫁妆，俗称"发嫁妆"（土话叫"发嫁子"）。迎亲队伍到达后，扛嫁妆的一件件绑缚、整理好，如果是近路的，要看主人家有没有请他们吃酒的意思，若没有酒，扛起嫁妆即可起身。若有酒则吃过酒饭后，略早于新娘起身。

宴席即将结束新人上轿出门之前，媒人挑起一担鸡蛋等物先走，到了男方家，一直挑进新人房间，前一头放在床上，后一头放在人们准备好的高脚

① 参见温岭市文广新局编《温岭记忆》，西泠印社 2010 年版，第 181 页。

桶上（又称生儿桶）。男方看到媒人来了就知道花轿快要到了。

出门时间到，新人起身出门，新人及其至亲者如母亲、姐妹们就得响响亮亮地哭一番，正如俗话说的"割牛当叫不叫，嫁囡当笑不笑"。此时，堂哥哥们相扶新人脚不踮地地上轿去，所谓"头未梳，脚未绕（缠），毛大大拔上轿"。意思是说姑娘不愿意出门，时辰一到就被硬拉出门。

临出女方家门时，给运送嫁妆的贺客每人发两包香烟（成双成对），再点燃五响鞭炮，点燃串炮，在鞭炮声中，挑的挑，扛的扛，浩浩荡荡离开女方家门。另外，因为过去扛嫁子的在路上是不能歇的，尤其是扛箱和挑被的，所以必须挑选年轻力壮的人。当然队伍中更少不了一对年少的"陪姑"。临近男方家门时，嫁妆中枕头、马桶、草席等被贺客一抢而空，用来作筹码，在送洞房时讨取"花利"。可以"抢走"的物件不多，受益人少，有时一个人还"抢走"了好几件，让别人无戏可唱，有些人不服，想出妙招，强行脱下新娘的鞋子，反正新娘没有鞋子不能送洞房的，以此作为筹码，坐等送洞房时主家前来赎回。在这些被抢的物品中，草席是最为重要的东西，也是送洞房时铺床最紧要的东西，所以洞房客要价最高。起初，每人分发两支香烟和两个红鸡蛋即可，慢慢地贺客不满足，两支香烟逐渐用整条香烟替代，两个红鸡蛋也用一篮红鸡蛋替代，再发展到后来需要花现金赎回，赎金的尾数一般以 8 为准，如 888、1288、1688 等，起先是一件一件经讨价还价后赎取，但存在一个问题，如果碰上一个物品达不成协议，整个活动就受阻，慢慢地男方家庭就要求所有被"抢走"的送洞房物品打包一次性叫价，避免了许多麻烦事。因为这个"红包"是新娘出的，新郎家开始不能介入此事，但在双方争持不下的情况下，会暗中派人（身份或辈分较高）去做中介人，以求做到一锤定音。这个过程往往耗时较长，新娘和新郎家一般不会要求马上了结此事，倒是希望在你来我往的嬉闹中增添喜庆气氛，最后无论出多少"红包"都是喜事一桩。发展至现在，8 的尾数逐渐改为 80 为尾数，现在赎金一般不会少于 2880 元，有的多达 8880 元。这个喜钱不是几个人的私有财产，而是见者有份式的共有财产，一般按在场人数大致估算平均分。当下，迎亲不再使用人力去抬和扛了，一般改为轿车接送，嫁妆也早早送至新郎家，迎亲队伍上午从男方家里浩浩荡荡开出，当然，每人少不了 2—4 包香烟。在去的路上一般无人关注，路远的到女方家后，吃过中饭，接了新娘回来；路近的下午到达新娘家，从女方接受了"花红"后，一路燃放鞭炮回来。在椒江，迎亲的车队喜欢绕市政府一圈，在某些适合于成亲的日子，市政府门前因婚车过多还会堵车。快到男方家门时，在农村，此时的关注度会很高，相关或不相干的人都会出来看看热闹，指点或点评一下。因为从婚车规模和品牌看男方家实力，从嫁妆看女方是否体面，所以现在迎亲所用的轿车越来越讲究，什么奔驰、宝马之类托人找到，还有人找一批同品牌的名车一字儿排着，显示与众不同。迎亲的车队不会直接送达新郎家，一般会在快到的地方全部熄火，等待男方送香烟，俗叫"加油"。"加油"的数量不等，一般是几条中华香烟。迎亲队伍一趟下来每人一般可得香烟6—10包，甚至更多。

一路上，炮仗引路，鼓手吹打，花轿扛抬，扛嫁子跟随，热闹异常。

花轿进门，新人在两位陪姑的相扶下走进新房（洞房），婆婆和姑姑或其他亲近的女眷，急急忙忙将准备好的茶送进房间，新人做个样子，接过茶，表示感谢。过去，接亲多用花轿，花轿到女家村口，过各村和迎回男家村口时，放鞭炮。迎亲队伍中一般有乐队演奏，制造喜庆气氛。

迎亲的工具随着年代不同而不同，60年代以前用花轿，70年代用自行车，80年代用摩托车，90年代用轿车。初期一辆轿车主要让新娘坐，后来变为两辆、三辆，现在富豪家多达几十辆，且轿车的品牌也日益走向高端化。

在临海流行婚礼儿歌，到处传唱，以增喜庆。

婚礼歌

燕子儿飞来双对双，牵牛阿哥讨嫂嫂唷，

哩嘟哩，哩嘟哩唷，

要问嫂嫂哪一个唷，采茶阿妹王阿娇唷，

哩嘟哩，阿喂哩嘟哩唷，哩嘟哩唷。

门前呀，喜鹊喳喳叫，大红对子挂两旁唷，

哩嘟哩，哩嘟哩唷，

花瓶蜡烛堂前照唷，新娘新郎来拜堂唷，

哩嘟哩，阿喂哩嘟哩唷，哩哩的嘟哩唷。

嫁妆：鞋箱（放纳布鞋底的工具包括针线和鞋底）

嫁妆：高脚桶（子孙桶）

嫁妆：中间是洞房宴的八仙桌，桌上是送洞房的三字蜡台；

右边是新娘梳头椅，桌两边是新房中新娘和陪姑坐的太师椅

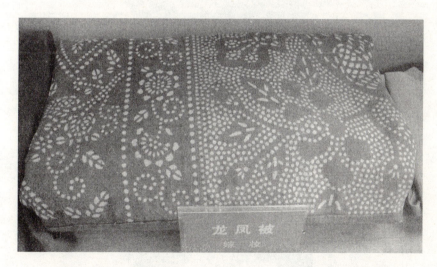

新中国成立前，结婚的龙凤被全部是手工织成，经染色，厚且粗

嫁妆：钱柜

嫁妆：扁桶（盛做圆粉用）

嫁妆：暖壶（暖手用）

嫁妆：铜盆（新娘洗脸用）

嫁妆：肚兜（女人包肚用）

（以上图片，周仲强摄于台州农村文化大礼堂传统婚俗展示）

7. 开额（开脸或挽脸）

在女方家，则有另一番景象。新娘在结婚当天，于婚礼举行前的清晨，要"上头"，即挑选有福气的老者为之梳头，同时说一些吉利话。各地做法虽有不同，但意思大致相似，即祝愿一切如意，多子多孙。将要出嫁的新人还要做"开额"，照着算命先生在择日子中写着的"开额"（整媚光面，书面上称"挽脸"）时辰和方向（如东南方、正南方、西南方等），在上间前放一张桌子，根据所定的方向摆正，桌上放镜子一枚，还有花粉、敏子（一种像牙刷似的擦头油用的刷子）、花、红鸡蛋、桔子、五色线等。新娘出嫁当天由内行的长者（妇女）操弄，只需几尺柔韧的细棉线、一块白色粉饼即可。挽脸前长者和新娘对面而坐，由妇人先在新娘的脸上均匀涂一层白粉，使皮肤干燥，既可减少挽面时的疼痛，也利于把脸上的面毛和额毛拔除干净。再用拇指在脸毛多的部位反复摩擦，直至有点火辣辣的感觉（以抵消拔脸毛之疼）。接着，用一根1米左右的韧纱线（有些地方用的线只有30厘米长），拧成一个活结，一端拿在左手，一端用嘴咬着，双折的另一端用右手的两个指头绷着转动后平放在脸部，老妇人对着要拔脸毛的脸部，用左手拇指、食指反复地一张一弛，用门牙咬着纱线的一头，右手执另一头，左手虎口在线的中间叉开10厘米左右，把纱线张开的口子贴着脸部，三点协调地用力，来回拧着"8"字形，一起一落，一张一缩，借助纱线交叉、闭合、拧动之势，渐渐把面、额、颈的汗毛和绒发绞去。最后敷上面霜，便大功告成，整个挽面过程将近一个小时。①

再用碗锋（打碎的碗片）把额毛和眉毛刮齐。或者只是拿粉、刷子等在额头上做一下样子，这就是"开额"。有的是早晨在女方家开额，称为"正娶"，男方要送一桌"开额饭"，在送轿前肉这一天就带过去。有的是下午到男方家开额，称为"小娶"，"开额饭"就免了。②

8. 看嫁妆

新娘的嫁妆抬到新郎新房后，按照固定的位置摆放好，就静静地等

---

① 挽面现在依然在某些地方流行，如台湾、江苏等地，在台州已经几乎绝迹，科技美容大为普遍，已经不需要传统的手工技艺，但会此手艺的老人依然还很多。

② 参见温岭市文广新局编《温岭记忆》，西泠印社2010年版，第181页。

待左邻右舍和亲朋好友的检视，大家都来看看，新娘的嫁妆如何，首先，看陪嫁的被子有几条，根据春夏秋冬的需要，最少要有7条，好的人家往往有11—13条；再看看嫁妆是否完备，子孙桶、酒壶、铜盘、三字蜡台、肚兜、粉桶、鞋箱等；有时还有人会打开樟木箱（过去的新娘嫁妆需有两只樟木箱，因为樟木有一种特殊气味，不会生虫，可保护衣服不被虫蛀），看看新娘积置的布匹和新衣服，以此探究新娘的审美观（喜好）和家底。

看妆奁

春夏秋冬四季天，洞房花烛喜连连。

老新妆奁多得很，十担十扛加铺陈。

朋友是班白目人，妆奁名称讲勿清。

细木老师武艺高，做起金桌三尺高。

大红金桌设闼前，新娘生儿中状元。

梳妆台，着衣镜，毛蓝细布揍好拼。

大橱小橱镜八扇，虎腿炕床四面开。

大锁匙，开红箱，柜栊前门装铰链。

盆碗盏，凑成双，烛台镴壶有名堂。

纱帽椅，骨牌凳，漆漆茶盘边镶金。

象牙床，亮晶晶，龙凤被面鸳鸯枕。

印花布帐红茵茵，金打帐钩两边分。

琴棋书画样样有，五世其昌百年兴。

八仙桌在中堂里，配上八张红木椅。

面桶脚桶广条箍，浴桶水桶出温州。

妆奁名称说勿完，我班朋友寻倒霉。

相请百客多原谅，晚头还要望新娘。

（选自温岭"洞房经"）

9. 迎新娘

新娘乘着花轿来到男方家门，下轿或下车后，不能脚踩地，由新郎家辈分大的女性拉着媳妇走过场院中红布袋铺的路，身后的红布袋要人不断传到前面待踩，这叫"传种（宗）接袋（代）"。有的还要"跨火堆"，用两把稻草交叉点火，新娘从上面跨过去，这是为了避邪气，乞求吉祥。在台州温黄平原上有些地方的风俗是新娘进入大厅前，要跨过火盆，并踩碎瓦片。

"踩瓦片"，寓意过去如碎瓦，开始新生活。

跨火盆，俗称过火与破煞。临海和天台一些地方用一小捆稻草燃烧，新娘从上面跨过去，叫"弹红"。

民间还流传着一种说法："踩瓦片"是古时验证新娘是否为完璧之身的一种方法，如果新娘是完璧之身无所顾忌，往往能准确地把瓦片踩破，相反新娘如果不是完璧之身，心中担心，害怕，往往会踩歪或用力不当，所以瓦片不一定能破。

新房里的便桶在婚礼那天要让一男童溺尿。新床上遍撒桂圆、莲心、花生、枣子等，利用这些果品名字的谐音，祝愿新人"早生贵子""多子多福"。

新妇娘上楼梯

今日今夜送洞房，一对鸳鸯凑成双，
手捧金盘上楼台，新郎新娘心花开。
木匠老师手艺好，做起扶梯格格升。
一格楼梯一格高，金鸡凤凰结鸾交，
今夜才子佳人会，陪伴新郎上楼台。
二格楼梯二格高，王母娘娘献蟠桃，
王母娘娘蟠桃会，八仙庆寿闹喧天。
三格楼梯三格高，凤凰飞来采仙桃，
采来仙桃是八宝，今日八仙就来到。
四格楼梯四格高，手扶栏杆上金桥，
天宫赐福金钿树，八仙过海乐逍遥。
五格楼梯五格高，五虎上将算马超，
马超本是忠良将，潼关之上逞英豪。

六格楼梯六格高，财神老爷送元宝，
手捧元宝笑嘻嘻，金童玉女配夫妻。
七格楼梯七格高，仙女下凡把亲招，
土地老爷做大媒，要与董永成婚配。
八格楼梯八格高，八洞神仙过仙桥，
手托金盘圆又圆，八洞神仙过桥来。
九格楼梯九格高，八洞神仙齐到来，
新人新郎成婚配，夫妻和合万万年。
十格楼梯十格高，刘备东吴把亲招，
神机妙算是孔明，刘备招来孙夫人。
十一格楼梯十一格高，仁宗皇帝登太宝，
铁面无私包公到，迎接太后转回朝。
十二格楼梯十二格高，孔明军师策略好，
魏国反进司马懿，伏龙摆起空城计。
十三格楼梯十三格高，关公千里送皇嫂，
子龙南阳抱阿斗，张飞大喊退曹操。
十四格楼梯十四格高，新郎今日要上朝，
万岁金口封新郎，封官受禄伴君王。
十五格楼梯十五格高，文武百官都来到，
新人好比穆桂英，新郎好比杨宗保，
赤胆忠心定乾坤，为国为民立功劳。
十六格楼梯十六格高，王三姐把彩球抛，
彩楼搭起三丈三，彩球抛进平贵篮。
十七格楼梯十七格高，平贵西凉把亲招，
平贵西凉回家转，两国封王呵呵笑。
十八格楼梯十八格高，纯阳大仙云头飘，
一飘飘到杭州城，要渡牡丹上天庭，
一张楼梯走完成，要进洞房贺新人。
春夏秋冬四季天，桃红柳绿各争辉。
和合门两边开，夫妻和合万万年。

今日八仙齐来到，王母娘娘把手招。

请问众仙何处去，祝贺新婚结鸾交。

洞房花烛乐陶陶，八洞神仙齐来到。

钟离老祖道法高，铁拐李老祖乐逍遥，

纯阳肩背青锋剑，湘子云头吹玉箫，

蓝采和摆起长寿酒，何仙姑手提花篮摇，

八仙来门前，洞房花烛送过来。

（选自临海"洞房经"一）

10. 望新娘

新娘在洞房坐定，旁边坐着陪姑，左邻右舍亲朋好友纷纷前来望新娘，主要着眼点是新娘的容貌，以便离开婚房后评头品足，无论新娘的容貌如何，大多数人都会称赞，只有少数人发出议论。台州俗话叫："望新乌娘"。

望新人

一对红灯高高照，先看新人啥容貌。

青丝妙发亮晶晶，八字眉毛左右分。

琼瑶鼻子当中挂，樱桃小口一点红。

两只粉耳分左右，鹅蛋脸儿白又嫩。

美人肩呀一字平，十指尖尖如春笋。

新人容貌生得美，胜过南海观世音。

众班朋友还要看，要看新娘啥打扮。

吉日良辰闹哄哄，新人今夜封正宫。

龙凤珠钗头上戴，嵌宝耳环挂两边。

绫罗花衫绣金线，上绣着丹凤朝阳松竹梅。

百褶罗裙随地拖，花鞋上绣着刘海戏金蟾。

戴起凤冠加霞帔，夫妻同上金銮殿。

若要富，要看新人替里面衫替里裤。

若要发，要看新人红肚搭（肚兜）。

新人勿用呆度度，要看你肚搭下有啥货。

此物本是娘生养，朋友勿可多妄想。

原封勿动还新娘，新郎晚头派用场。

新人生来十完全，生子必定中状元。

新人相貌好得猛，生儿必定做宰相。

府上有福新人好，相请家娘姆送红包。

手拿红包笑盈盈，众班朋友话多情。

温岭大姐人人爱，人人都顶半爿天。

新人心灵手也巧，站在生产第一线。

黄昏戌，半夜撅，造福子孙多贡献。

望新人掌灯

树大叶茂实难攀，百丈岩头赛牡丹。

堂上坐起真君子，可比朝臣陪王晏。

阿义对人左右坐，众朋友，拿灯来。

左手拿起一对灯，右手拿起一对满堂红。

二十年前高大长寿烛，五百年前结成亲。

呆一呆，勿可提灯台。

呆来勿算呆，三洲六县请你来。

浙江省，浙江城，浙江城镇算绍兴。

绍兴府，算六县。

抢灯之人顶聪明，新郎官三日前有贴来请。

一来叫你望新人，二来叫你说花名。

打镴老师武艺真，打起镴台照新人。

上照王母娘娘蟠桃会，下照五子登科夺魁名。

照得左边陪姑，好比云头天仙女。

照得右边陪姑，好比万岁三公主。

（选自温岭"洞房经"）

11. 拜堂

拜堂是整个婚礼中的重头戏。吹鼓手们一进门就坐在二间窗前，一遍又一遍地吹奏乐曲。司仪即傧相高高地站在凳子上念："天开黄道福寿长，香烟渺渺喜洋洋，东西击的龙凤鼓，窗前鸣锣掌号响。"一曲开场白后，请新人、请新郎，拜天地、拜龙王、拜家堂、拜祖宗等。然后喝交杯酒，拜双亲。礼拜完毕，拜内亲外眷的长辈。这些长辈都要准备结拜钱，念傧相的逐一唱过去，另一人专门拿着每人的结拜钱高喊某某是多少钱。此时的观众都先静听后议论。然后是夫妻对拜。拜堂毕，吹打奏乐、放鞭炮，新人进入洞房。

自新人下轿进洞房起，直到晚上送洞房前，新郎不得进入洞房间。一般情况下，新人这一天除早上吃过一点，一天没有吃饭。此时，厨官烧好一碗面，名曰"长寿面"，叫女眷送入洞房，关好房门叫新人吃，新人或多或少吃些，剩下的别人不能吃，一定要叫新郎官吃，又叫"合同面"。

夫妇拜堂时，主持人口中要高声念诵祝词，有的地方还穿插着吃子孙饽饽、喝和合汤等节目。

十贺酒

自从盘古天地分，五湖四海水相通。

大海无水潮不涨，江河无水船难行。

天下万物都靠水，五谷落田靠水生。

米饭落缸来造酒，造酒无水不能酿。

杜康造酒到如今，十大名酒天下闻。

自古以来人爱酒，桃园结义酒风流。

杜康造酒红娘卖，李白吃酒挂酒牌。

楼上饮酒汉高祖，楼下饮酒是文王。

东楼饮酒赵匡胤，西楼饮酒陈子明。

太平有个李凤姐，凤姐摆酒贺万岁。

洞房花烛小登科，热热闹闹贺喜酒。

第一贺酒贺新郎，魁星点笔做文章。

文武双全关夫子，子子孙孙状元郎。

第二贺酒贺新妇，夫妻恩爱家庭和。

黄道吉日结鸾交，百年和合同到老。

第三贺酒贺相好，胜如王母献蟠桃。

八仙庆贺呵呵笑，相好心中乐陶陶。

第四贺酒生百福，福来东海水长流。

衣边生着一口田，子孝孙贤福无边。

第五贺酒福寿高，寿比南山松柏老。

彭祖寿高八百岁，勿够陈团睡一觉。

第六贺酒富贵到，荣华富贵人人要。

发财致富走正道，家财巨万有人傲。

第七贺酒喜洋洋，桃园结义刘关张。

有情有义真朋友，学习三国刘关张。

第八贺酒甜滋滋，凤凰飞来生贵子。

小皇有日登龙位，不忘相好吃喜酒。

第九贺酒笑眯眯，一对鸳鸯齐齐飞。

鸳鸯戏水无穷乐，并蒂花开连理枝。

第十贺酒十完全，金杯里面酒加满。

饮酒一杯又一杯，祝贺大家都团圆

拜父母

上面坐位是双亲，要拜爹娘养育恩。

父母恩劳如天大，不可忘情一片心。

十月怀胎娘辛苦，三年吃奶海样深。

今日良缘成亲时，礼拜双亲八百春。

（选自台州"洞房经"）

新式婚礼，主持词大同小异，不外乎"当年幼儿已长大，漂亮的媳妇娶到家，新郎新娘拜高堂，共同孝敬爸和妈。二位新人拜高堂，一是讲究鞠躬幅度深，二是讲究鞠躬时间长，鞠躬幅度深，感情就越深，鞠躬时间长，孝心就越长。""拜高堂，一鞠躬，父母大人坐高堂，喜看儿子成新郎；拜高堂，二鞠躬，儿媳妇贤惠又漂亮，一心孝敬二爹娘；拜高堂，三鞠躬，相亲相爱成一家，婚后日子长又长。"

夫妻对拜："二位新人，面向嘉宾，相亲相爱好几年，嘴上不说心里甜，彼此一切都奉献，就等结婚这一天，新郎新娘夫妻对拜，一鞠躬：一日夫妻百日恩；二鞠躬，百日感情似海深；三鞠躬，终身相爱亲亲亲。"

喝交杯酒："感情有，喝一口，感情好，全喝了，感情深，一口闷。喝！喝了这杯酒，甜蜜日子天天有，喝了这杯酒，相亲相伴到白头，喝了这杯酒，幸福的日子天长地久。"

拜堂后要"闹新房"。此时不分长辈晚辈，闹得越厉害，越放肆，意味着新婚夫妇日后的生活越是红火，整个婚礼贯穿着祝愿新人称心如意，家道发达兴旺的主题。

随着时代的变迁，婚礼中好多程序坐花轿、抱上轿、拜堂、送洞房等都逐渐消失了，有些传统的仪式也逐渐被时尚的形式所取代。如今，年轻人的结婚仪式既时尚又五花八门，多数人家的婚宴放到宾馆酒店举行，既省心又省力。虽说绝大多数年轻人是自由恋爱的，但还得有个媒人，媒人有的是真介绍真出力的，有的则是个摆设做样子，对外人有个交待罢了。

从流传的空间和时间看，台州"洞房经"都是首屈一指的。越先民避世于温州台州，在灵江和瓯江流域一带建立古东瓯国，其始，越文化就在此地生根发芽。汉民族抢婚风俗及越地歌谣的普及，使得台州民间童谣和歌谣迅速蔓盛。流传于灵江流域和温（岭）黄（岩）平原的一种独特的婚礼习俗，即在婚礼中由傧相、宾客、洞房客等人传唱和对唱的歌曲，通称"洞房经"。"洞房经"包括三部分："念傧相""贺新房"和"送洞房"。念傧相意即由傧相念唱仪式歌，在婚宴前举行。

念傧相开场

太极图书一落开，周公礼仪启三千。

今日傧相推我做，百客面前口难开。

天开黄道福寿长，香烟渺渺喜洋洋。

东西吹打龙凤鼓，中军里面鼓号响。

百丈岩头绿牡丹，树大叶茂不可攀。

满堂多少众男女，百客面前启口难。

傧相同来人不同，各地自有各乡风。

少读诗书才学浅，我做傧相面通红。

春夏秋冬四季天，腰边马笼都挂遍。

大大螺丝吞勿来，小小螺丝吞两个。

（选自温岭"洞房经"）

仪式在大堂中进行，堂前设有龙王位一个。傧相身前摆八仙桌一张，桌上点三支香，一对红烛。另有一对酒壶、两对酒盅，供新人饮"交杯酒"。

仪式开始，鞭炮、锣鼓齐鸣。傧相先唱：

请新娘

中堂点灯放毫光，男女老少望拜堂。

中堂挂灯并结彩，相请新人出堂来。

中堂挂灯并结彩，新人脚踏荷花台。

陪姑脚踏荷花地，金童玉女两边跻。

新人美貌十周全，刘海下凡系金铖。

赠你金兔心欢喜，欢欢喜喜出堂来。

请新郎

前请新人后请郎，一生一世好风光。

百年夫妻花堂会，要请新郎出堂前。

五彩夫妻坐渔船，只见龙王送子来。

后来取名王华玄，大宋朝中登龙位。

新郎新娘东西对立，行拜天地龙王、祖宗双亲及饮交杯酒等仪式。

新人交杯酒

中堂之上闹喧天，新人斟酒喜连连。

一对陪姑勿用推，及理及时拿交杯。

新郎交杯酒

天又高来地又高，八仙过海浪涛涛。

一对陪郎勿用推，欢欢喜喜拿交杯。

对头拜

新人新郎对头拜，中堂百客笑哈哈。

及理及时勿用推，陪姑陪郎调转开。

（选自温岭"洞房经"）

每次拜谢都由傧相念唱一段相应的仪式歌，新郎新娘则双双出场叩头或点头。席间，新女婿要给宾客们敬酒、敬烟。席将散时，新女婿同样也要给女方太公、太婆、舅公、妗婆等长辈敬茶、下跪，长辈用茶后，回礼一个红包以为茶钿。

12. 送洞房

拜堂结束后，众亲朋好友入席吃酒用餐，主人要一桌桌轮着敬酒，以示对客人们的到来表示欢迎与感谢。酒宴结束后，众人稍事休息，新郎官则在洞房客陪护下，逐个找长辈跪拜，有些做长辈的故意躲藏起来，新郎官也必须想方设法找到。这些礼节完后，晚上八九点钟，开始送洞房。送洞房有很多讲究，一般是在参加酒宴的亲朋中选定六位青年送新郎进入洞房，连同新郎新人共八人，名谓"八仙"。特殊情况下人数可增加到八至十几位，视新郎好友结交多少而定，但必须成双数。

送入洞房前，洞房客要准备两盏灯（以前用红灯笼，后来用美孚灯），一只托盘，盘上放一对蜡台，一对大红烛，一对酒壶，一对金花等。送洞房开始，洞房客中的"班长"闹洞房大都念唱，先唱"大八仙、小八仙"上楼梯，"开门、开锁"进洞房，进入洞房"讨凳头、讨茶、讨碗头"，接着又是"新人摆十三花、分鸡子、分碟头"等，套路五花八门。在这一连串的程式中，始终都是新人按照"洞房经"内容的要求来做；洞房内又与洞房外的邻居等闹洞房者对着念唱。如"开门、开锁、讨凳头、讨茶、讨碗头"等过程，有时可能要翻来覆去数遍后才能通过，洞房内外欢声笑语连成一片。一般情况下，闹洞房从晚上八、九点钟开始，到凌晨两三点才能结束，有的可能更长。这段时间里，洞房客若要出来解手什么的，必须成双成对提着灯笼出来，也不能说小便大便之类的话，要说出去"望潮水"①。

---

① 参见温岭市文广新局编《温岭记忆》，西泠印社 2010 年版，第 181 页。

最后以送新人入洞房为念傧相的结束。"贺新房"在婚宴完毕后，凡来庆贺婚礼的人都可参加，或独唱或对唱，内容均为喜庆祝福之词。善唱者，从进新房门开唱，把新娘的漂亮、能干、贤惠以及新房内全套嫁妆全部唱遍，新娘则需用红鸡蛋等礼品赠送"贺新房者"。"送洞房"是"贺新房"之后由洞房客在送洞仪式中所唱。传唱者为新郎选定的洞房客，其中与新郎关系亲密的洞房客也称"弟兄客"。

也有老人回忆说，送洞房人数为6—10人，必须双数，而且都要男性，婚否不限。洞房客在大堂中列队进入新房，主唱者在队前唱仪式歌，其后为两位手提龙灯的伴郎，随后为手捧托盘的洞房客，盘中放置宫灯和宫花，最后为新郎及其他洞房客，新娘事先被"关"在新房中。整个"送洞房"过程主要仪式有："开锁、开门"、入洞房、"讨茶酒、碗盏"、吃贺酒、"摆13花"（花生、桔子等果品）祈子求福、"抱龙灯大团圆"祝新人合家团圆，最后唱"出洞房歌"结束。

开门先开锁

天门天锁地门地锁，海门附近葭芷锁，

台州府大桥锁。

大橱小橱箱笼锁，新人嫁来是肉锁，

新人是金锁，新郎是玉锁，

好年好月开金锁，我班朋友要开洞房锁，

开了锁再开门，南走南天门，

北走北天门，石塘对松门，

玉环对坎门，葭芷对海门，

平桥马公神童门，新人好年好月出娘门。

过了一门又一门，我班朋友要进洞房门。

八仙进头门，夫唱妇随百年春。

八仙踏进第二门，子孙兴旺福满门。

进三门喜连连，彭祖寿高八百年，

陈团老祖寿千年，手托金盘送进来，

手托金盘四角方，陪伴新郎进洞房。

　　各位朋友左脚进洞房，老新生儿状元郎。

　　右脚进洞房，魁星点笔做文章。

　　八仙来大门开，洞房花烛送进来。

　　洞房花烛放豪光，赛过万岁金銮殿。

　　眼看洞房里新被新眠床，明年生儿状元郎。

　　天上七星对北斗，地上金鸡配凤凰。

　　新郎好比状元郎，喜气洋洋好风光。

　　状元夫人比新人，同保江山保万民。

　　抱盘之人手托酸，金盘慢慢歇落来。

　　脚踏洞房笑盈盈，夫妻和合万年春。

　　太阳上山似盘花，凤凰飞过万岁家。

　　正官娘娘生太子，新人新郎插喜花。

　　男插东来女插西，天配一对好夫妻。

　　夫妻好比鸳鸯鸟，喜花对齐无高低。

　　一枝喜花喜团圆，

　　二枝喜花实周全。

　　三枝喜花麒麟送子来，

　　四枝喜花五子登科中状元（喜花）。

（选自临海"洞房经"）

　　这些仪式都需洞房客唱歌或对歌来进行。宾客、厨工们往往以歌相拒，或编唱谜语歌向洞房客发难，洞房客唱歌"讨茶""讨凳子"，厨下倌则以歌拒送，双方对歌多达 20 多次，由此营造热烈的气氛。此俗现在仍在温黄平原乡村中流行。

　　送新人入洞房时唱"洞房经"，是浙江温黄平原农村的一个传统婚俗，延续至今数百年了。温岭"洞房经"版本众多，仪式复杂。"洞房经"包括向厨官厨下讨行礼、小八仙、中八仙、大八仙、开门开锁、进洞房、歇落盘、抬金桌、插金花、分灯、讨凳头、讨茶、讨酒盅、讨箸、发南货、摆九子十三花、讨早子、扎麻糍按、大团圆、抱龙灯扎果子、出洞房、下楼梯等诸多仪式。

讨早子

希奇希奇真希奇，外面骨头里面皮，

鸡子黄圆累累，鸡子青包外面。

我班朋友都喜爱，老新早子都分遍。

还早子

新人头上五凤朝阳，早子放在新人手中央。

一还贵子，二还富子，

三还福禄寿星子，四还子龙抱太子，

五还五子登科连环子，六还吹箫作乐韩湘子，

七还凤凰生贵子，八还蟠桃长生子，

九还麒麟送仙子，十还贵子十完全。

好话讲不完，新郎新娘红鸡子香烟快发来。

分香烟

烟草本是南洋来，香烟公司到处开。

香烟名目多得显，我班朋友都喜爱。

香烟好歹由你便，老新照顾分下来。

点香烟

春分播种谷雨栽，夏至摘叶晒起来。

老新客气分香烟，各位朋友都分来。

亲友点起香烟红满堂福禄寿喜每人尝。

（选自临海"洞房经"）

13. 闹洞房

在送洞房之前，要先进行"照床"。照床由一位子孙满堂、丈夫健在的老妇人进入洞房，解开原先用红绳拴束的被褥，铺在床上，然后拿一只装满红鸡蛋的木升，插上两支点燃的红烛，放在床中央。

照过床后，新郎牵着新娘进入洞房。负责婚礼仪式的执事走在前面，手捧点燃着的红烛，红烛放在桶盘里，盘里还盛着红鸡蛋、桔子、糖、花生、瓜子等，一边走，一边抛，一边唱：

今日今夜送洞房，一对鸳鸯凑成双。

送进洞房喜连连，天黑里头走上前。

福禄寿喜中堂坐，麒麟送来凤凰星。

说牡丹来话牡丹，百客人前开口难。

新郎请进来，新娘心花开。

杨柳成行平屋里，百年团圆好夫妻。

……好话讲勿完，红鸡子一桶盘。

桶盘团栾栾，好比十五十六月团圆。

黄岩蜜桔两三手，新娘摆糖好名声。

各色糖果香又甜，我抛果子来周全。

果子抛大橱，儿子做尚书。

果子抛嫁妆，儿子得中状元郎。

果子抛布帐，儿子做丞相。

果子落被丝，新郎新娘舞狮子。

天将晓，天将亮，亲朋好友退出门。

外关门，里关门，生个小儿文曲星。

（选自台州"洞房经"）

入洞房后，新郎新娘就不能出洞房了，洞房中设案席酒宴、糖果。新郎新娘男左女右坐在床沿上，伴郎伴娘分坐两边。在众人的嬉闹中，首先新郎新娘喝"合卺交杯酒"，弟兄朋友则对新郎新娘百般戏谑，用各种各样的方式戏弄新郎新娘，闹洞房概括起来有文闹和武闹两种。文闹以较文雅的方式进行，往往是弟兄朋友向新娘或伴娘出谜语、对对子、相互赛歌，迫使新娘或伴娘无法应答而大出洋相，借以取乐嬉笑逗玩，尤其是新郎的弟兄朋友，他们极尽所能，想出种种花招，让新娘或伴娘当众表演。武闹则是边吃边划拳、比酒，玩伴娘也是一种闹房形式，看到不称心的伴娘，有些地方甚至有打"夯"的风俗。这一夜不管人家如何玩闹，新郎新娘都不能生气，如若气走了闹洞房的人，新娘将被视为任性，人缘不好，以后的日子就不会好过。

闹洞房

手托金盘圆又圆，嫁子嫁孙嫁状元，
嫁得子孙千千万，子孙兴旺万万年。
皇母娘娘蟠桃会，月下老人来做媒，
太上老君炼仙丹，观音大士送子来。
他们大事来嘱托，托我到你府上来。
金脚踏金府，到你府上望新妇。
一来望新妇，
二来望陪姑，
三来望眠床，
四来望嫁妆，
五来望新郎，
六来望新房，
七来望花堂，
八望琴棋书画挂两旁，
九望福禄寿星贴正房，
十望新郎新娘美满姻缘凑成双。
成双夫妻天然配，配扰鸳鸯凑成对。
新婚夫妻今夜入洞房，
明年出贵子，后年得中状元郎。
我先请新娘送我红鸡子、桔子和小糖。
新娘先拿出红鸡子一只，我对上红鸡子一对，
红鸡子又不圆来又不长，红鸡子百乐四样生，
里面衣，外面壳，外面白里面黄，
新娘生儿得中状元郎。
新娘拿出桔子一对，我对上桔子一对，
桔子出在黄岩雪里糖，不打霜雪自会黄，
外面皮里面筋，新娘生儿当总兵。
新娘拿出花生一把，我对上花生一对，
花生出在上洋下菱，上开花下结菱，

生起花生裥个裥，新娘先生儿后生囡。

新娘再拿出荸荠，荸荠出在黄岩十里铺，

风霜雨雪都见过，生得荸荠滚滚圆，

新娘生儿中状元。

新娘再拿出小糖一把，红粉小糖甜又香，

出在临海食品厂，食品厂中生产忙，

新娘拿出小糖分大家。

（选自临海"洞房经"二）

闹洞房往往一直到东方吐白，金鸡唱晓，大家方才尽兴，吃了洞房面，新娘给闹洞房者分发红鸡蛋、糖果等，宾朋好友向新郎新娘送上新婚祝福，愿新人相亲相爱、白头偕老、早生贵子，并关上窗户、门，燃放关门炮，闹洞房方才结束。

14. 念傧相

其整体仪式：请新人、请新郎；拜天地；拜龙王；拜家堂；拜祖宗；新郎、新人整位；交杯酒；对头拜；拜双亲、长辈；拜媒人；拜厨官；拜厨下；拜邻舍；拜四亲六眷；送龙王；进洞房。

拜堂傧相诗（二）
拜天地、拜老爷、拜家堂、拜祖宗

新郎着要到花堂，只见陪郎未梳妆。

新郎打扮千日花，陪郎打扮一日长。

今日新郎出花堂，银烛高照好时光。

新人等等还且可，陪姑等等面皮黄。

凤求鸾配结成双，拜谢天地日月光。

四亲万邻都降福，夫妻和合天地长。

夫妻双双拜神明，腾云驾雾上天庭。

王母千秋蟠桃会，回转龙宫保平安。

福德金炉在堂前，拜谢家堂福寿龙。

来年定生龙凤子，官高兵部在堂中。

宗祖积德有面光，轻择流芳传后代。

积德春秋千载成，但愿夫妻万年春。

夫妻对拜、还拜、交杯酒

杜康造酒桂花酒，造成银杯定阴阳。

伯公伯婆来接拜，铜钿钞票随身带。

拜二伯公二伯婆

荷花开来多结好，二伯公二伯婆走来迟。

二伯公二伯婆快顶来接拜，接拜钿拿出快。

拜叔公叔婆

夫妻双双拜叔公，叔公叔婆福寿龙。

今日夫妻和合拜，接拜钿，随身带。

拜二叔公二叔婆

一株梅花同树开，要请二叔公二叔婆到堂前。

二叔公二叔婆不用推，侄妇拜拜理应该。

拜外太公外太婆

新人新郎喜洋洋，要拜外太公外太婆福寿长。

两老不用推三并推四，八幅四裙度来置。

拜太舅公太妗婆

新人新郎笑嘻嘻，两老福气多少好。

寿比南山松不老，福如东海水长流。

拜舅公妗婆

新人新郎笑连连，舅公妗婆请堂前。

舅公妗婆不用推，钞票拿出两桶盘。

拜二舅公二妗婆

红梅早春多结子，新郎新人早生子。

舅公妗婆笑哈哈，接拜铜钿随身带。

金杯玉盏和同酒，夫妻吃酒福寿长。

吃一杯来交一杯，中堂两尊好花开。

天开过酒如相连，盘古分天万万年。

新人新郎对头徛，为何拜堂要推迟。

不是傧相新行利，盘古分天四拜齐。

拜父母、整位

鼓乐喧天闹盈盈，走步上前拜双亲。

二人就拜位来正，正好龙位拜双亲。

太极造书开一禄，周公义礼启三千。

千般礼钿行不成，中堂坐位拜双亲。

拜太公太婆

新人新郎喜洋洋，太公太婆福寿长。

寿比南山松不老，福如东海浪滔滔。

拜度伯公度伯婆

荷花插在金屏内，伯公伯婆不用推。

着衣戴帽到堂前，侄妇四拜理当前。

拜姨公姨婆

凤凰飞过笑连连，姨公姨婆请出来。

姨公姨婆来接拜，接拜钿，拿出快。

拜表伯公表伯婆

桃花开来三月天，请表伯公表伯婆到堂前。

表伯公表伯婆不用推，接拜钿，拿出来。

拜表叔公表叔婆

四月菊花叶里红，表叔公表叔婆年纪轻。

表叔公表叔婆来接拜，银行钞票随身带。

拜媒人

夏至落雨天做媒，雨打桃园百花开。

百花园中生九子，连生九子中状元。

拜厨倌、厨下

新妇相嫁娘爷客气显，三日头前厨倌爷请进来。

要做厨倌日夜忙，新人新郎拜谢理应当。

一班厨下笼来拜，三厨吃饭赌三快。

洗菜担水佳上佳，新人新郎应当拜。

新人陪姑进洞房，淡淡花阁配成双。

洞房好比金銮殿，早生贵子中状元。

（摘自温岭"洞房经"）

"念傧相"之后，宴请参加婚礼的全体宾客。宴毕，与唱"洞房经"的仪式之间有一段时间，一方面是厨官们吃宴席，另一方面是"贺新房"。"贺新房"不限亲友邻里，人人都可参加，唱一些喜庆祥瑞之词，以示祝贺。流行于温黄平原的"洞房经"传唱的整个过程最多有 47 个流程，不同地方有所不同。

唱"洞房经"并不是绝对化的仪式，47 项仪式中有 10 多项就是可有可无、允许缩减的内容，人们根据具体的需要来删减。而同属台州的临海市传唱"洞房经"的仪式过程与温岭市就有一些不同，除了上述仪式外，还有诸如讨香烟、点香烟、吃喜糖、谢木匠、敬茶、望花堂等，在不同的地方传唱时有些根据需要可以插入。

讨早子

黄岩桔，红叮咚，鸡子鸭子出海门。

细夹花生出出门，叫你老新红桔早子各人分。

第一双分新郎，众班朋友分两旁。

讨凳头

众班朋友慌忙实慌忙，未带凳头进洞房。

洞房喜事厨房忙，相劳厨下叔粗糙凳头端洞房。

大大树木温州进，小小树木出山林。

木匠老师武艺真，做起凳头四脚落地琅趯平，

相劳厨下叔粗糙凳头送进洞房门。

讨 茶

竹扁担，软扭扭，笃漆水桶广条箍。

担水之人落大河，担来河水落茶壶。

请来外间老姑婆，"叽啦呱啦"扇风炉。

左手拿炭落风炉，右手舀水落铜壶。

炭火猛、茶快滚，相劳厨下叔八盏清茶送进洞房门。

讨八碗

第一碗肉皮是泡胶，前早要做马谡追曹操。

岳飞擒杨下本做，后早要做关爷捉放曹……

（选自温岭"洞房经"）

据一些老人介绍，以前的"洞房经"很多，一般在结婚前三天杀猪时，请叔伯亲戚喝酒开始唱，一直唱到结婚后喝三日酒结束，其中主要集中在结婚当日。这些仪式中大量的是对歌，你方唱罢我登场，每一个参与仪式的人都会随口唱答一番，还可以即兴创作，歌声化解了仪式的繁复和辛苦，让多人参与的人生盛世仪式变得喜庆热闹。

洞房客套话

洞房间，喜洋洋，何人乱语勿可讲。

何人乱讲话，请出洞房外。

老泰山，请到度上间。

老姑婆请到茶房煽风炉。

后生怕生气，请到二间闵前猜拳喝酒听唱戏。

小人怕暴躁，请到台门头摸虎卵、打虎跳。

青年妇女怕生气，请到眠床做游戏。

土音土语真土言，年老老人做堂前。

小人专门靠娘边，中年后生请进来。

走进洞房里，老少勿插嘴。

走出洞房外，老少好排辈。

大的叫表兄，小的叫表弟。

只可帮忖你，勿可多插嘴。

我班众朋友来者勿呆，勿会倒场恶霉。

（选自温岭"洞房经"）

这一闹，要"闹"到午夜才歇，有些直至黎明。

15. 下楼梯

送洞房结束，洞房客离开，洞房间关门落闩，只留下新郎新人。新人从箱里拿出两对红鸡蛋，递给新郎，一对是剥了壳的，二人在红烛相映下，相对着吃掉，这叫"和同子"。还有带壳的一对放在被窝里，说是"孵子"。

闹完洞房的宾客们唱"下楼梯"：

下楼梯

脚踏楼梯一步低，配来一对好夫妻。

脚踏楼梯二步低，二星和合笑嘻嘻。

脚踏楼梯三步低，三台华盖临门喜。

脚踏楼梯四步低，四海龙王呵潮水。

脚踏楼梯五步低，五子登科万年贵。

脚踏楼梯六步低，洛阳桥边状元第。

脚踏楼梯七步低，七星王母笑嘻嘻。

脚踏楼梯八步低，八仙过海铁拐李。

脚踏楼梯九步低，天上九龙来抢珠。

脚踏楼梯十步低，手提宝剑汉钟离。

脚踏楼梯十一步低，蓝采和手中花篮提。

脚踏楼梯十二步低，何仙姑在云头飞。

脚踏楼梯十三步低，大海洒钿笑嘻嘻。

脚踏楼梯十四步低，湘子云头吹玉箫。

脚踏楼梯十五步低，柳毅龙女配夫妻。

脚踏楼梯十六步低，三元及第做尚书。

脚踏楼梯十七步低，新郎明年做爹爹。

脚踏楼梯十八步低，众班朋友下楼梯。

五福临门步步移，四亲六眷都贺喜。

（选自台州"洞房经"）

吉日的第二天早上，新人拜祖宗。新人起床梳洗后，来到上间，此时厨下相帮已摆好一桌烧熟的碗头，当家人点好香烛，再叫新人分筷、分酒盅、倒酒，最后面向里边拜上几拜，算是拜祖宗。接下来又是摆设酒席，俗称"落厨房"，直至中午时分酒宴结束，客人们方可启程返家。主人家向客人送些红鸡蛋、馒头等以作回礼。把数斤猪肉和礼金送给媒人，俗称谢媒。

婚后的第三天，新婚夫妇一同前往女方娘家拜望，俗称望三日。至此，整个婚礼算是全部完成。

16. 禁忌

男女属相相克不能婚配，新婚之日新娘进男方家门时，要查看风水歌诀该日忌什么。如果忌翁姑，翁姑要回避，若是忌堂或忌灶，新娘进门时要用红毡把堂、灶遮蔽。婚日，忌陪嫁行列在路途中和其他人家的陪嫁行列相遇，若是相遇就成为"喜冲喜"，必然有一家的喜为另一家所夺，从而遭逢灾难。万一不幸发生这种"喜冲喜"的事件，要立刻让双方新娘交换插头上的花簪，称为"换花"，以此解除凶难。婚嫁行列如果碰到送丧行列，叫作"凶冲喜"，也是新娘最忌讳的。但于丧事家却是好事，叫"喜冲凶"。

随着时代的变迁，送洞房的风俗还在一些乡村流行，虽然风俗随着人们生活观念的改变会有创新，但"洞房花烛夜"这一人生最美好的时刻，永远会深深留在每一个人心里。

三　婚礼后，姻亲关系的认可

婚姻如何方为合理？

一曰：重父母之命。凡人之生命，皆父母生命之继体。婚姻之主要目的，在于传种，非男女两性之取乐也。

二曰：经媒妁之介。婚姻虽属两性结合之事，然必须有媒介而后选择，始为合理。倘无媒介而自动追求，则易发生强暴决斗、始乱终弃等罪恶。媒妁者，证明双方坦诚纯洁，而得好合，故为正当婚姻。

三曰：必公证宣誓。婚姻，有了父母之祝福，媒妁之介绍，还须举行正式的结婚典礼。以证之于亲戚朋友，邻里乡党。且在司仪引导下当众宣誓，一拜天地、二拜高堂、三拜亲朋好友，彼此承诺，共同扛起家庭之责任义务。

这里的第三点最为重要，父母之命媒妁之言仅是婚姻的准备，要真正得到大众的认同，必须举办盛大婚礼以宣告夫妻关系的正式确立。过去，有无结婚证是不重要的，重要的是有无举办过婚礼，所以民法通则中有了事实婚姻之说。

《朱子家礼》记叙南宋婚礼习俗，其中关于婚礼后的活动，古今大同小异。该书谓婚礼"明日夙兴，妇见于舅姑，舅姑礼之；妇见于诸尊长。"而结婚三日后，还有庙见的习俗，即主人以新妇见于祠堂。有些地区的庙见习俗是安排在新婚后第一个春节时进行。庙见的第三天，新郎还要同妻子去拜见岳父母（即所谓"三朝回门"），并回见妇党诸亲。经过这一系列的活动，双方的姻亲关系才算正式确立，才得到公认。

回门：中国古代汉族婚姻风俗。成婚后第三、六、七、九、十日或满月，女婿携礼品，随新娘返回娘家，拜谒妻子的父母及亲属。自亲迎始的成婚之礼，至此完成。此俗在古代泛称"归宁"，为婚后回家探视父母之意。后世各地说法不一，宋代称"拜门"，清代北方称"双回门"，南方称"会亲"，河北某些地区称"唤姑爷"，杭州称"回郎"。此为婚事的最后一项仪式，有女儿不忘父母养育之恩赐，女婿感谢岳父母及新婚夫妇恩爱和美等意义。一般女家皆设宴款待，新女婿入席上座，由女族尊长陪饮。新婚夫妇或当日返回，或留住数日，若留住时，则不同宿一室。

台州温岭还有特别之处，望三日这天，新婚夫妇是不能在岳父母家过夜的，必须当日返回。只有等到满一个月后，新媳妇回娘家，才可多住几天。

有一些新婚夫妇由于各方面原因不望三日的，可以走对头月，即婚后一个月走娘家，也有"望四月"，即婚后四个月回娘家探亲。若是在年关临近时举办婚礼的，则可以在正月初四至初八间，连同拜岁走"第一值"，视实际情况而定。

送年夜肉：结婚的当年临近年关时，女婿必须要给岳父家送猪肉，俗称送年夜肉。第一年数量最多，有的是整头猪，有的是数十斤猪肉，以后可逐年递减。送猪肉时，还得带桂圆、荔枝、干枣等包头。丈母娘家的回礼是猪肉、绿豆面等。送年夜肉，女婿也必须当日返回。如果婚期临近年关，可将轿前肉和年夜肉一并送。旧时，若夫妇有望四月的，有的岳父家以耕牛披红为回礼，当然，这是极个别现象。

插田望：插田望即结婚当年或次年的农历四月插秧季节，也是鲻鱼旺汛季节，新女婿要买一对大鲻鱼送到岳父家，附带送点猪肉、水果和包头面等。在滨海、新河、箬横等地，也有的人家插田望是送大黄鱼的。插田望礼仪有两层意思：一是春耕大忙时节，新女婿看望老丈人；二是女儿嫁出去后，家中劳动力缺了些，新女婿到岳父家帮忙插几天秧。第二年、第三年亦有此礼节，再以后就可不用行此礼仪了。

第三章 汉民族独一无二的婚礼对歌

——台州"洞房经"

台州"洞房经"流行区域，北以台州临海市为主，包括天台、仙居、三门、宁波的宁海县，南以温岭市为主，包括台州三区、玉环、温州的乐清市部分地区。"洞房经"即伴随婚礼举行过程而吟唱的仪式歌，通俗的理解就是把婚礼仪式中的话语全部以对歌形式表达出来。这些对歌源于越地歌谣，曲调为吴音，一般都有较为固定的套式，口头传唱并提倡即兴创作。在台州，民间唱"洞房经"风气一直非常流行，虽然在20世纪晚期一度沉寂，但在21世纪又再度唱响，一些地方有重新燎原之势。台州温岭还出现了专业的唱经公司，为一些喜欢传统婚俗的家庭提供最具特色的仪式与服务。研究温岭"洞房经"的专家陈华文教授认为："洞房经"是汉民族以对歌形式留存于世的独一无二的地域婚俗文化，也是我国东南沿海地区具有典型特征的婚俗文化，它与古吴越和百越族文化有着深刻的渊源关系。

春秋战国时期，台州还不叫台州，但区域属越，秦汉时期属会稽郡。历史上记载的东越就在今天台州市的灵江流域和温黄平原，台州文化与越在历史上和族源上都有一定的承继关系，实际就是越文化的延续和又一承载。唐代开始设台州，延续至今1400多年。

台州唱"洞房经"整个过程非常繁复，流行在温黄平原的"洞房经"包括47个仪式，从早晨一直唱到第二天天明。在临海市的一些地方，从婚礼前一天的"杀猪酒"开始到婚礼第二天吃三日酒结束都唱"洞房经"，绵延三天，声势浩大。从民歌形式考察，我国许多少数民族有自己的传统歌唱节日，例如壮族的"歌墟"、苗族的"游方"、仫佬族的"走坡"，西北地区土族、回族、撒拉族、东乡族、保安族在节日那天，成百上千名青年男女聚集到专设的户外歌场嬉戏和对歌，一方面展示自己的才华，另一方面在对歌活动中寻找情投意合的异性伴侣。汉族也有歌会，如"花儿会"，属于诗歌会的一种，一般不是对歌，江浙一带民歌划分为劳动号子、山歌、小调三种，婚礼歌属于小调，是以对歌形式出现的。在已知的资料中，"洞房经"是汉民族仅存的具有史料性价值的婚歌。其对歌形式多样，有"散队""正对""和声""封"与"拆""摆阵"与"破阵"等，虽然在不同县、市、区有所不同，但总体风貌大体一致。

第一节　独特的婚唱
——对歌

台州"洞房经"的特点是：婚礼全部仪式皆在"唱"中进行，多则三天，少则一天，最繁盛的是结婚当天，那真是歌声悠扬，余音不绝，此起彼伏，不但唱，而且对唱，浓浓的乡音伴着热闹裹着嘈杂，沁人心脾。这些唱往往由男性来完成，且全为清唱，有主角，有配角。农村每一个村落总有一两个很会唱的人，在他的带领下，偶尔会唱的或不会唱的人随便唱几句，渐渐形成了蔚为壮观的歌唱大军。2008 年，浙江师范大学教授陈华文在温岭市文广新局指导非遗申报工作时指出，这种至今仍在婚礼中保存对歌形式的"洞房经"，从目前汉民族婚礼习俗去考察，可以说是独一无二的，具有很高的研究价值，建议温岭市做好资料记录整理工作，逐级申报非遗项目。

据当地文献显示，"洞房经"是婚礼过程中结合仪式而传（对）唱的歌，它最突出的特点就是对歌。这种婚礼过程中的对歌，在一些少数民族中并不少见，在汉民族的传统中也不无存在，但在当下汉民族中心区域的婚礼仪式过程中，还以对歌来完成闹洞房和祈求平安、吉祥、避邪、多子多福多财等文化主旨却是绝无仅有的。陈华文教授认为：源于古越文化的"洞房经"是汉民族婚姻习俗中一种独特的婚俗现象。同时他认为，"在婚礼中保存着对歌形式，从目前汉民族婚礼习俗的角度去考察，台州的'洞房经'则可以说是独一无二的，那些在少数民族中存在，而在汉民族中遗失的文化表现形态，都一览无余地保存在'洞房经'仪式中，这是一种值得保护和保存的文化传统和活的婚礼对歌的文化化石。如果将它与汉民族的其他地区，诸如浙江的舟山、广东的潮州，甚至其他一些百越族后裔民族的相关习俗进行比较研究，可以更加清楚地看到其原生态的文化功用目的和价值。"[1] 陈华文教授从民俗生活论的角度切入，涉及婚姻这一民俗领域，并卓有建树。他曾在温岭市一带进行田野调查，记录了婚礼进行中演唱的"洞房经"，撰写了《洞房经：文化的神话——温黄平原"洞房经（歌）"习俗的思考》《"洞房经"研究》《一组古老的文化符号——汉民族婚礼对歌"洞房经"溯源》《"洞房经"的仪式及其象征研究》等一系列研究论文。这些研究，不仅为婚俗文化，也为台州区域民俗文化及源流的研究做了最好的铺垫。但陈教授的研究更多的是从温岭市"洞房经"的越文化源流与形式所体现的文化意义入手，没有涉及整个台州"洞房经"的研究。

目前的台州"洞房经"包括"念傧相"和（对）唱"洞房经"两个部分。

一 歌唱仪式丰富

台州"洞房经"包括：（1）拜父母亲；（2）向厨下倌讨行礼；（3）上楼梯；（4）唱八仙；（5）开锁；（6）开门；（7）进洞房；（8）新人行礼（9）歇落盘；（10）抬金桌；（11）解金花；（12）绑金花；（13）分灯；（14）讨凳头；（15）坐落位；（16）讨茶；（17）分茶；（18）收茶杯；（19）讨酒壶；（20）讨酒杯；（21）讨筷；（22）解筷；（23）讨羹瓢；（24）分羹瓢；（25）斟酒；（26）唱暖碗；（27）贺酒；（28）十杯酒；（29）望潮水；（30）新人开口；（31）谢厨；（32）收碗盏；（33）发南货；（34）摆十三花；（35）分碟头；（36）分状元红（桔子）；（37）剥状元红；（38）碟头谢厨；（39）讨早子；（40）还早子；（41）回金桌；（42）扎麻糍安；（43）抱龙灯大团圆；（44）撒炒米；（45）送洞房；（46）出洞房；（47）下楼梯等四十七项仪式内容，非常丰富而完整。有时一些仪

---

① 陈华文：《一组古老的文化符号——汉民族婚礼对歌"洞房经"溯源》，《浙江师范大学学报》1990 年第 3 期。

式可以删减，也有一些仪式内容可以随时增加。因此，婚礼的进行过程长达数小时，有时从晚八点左右开始，直到第二天六点才结束。如：送洞房时要唱的"八仙歌"：

打八仙

天气晴明乐逍遥，八仙过海浪涛涛。

钟离老祖道法高，清风山上去修道。

头带方青双飘带，身穿兰衫紫龙袍。

腰系八宝盘龙带，脚踏朝靴上九朝。

三步一拜四步摇，修仙悟道乐逍遥。

铁拐吕老祖道法高，金鸡山上去修道。

金鸡山有座凤凰山，凤凰山上去修道。

蓝采和年又轻来岁又小，年轻岁小道法高。

韩湘子年轻岁又小，园林山上去修道。

曹国舅手拿阴阳板，修行吃素多少难。

张果老年纪老，要到黑龙山上去修道。

吕洞宾，爱逍遥，昆仑山上去修道。

肩背龙泉宝昌剑，如风飘一飘。

一飘飘到杭州城，点石化金变凡人。

何仙姑美貌十二分，坐在云头操洋琴。

手操洋琴声音好，王母娘娘献蟠桃。

王母娘娘蟠桃会，八仙过海下凡来。

（摘自温岭"洞房经"）

人们相信，这些仪式在热闹的过程中进行，将给新婚夫妇和家庭带来期待的财运官运以及多子、多孙、多福、平安、祥和等美好的愿望。

二　热闹而持续时间长

"洞房经"不仅内容丰富，贯穿于整个婚礼仪式过程，而且有些仪式要通过唱答数十个回合才能结束。6—12 个不等的洞房客和参与送洞房的其他被称为厨下倌的人进行对歌，除对歌者外，其他人都可以起哄闹腾，歌声与欢笑声此起彼伏热闹异常。由于对歌回合多，因此，持续时间都比较长，往往闹到半夜后才歇。

送洞房时唱"洞房经"有数百年历史了。虽然时代发展了，现在结婚时唱"洞房经"的人不多，也不像过去那样内容繁复，但在农村还是有不少人喜欢在闹洞房时唱"洞房经"，图个热闹喜庆。目前，台州市内温岭市唱"洞房经"还有一定的市场，因为那里传承人保护工作做得好，"洞房经"唱词和音调得以保存，其中滨海镇较为流行，新河镇、泽国镇和路桥区等地也经常听到，临海还有部分地区唱"洞房经"，其他县市区已经较为罕见。

（引自《台州晚报》）

台州各地流传着不同版本的"洞房经"，大体以灵江为界分为南北两大谱系。灵江以北以台州临海市为核心，包括三门、天台、仙居县和宁波的宁海县，唱经的主要形式是对唱（一唱一和），很多桥段是一人主唱，众人应和；灵江以南以台州温岭市为主体，包括台州三区、玉环县和温州乐清，唱经的主要形式是对唱。虽然韵律、歌词和风格有些不同，但内容都表现台州人民追求婚姻秩序化、生活幸福化的愿望。

台州"洞房经"存在于一个相对封闭、独立的区域中，其音调沿用了古老的形式，基本保持了原始状态。虽然随着社会历史的发展，同时也因为"洞房经"自身的局限，歌词没有原封不动地传承下来，但它的内容却与时俱进保持着生命力，在台州的广大农村中继续流传。在研究"洞房经"时，我们既考察其线性传承的历史，又重点把握其与社会学、历史学、地理学、宗教学等学科的横向综合研究以及和周边吴文化、楚文化、海派文化等互为依存关系。

流传民间的"洞房经"多种多样，即使同一桥段，也经常有多个版本，有一个版本中"进洞房"时是这样唱的：

> 三十三天天上天，云雾里面出神仙。
> 太白金星云头现，不觉来到百鸟台。
> 黄花遍地开，小仙下凡来。
> 百花迎新门自开，洞房花烛送进来。
> 脚踏洞房喜盈盈，夫妻和合万年春。

另一个版本中"进洞房"时是这样唱的：

> 手托金盘圆又圆，陪陪新郎进房来。
> 手托金盘四角方，陪陪新郎进洞房。
> 洞房间红艳艳，可比万岁金銮殿。

台州市内不同区域，"洞房经"的唱词各有不同，有些相邻乡镇，因为传人不同，传唱也有些不同。

进洞房后，外间朋友常出些难题刁难洞房客，洞房客只得拿出香烟等解难题，如讨茶，外面送到洞房间的，特意送来了小粗碗装的竹叶茶，这时，洞房里间的人唱："外间朋友真聪明，呒桶盘，蒸糕帘，呒茶盏，小粗碗，呒茶泡，放竹叶……"随后，这竹叶茶就被换上了正常的糖茶。

撒炒米（撒果子）是"撒帐"风俗之遗。其中撒（方言读若"扎"）炒米环节，有一个版本的"洞房经"，是这样唱的：

2008 年 11 月 2 日,梁亨林先生(右一)
在温岭滨海镇二塘庙村郑高峰、
李茜蓓的传统婚礼中唱"洞房经"。

洞房内的子孙宝桶(台州土话叫皮桶),以前都是箍桶
匠用木板紧箍而成,里面装的是红鸡子、棉籽、花生,
寓意早生贵子。现在,木桶几无用处,很多家庭改为装
饰用,桶也越买越小,甚至小到只能盛下 5 斤液体大小。

果子撒(扎)凤冠,生儿做法院(指当院长吧)。

果子撒布帐,生儿做宰相。

果子撒皮桶(便桶),生儿做总统。

> 果子撒眠床，生儿状元郎。
>
> 果子撒大橱，生儿做财主。
>
> 果子撒金桌，生儿做总督。
>
> 果子撒落地，夫妻和合万年富贵。

这一撒果子或撒炒米，应当是旧俗"撒帐"之遗。在国内好多地方的婚俗中，都有"撒帐"的步骤。

相传"撒帐"风俗起源于汉武帝时，宋代孟元老《东京梦华录》中也记载：当时人们结婚，"庙前参拜毕，女复倒行，扶入房讲拜，男女各争先后对拜毕，就床女向左，男向右坐，妇女以金钱彩果散掷，谓之撒帐"。顾颉刚在《史迹俗辨》中引用了某地的一段撒帐词："撒帐东，床头一对好芙蓉。撒帐西，床头一对好金鸡。撒帐北，儿孙容易得。撒帐南，儿孙不打难。……五男二女。女子团圆。床上睡不了，床下打铺连。床上撒尿，床下撑船。"顾颉刚称这是讨口彩和多子的祝祷。

第二节　多种形态共存
——汉民族独一无二的婚礼对歌

对歌形式多种多样，可以是散对，可以是正对，可以是唱和，可以是"封""拆"，可以是"摆阵""破阵"等。

一　散对

唱"洞房经"不仅增添了婚礼娱乐和热闹气氛，表达台州人民祈求百年好合、白头偕老、多子、多孙、多财、多福的愿望，反映台州人民对幸福生活的憧憬。目前，台州各地唱"洞房经"有复兴现象，为了讨个彩头或增加热闹气氛，也为了心中愿望的实现，很多有传统观念的家庭总要在送洞房时唱上一段"洞房经"，温岭市文广新局制作的"洞房经"视频亮相2012年全国婚博会引起极大的关注。台州盛行"洞房经"的两大主战场是温岭市和临海市，临海市在"洞房经"的保护方面远逊于温岭市，名声也不如温岭市响亮。总体上说目前传唱规模已经大不如从前了，过去各地有流派, 有传人, 几乎家家都唱, 现在繁复的唱段已大大缩减, 主要在送洞房时集中唱一下。随着西方婚俗文化的渗透, 年轻人追求时尚、简约等观念都制约了"洞房经"的流传广度, 加上"洞房经"传承的内在动力弱化, 传唱"洞房经"的人大都老龄化, 地方传承难度大大增加。因此, 如不加以保护, 在不久的将来将会有濒临失传的危险。

散对指的是不固定你唱我答, 而是自由自在即兴唱, 看一个人唱得高兴, 也来唱几句, 有人在唱"讨茶杯""讨鸡子"时, 忽然有人想小便, 就直接唱"望潮水"; 有人高唱"讨行礼""大八仙"时, 楼下有人上来大唱"看新娘"等, 婚礼所用的任何东西都可拿来唱一下, 你唱我合, 此起彼伏。

讨早子

稀奇稀奇真稀奇, 外生骨头内生皮。

众班朋友勿肯开, 每人早子分双来。

第一要分是新郎, 第二要分自己凑成双, 众班朋友照顾来。

望潮水

金清潮水涨八分, 朝阳轮船要起身。

不打电话不寄信, 相劳老新费费心。

等到潮水涨八分, 便要回转自家门。

我班朋友望牢准, 轮船不会来等人。

讨行礼

孔夫子, 立文书, 前朝周公定礼仪。

今夜在你洞房里, 我班朋友爱行礼。

新郎行礼懂礼貌, 生儿骑马并坐轿。

新人行礼福一福, 生儿有寿并有福。

(摘自温岭"洞房经")

散唱的内容宽泛, 但都与婚礼有关。比如流行于台州的"贺新郎", 唱词比较热烈, 拜堂、晚宴结束后, 亲友簇拥着新郎, 唱贺郎歌。歌词既有传统的唱词, 也有即兴现编贺词, 其中穿插一些戏谑、诙谐之词。一般的程序为，亲友（贺客）唱一首，新郎饮一杯酒。新郎如果酒量大，杯儿也大，酒量小，酒杯可以很小，偶尔可以找人代酒，但只限于平常不饮酒的新郎。唱到半夜，送新郎入洞房。此时偶有女歌手闭门以待，男女对唱"开门歌"，尽兴方开门。进门后唱"洞房歌""撒帐歌"，接着闹房，就是在洞房里摆上一桌酒，唱"十贺酒"，新郎依次由1饮到10杯（酒力不胜者可由男歌手代饮）。然后唱"交欢酒"，新人双双同饮一杯。最后歌手叩门唱"关门歌""下楼梯"，直到婚礼结束。

十斟酒

第一斟酒斟新郎，姜太公八十三岁遇文王。

第二斟酒斟老新，穆桂英大破天门阵。

第三斟酒竹叶青，唐僧西天去取经。

第四斟酒百花放，小甘罗十二岁丞相当。

第五斟酒五龙驹，彭祖寿高八百岁。

第六斟酒七罗亭，超度牡丹上天庭。

第八斟酒八团圆，早生贵子中状元。

第九斟酒九天飞，出外航行坐飞机。

第十斟酒十完全，荣华富贵万万年。

（选自台州"洞房经"）

二 正对

"洞房经"属于民间文学，是典型的口头创作，虽然以流传的文本为根，但更强调即兴创作，台州民间蕴含着巨大创造力在这里显露无遗。有一点需要说明，无论是谁创作，创作了什么新歌词，都不能脱离既定的习俗程式。正对一般为互相唱答，就是针对别人的唱段作正面回答。

如"讨茶"：

洞房客唱：

青山绿水家乡好，
清泉直流家门前。
众朋友，笑连连，
请把香茶送进来。

厨下倌答：

柴在山边还未燥。
水在井里未挑到。
里间朋友来讨茶，
茶在岩山未抽芽。①

如"讨凳"：
洞房客唱：

我班朋友真慌忙，
未带凳头进洞房。
相劳厨下叔帮一帮，
请送凳头进洞房。

厨下倌答：

培植树木要封山，
禁止山区树乱砍。
建设用树也难办，
哪有木料做凳板。
无凳到你洞房间，

---

① 参见陈华文《一组古老的文化符号——汉民族婚礼对歌"洞房经"溯源》，《浙江师范大学学报》1990 年第 3 期。

只好请你们骑一骑（站一站）。

洞房客唱：

高山树木黑沉沉，
做起凳头好坐人。
主家凳头多得显（多得很），
相劳外间送凳来。

厨下倌答：

乡村里面开大会，
各户凳子都借开（去）。
哪有凳子列你洞房间？[①]

如此再唱再答，全凭洞房客与厨下倌的机智幽默来完成习俗仪式。因为洞房客大都是能歌者，故赢的可能性较大，否则只能撒香烟或糖果等东西以结束对唱。"切糖烤糖糖饮做，绿豆做糕嵌黄边。"

此种对歌除互相唱答外，还有较为宽泛的正对，即围绕一个主题互相唱答，如："讨酒壶""讨酒盅""讨羹瓢（调羹）""讨酱油醋"等。

讨　茶

漂树扁担软扭扭，釉漆水桶广条箍。
一担担到水井边，上面水皮洋洋开，中央水肉担了来。
老姑婆，右手拿铜壶，左手扇风炉。
生得最红水又滚，沏起茶来满登登，相请厨下叔送进洞房门。

---

① 参见陈华文《一组古老的文化符号——汉民族婚礼对歌"洞房经"溯源》，《浙江师范大学学报》1990 年第 3 期。

分 茶

眼关新人呆一呆，眼关新郎笑连连，

叫你老新十指尖尖分茶杯，

第一要分新郎是面前，

第二要分自己凑成对，中班朋友照顺分着遍。

收茶盏

中班朋友懒又懒，苍蝇百到眼，有手懒得拦，

一起呐噪喊，想请你老新收茶盏。

谢 茶

山又高来水又清，高山流水望连清。

岩山茶，龙鼻水，多谢厨下叔送茶到洞房里。

讨筷、讨酒壶、讨酒盅、讨酱油醋碟。

四处码头出宝贝，非洲象牙筷子对打对，摆在金桌上面接散碎。

蜡打酒壶七寸长，绍兴老酒桂花香。

上等酒壶江西来，景德镇酱油醋碟统关赛。

外地来路路太远，本地土货好代代。

相劳外间厨下叔送进洞房来。老新给我酒壶、酒盅、筷子、酱油醋碟都分分开。

讨凳头

自从盘古天地分，少年后先讲蛮都作新。

里间朋友骑（站）满人，向你外间朋友讲相吞。

晚头事情难为情，相劳外间厨下叔粗糙凳头送进洞房门。

昔日有个吕蒙正，时运未来寒窑读诗文。

鸡有两翼不及鸟，马有四蹄不及人。

我班朋友站在洞房里，相劳厨下叔凳头送到老新洞房里。

青田树木砍落无其数，撑我江厦埠头过。

锯板老师叫来做，做起凳头无其数。

厨下叔有道理，四条长凳送进洞房里。

还有询问式唱答，这种对歌可以多人对唱，临海"洞房经"里就有很

多此类仪式，如"望新妇""鸡子经"等。

望新妇

脚踏贵府，闻知府上娶新妇，到你府上望新妇，

"客人居名何处？"（问）

"我老祖基福建下师府！新桃基果子下栅府。

闻知府上娶新妇，到你府上望新妇。"（答）

"客人开得几关锁？要请进望新妇，

开勿几关锁，回转自家府。"（问）

"来者勿呆，呆者勿来，到你府上要倒霉。"（答）

细开开勿来，只有粗开。

一开岙环锁，又开玉环锁，

太平直落青荷锁，海门对前所（谐音锁）。

要开本地台门锁，要开本家中堂锁，要开新娘新郎洞房锁，

当当几关锁，要到里面望新妇，

"客人！有锁必有门，开得几双门？

客人请进望新人，开勿几双门，客人请回自家门。"（问）

"啰哩啰唆多得显，到你府上要倒霉。"（答）

细开开勿来，只有粗开，

一开紫禁城里紫桥门，前面直落是双门，

太平直落新荷门，要开台州府地新石门，

要开本地是台门，要开本家中堂门，要开新娘新郎洞房门，

当当几双门，我要到里面望新人，

客人开了锁，开了门，请进望新人。

……

鸡子经

门前竖旗杆，中堂钉排匾；

走进大穿堂、小穿堂，

眼关三十六为弟兄在中堂里面走忙忙。

外场勿讲起，要望新人花堂里；

眼关八仙廊下抽，珠灯银角挂堂前；

东边要摆着衣镜，西边要摆孔雀屏；

手拿火卤银凳坐，缠龙桌凳摆廊下；（白：伙计嗳）

外场勿讲起，要望新人花堂里；

二脚踏进房间里，眼关男男女女，挨挨挤挤。

年老年少，年老叫公公，

年少叫弟弟，同年界界表兄表弟。

大家朋友兄弟，只所助言，让你朋友兄弟讲起。（伙计讲：让你讲起）

让我讲，新娘拿出桂园干枣放在铜盘里，

朋友弟兄拆拆起。

有门必有锁，开了七关锁；

回转自家户。

来者勿呆，呆者勿来。

银环锁，玉环锁，新娘讲的是双并锁。

回转自家户，银龙玉璧大户富。

新郎官金锁，新娘子玉锁，

玉锁配金锁，问新娘要讨莲子果。

伙计嗳，有锁必有门，

开了七双门，快快回转自家门，

来者勿呆，呆者勿来，玉皇走出天庭。

齐带力王走出是龙门，小巧玲珑金雀门。

回转台州城，大人进出是后门，

新郎官房间门，新娘子被里门，

伙计嗳，有门必有闩。

还是上闩落，还是下闩上；

勿带斧头锯凿，拔拔直直，

勿用转折，拖拖套套，勿带和脚劳套。

还是上闩落，还是下闩上；

勿带斧头锯凿。

门闩长，门卜圆，

问新娘子鸡子要三铜盘。（白：鸡子送来讲，否则勿讲）

伙计嗳，少一个挈灯，（白：我给你挈）

挈灯之人本寻待，四方六县请你来，

害我走得满身是汗。

难为伙计讲得好，我给你挈灯挈到老。

新人红灯有七双，头戴珠凤凉荫荫，

银钗金钗头上插，大家都来望新人。

新人梳得匀，抹得匀，

家望新人好嘴唇，嘴唇勿露牙。

家望新人好下巴，下巴连头颈。

家望新人好条领，这条领什么做，

红衣做，做起花水裤，水裤折角斜。

家望新人好花底鞋，鞋口荷花放慢线。

鞋袜荷花勿疏勿密缝几针。

上望落，下望下，

家望新人好眉眼，眉眼弯弯像月亮。

家望新人好良相，梳得匀，抹得匀。

家望新娘好嘴唇，（新娘桔拿出来）

新娘嗳，这是什么，是桔。

桔剖出裥个裥，新娘喜欢生儿还是生囡。

问新娘鸡子要讨小脚罗担，（新娘东西拿出来讲，勿拿勿讲）

七早头，八早头，讨个十八顶毡帽头。

伙计嗳，这是什么？

是杏，

杏外红里青，新娘生儿做总兵。

总兵出游街，新娘鸡子放三只。

伙计嗳，这是什么？

是花生。

花生夏天勿落叶，冬天子连连，

新娘生儿做府台，府台去游街。

新娘鸡子放三天，

红是刘备，白是关公，缺少三张飞赵子龙。（需三只鸡子）

第一吕洞宾，

第二何仙姑，

第三铁拐李，

第四汉钟离，

四位大仙四角坐，缺少四位大仙成双凑。（需八个鸡子）

黄岩十里铺，城西张家渡，

伙计嗳，朋友弟兄，男男女女，新娘鸡子要拆拆起。

（有的新娘大方的要问：小鸡爸叫什么？）

小鸡爸名叫李世鸡，小鸡娘名叫李麻鸡，

李世鸡啊李世鸡，从小鸡子壳里嬉，

李麻鸡啊李麻鸡，从小垃圾堆里嬉，

鸡子落孵三七二十一，

孵只雄鸡更更啼。

（摘自临海"洞房经"）

三　和声

过去结婚礼节繁缛，场面热闹，送洞房是婚礼的最后程序，是婚礼必不可少的内容，也是婚礼的高潮。弟兄宾朋将脸上洋溢着甜蜜而羞怯笑容的新人送入洞房前，要进行"照床"。照床后，送洞房一般由新郎弟兄主持，弟兄手捧点燃的红烛，红烛放在桶盘上，盘中盛着糖果，边走边抛果子，边唱：

手捧红烛亮堂堂，相送新郎新娘入洞房。

今日今夜送洞房，一对鸳鸯凑成双……

果子砸凤冠（唱），生儿中状元（和唱）。

果子砸布帐（唱），生儿做宰相（和唱）。

果子落被丝（唱），新郎新娘舞狮子（和唱）。

……

　　和声唱的高潮一般在送洞房时，这在台州临海较为流行。送洞房时由叔伯家的小孩子在新郎进洞房时走在前头送进去，照例得到新娘的一个红包，新郎手端一个摆着两只红蜡烛系着红绸带的盘子，走进洞房。此时，"送洞房"歌开始响起，一个领头人高唱，后边朋友和表兄弟呐喊应和。

　　状元红红冬冬，洞房花烛结鸾凤。

　　甜甜蜜桔到处种，老新请分状元红。

　　新乌娘一分状元红一定高升好不好，

　　（新娘分往床上抛喜蛋，一般每次成双）

　　新乌娘一分状元红一定高升好不好……好!!!（"好"均为众人呼应，下同）

　　新乌娘二分状元红吉吉利利好不好……好!!!

　　新乌娘三分状元红紫微星高照好不好……好!!!

　　新乌娘四分状元红四季同春好不好……好!!!

　　新乌娘五分状元红五子登科好不好……好!!!

　　新乌娘六分状元红六六大顺好不好……好!!!

　　新乌娘七分状元红七子富贵好不好……好!!!

　　新乌娘八分状元红八仙过海好不好……好!!!

　　新乌娘九分状元红久好长圆好不好……好!!!

　　新乌娘十分状元红十全十美大富大贵……好!!!

　　天圆圆地圆圆，新人新郎大团圆。

　　天配一对好姻缘，众家朋友结成缘。

　　度细（大小）小叔姑娘缘，邻舍（居）叔伯大团圆。

　　十五十六月团圆，千年万年太阳圆。

　　四世同堂永团圆，四亲六眷大团圆。

　　大团圆大团圆，新人生儿中状元。

（摘自台州"洞房经"）

四 "封""拆"

吃洞房菜时，各种酒菜由厨下倌送来需先"封碗头"，如：

> 快让开，舢板来，
> 相好双眼青堆堆。
> 新郎新娘笑嘻嘻，
> 不知盆里啥东西。
> 休讲厨下无道理。
> 我们实在不详细。
> 盆中好像荷花开，
> 荷莲结子在上面。
> 相好要想尝一尝，
> 总先认出啥名堂。

"封"碗头时厨下可在碗上放一张红纸，也可插一面小红旗，并只能由洞房客以该碗菜为名对唱后方可到手。

如"封酒杯"：

> 江西生产紫金杯，
> 酒杯成串红线连，
> 交通运输勿方便。
> 用啥办法来拆开。

而后一方则以"拆"的方式来回答，如"拆酒杯"：

> 酒杯出产景德镇，
> 丝线连起红盈盈。
> 月下老人来引线，
> 要向老新（新娘）借红线。

老新爽直勿用推，

解下八宝盘里荷花台。①

　　要是棋逢对手，这种对歌往往有很多次唱答，洞房客才能得到凳子。

讨酒壶

江西瓷器有名声，造起酒杯亮晶晶。

主人家有本钿，酒杯备来多得显。

金桌上面无酒杯，请把酒杯送进来。

讨筷子

四处地方出宝贝，非洲象牙统广赛。

象牙筷子虽然好，路远迢迢难买到。

土产竹筷价便宜，请把竹筷送到洞房里。

拆筷子

象牙筷子亮晶晶，毛竹筷子本钿轻。

筷子本是成双用，新人解绳又拆封。

讨酒壶

金打酒壶亮晶晶，银打酒壶起光明。

铜打酒壶像黄金，铁打酒壶黑沉沉。

镴打酒壶如金银。叫声厨下叔，酒壶送进洞房门。

送酒壶

镴打酒壶七寸长，绍兴老酒桂花香。

百年夫妻结鸳鸯，我班朋友吃酒度得猛。

厨下叔拿拿显光相，酒壶结彩要帮主人家省。

我班朋友说得明，讲得清，拆了红纸（彩）贺新人。

（摘自台州"洞房经"）

---

　　① "封酒杯"与"拆酒杯"的对歌歌词参见陈华文《一组古老的文化符号——汉民族婚礼对歌"洞房经"溯源》，《浙江师范大学学报》1990年第3期。

这种"封""拆"往往需要很多对唱才能结束仪式，因此带来许多意想不到的欢乐气氛。

由于长期的传承，台州"洞房经"形成了自己独特的风格。

全部婚礼仪式中的每一项内容，皆在"吟唱"的方式中进行，即每一项仪式都有所谓的"对唱"，要么是司仪吟唱，要么是参与者传唱，皆以对唱呈现。不管是请新人还是祭拜，皆需唱仪式歌，即使望新郎、新妇，也要以歌示之。有的歌还非常长，如"望新妇"，可以有几百行。"洞房经"的唱与对唱往往由男性来完成，全部在婚礼过程或洞房内进行。对唱全为清唱，很少用丝竹锣鼓等配合。

"龙烛光光，高照华堂，夫妻并寿，福禄成双。"

"手拿花红丈二长，恭喜外甥娶新娘，鸾凤和鸣添福寿，夫妻和睦百年长。"

"万事亨通，今世吉祥，百事如意，十合十美，九九同心，八方微微，七星高照，六六大顺，五福临门，四季平安，三阳开泰，二龙腾飞，祝福新郎新娘一帆风顺。"

"愿君百事可乐，万事芬达，天天娃哈哈，月月乐百事，年年高乐高，心情似雪碧，永远都醒目。"

五 "摆阵""摆关"和"破阵""破关"

送洞房后的唱"洞房经"过程中，存在大量的对歌。有的一个仪式的对歌来来往往有20多次，非常精彩。在吃洞房菜和摆十三花中，厨下倌随时可以用各种形式来向洞房客发难。其中最显著的格式就是"摆阵""摆关"，洞房客则需以"破阵""破关"来答唱。

摆　阵

你班相好勿要慌，

我班朋友来贺洞房。

诸葛亮摆起八卦阵，

你知何人来破了阵。

讲勿来勿要呆堆堆（木乎乎）

只要香烟来讲案。

破　阵

王永彦大破八卦阵，

破了阵儿胜孔明。

几包香烟大家分，

要求大家讨个情。①

这种"摆阵""破阵"只要你肚里有货，就可以不断对唱下去，并分出输赢来。

厨下倌发难：

何人造酒何人卖，何人吃酒挂酒牌？

何人吃酒坐东楼，何人吃酒坐西楼？

何人吃酒闯大祸，何人吃酒打老虎？

洞房客答唱：

杜康造酒红娘卖，太白吃酒挂酒牌。

蒙正吃酒坐东楼，文正吃酒坐西楼。

薛刚吃酒闯大祸，武松吃酒打老虎。

（摘自温岭"洞房经"）

再如：

---

① 陈华文：《一组古老的文化符号——汉民族婚礼对歌"洞房经"溯源》，《浙江师范大学学报》1990 年第 3 期。

摆碟头

菜花黄，菜叶青，老新手拿锁匙厨门开，里面端出果盆来。

众班朋友未读诗书白目人，不认果子名，只听小可讲两盆。

黄岩株红有名声，细夹花生出楚门。

红枣黑枣广东进，桂圆荔枝福建来。

瓜子大王出宁波，瓜糖冰糖出各府，红糖白糖本地货。

糕饼老师武艺能，做起茶食几百种。

鸡子打起鸡蛋糕，肉泡芝麻做火烧。

千层糕、又杏元，油柱、芝麻圆香喷喷。

九香糖、圆又圆，长长方方白糕干，芝麻做成芝麻片。

卸碟头

众班朋友甭讲蛮，单讲鲁班来造船。

造起一对大洋船，摆在秧沟里来驶船。

三岁孩童无道理，"切劳"一泡尿，洋船推到东海里。

前锚抛在洋奇山，后锚要抛老新洞房间。

生意勿会做，要到福建厦门载南货。

老新勿用呆度度，打起挑板卸南货。

抱龙灯

新郎娶亲时时新，洞房组头抱龙灯。

五凤楼上扎宝灯，五凤楼下宝珠灯。

中堂高挂福寿灯，台门接客是纱灯。

洞房要挂阁老灯，摇头摆尾狮子灯。

高跳龙门鲤鱼灯，来往相争斗鸡灯。

二扇门，螃壳灯，四四方方走马灯。

嘻嘻哈哈小儿灯，真仙下凡刘海灯。

百鸟来朝凤凰灯，相劳老新抱龙灯。

"上楼梯"，每格楼梯一般由不同的洞房客来唱，都是喜庆吉祥的词，有的还唱一些戏曲典故。如：

......

六格楼梯六格高，财神老爷送元宝。

手捧元宝笑嘻嘻，金童玉女配夫妻。

七格楼梯七格高，仙女下凡把亲招。

土地老爷做大媒，要与董永成婚配。

八格楼梯八格高，八洞神仙齐来到。

手抱金盘圆又圆，八位神仙过桥来。

九格楼梯九格高，众班神仙齐来到。

金童玉女成婚配，夫妻和合万万年。

......

接着要"唱八仙"，"八仙"有"小八仙"或"中八仙""大八仙"之分。"小八仙"很简短，一般一个"八仙"唱一句就行了，"大八仙"则长得多，一个"八仙"要唱四句或更多句。如"小八仙"是这样唱的：

洞房里面真相齐，八洞神仙汉钟离。

终南山上彩虹起，洞宾背剑腾云飞。

修仙悟道乐逍遥，倒骑毛驴张果老。

脚踏云头逍遥地，毫光闪闪铁拐李。

吹箫作乐喜洋洋，湘子少年去修行。

少年修行成真果，云头真仙蓝采和。

漂洋过海神仙游，云阳神仙曹国舅。

日出东方来经过，荷花彩女何仙姑。

东方老朔下凡来，陪伴新郎进房内。

"大八仙"则复杂得多，如有一个版本的"大八仙"，仅汉钟离就唱了五句：

钟离老祖道法高，青峰山上去修道。

山上有个紫阳洞，紫阳洞里修得道。
头戴方巾双飘带，身穿蓝衫紫龙袍。
腰系八宝盘龙带，脚穿乌靴上九桥。
上九桥，上九桥，三步一拜四步高。

吕洞宾的唱词则有三句：

吕洞宾，人貌好，终南山上去修道。
山上有个上八洞，上八洞里修得道，
肩背青锋剑，摇摇随风飘。
一飘飘到杭州城，手拿石块化金银。

接下去是开锁开门，有一版本的"洞房经"，将台州各地带有门字的地名都包含在唱词中：

……
新人是金锁，新郎是玉锁，好年好月开金锁。
有锁必有门，道士冠直进黄礁门。
金清直出大港门，南田有个苍山门。
莨沚对海门，乃庵直落是松门。
……

"进洞房"有一版本是这样唱的：

三十三天天上天，云雾里面出神仙。
太白金星云头现，不觉来到百鸟台。
黄花遍地开，小仙下凡来。
百花迎新门自开，洞房花烛送进来。
脚踏洞房喜盈盈，夫妻和合万年春。

（摘自温岭"洞房经"）

陈华文曾撰文认为：温岭"洞房经"是存在于温岭各地的传统习俗，有着悠久的民间传承，至今仍在延续。从"洞房经"仪式与内容来看，它的源起与历史上许多民族和区域曾经流行过的抢婚习俗关系密切。"洞房经"中充满多子多孙观念，处处表现出祈子的愿望，受到汉民族主导文化的影响；同时浸透了古吴越文化的本质特色，体现了吴越先民驱邪纳吉思想。另外，唱"洞房经"习俗还包含了传统婚俗的许多仪式及其象征意义，体现出人类对自身再生产的极其重视。

虽然专家对"洞房经"的文化价值作了充分肯定，但随着时代的发展，自20世纪90年代前后，由于新的婚礼形式（如集体婚礼、旅游结婚）等的兴起，送洞房唱"洞房经"这一传统民俗逐渐式微了，如何挖掘整理文化遗产，让它能在较大范围内健康生存，将是一个现实的问题，这取决于人们如何看待这一传统文化的态度。

"因此，从以上研究我们断定，对歌不过是一种古老的取悦对方并实现性关系的形式在新的婚姻习俗上的延伸，'洞房经'中的对歌，就是这种延伸变异后的硕存。"①

---

① 陈华文：《一组古老的文化符号——汉民族婚礼对歌"洞房经"溯源》，《浙江师范大学学报》1990年第3期。

第四章　生存空间逼仄

——"洞房经"习俗传承的艰难

民俗发展进入传媒时代后，虽然在声势上超越了以往任何时代，其重要性逐渐为世人所认识，非遗保护也得到前所未有的重视，在一些典型非遗项目保护的成就上达到了前所未有的高度，但"洞房经"却没有与时俱进，它受到内外夹击，生存空间逼仄。主要体现在传承人老化、仪式烦琐、受益面不够广、产业化发展准备不足、保护后续政策和力度不到位等，婚俗文化在经济社会发展中缺少重量级的话语权，发展受到重创。福柯认为，"人类的一切知识都是通过话语而获得的，任何脱离话语的事物都不存在，人与世界的关系是一种话语关系，话语意味着一个社会团体依据某些成规将其意义传播于社会之中，以此确立其社会地位并为其他团体所认识的过程"。在社会各种关系的博弈中，政府通过媒介构筑自己的话语体系，形成对政策制定的影响力，这使得由话语建构的媒介环境成为一种具有影响力的社会资源。在媒介全球化的今天，谁控制媒介，谁就获得话语权，就可能高效地推行各项政策，在博弈中占据有利地位。婚俗的话语权可能先天不足，不仅因为发展来自民间，仅依靠底层人民生生不息的创造力维持其发展，在意识形态上没有占据一席之地，而且由于独创的理论资源不足，更不能带来让人瞩目的经济效益。它一向没有进入主流话语范围，在台州大部分县市内逐渐被边缘化。而经济的全球化，伴随而来的不是民俗保护的大发展，反而是民俗让位于经济。大拆大建，土豪式地推进城市化，在新兴城镇化建设中较为普遍。由此，文物古迹逐渐湮没，经济发达地区文物古迹留存得少，落后地区传统村落、民俗风情保存得较完整，让民俗处于更加尴尬的地位。"洞房经"在现代婚俗中丧失话语权后，因其无法达到产业发展要求，赖以生存的传统家庭又面临变局，加上本身的原因，习俗传承非常艰难。

第一节　改革开放时代"洞房经"传承的艰难

"洞房经"习俗是在民间生存发展并伴随婚姻仪式进行的。温岭市在申报浙江省非物质文化遗产目录时将"洞房经"这一文化生存带来极大影响的原因归纳如下：

1. 随着时代的发展，传统的婚姻习俗逐渐受到西方婚姻文化的冲击，仪式发生变异，内容趋向简化。

2. 年青一代崇尚时髦、新奇，出现了很多新的婚礼形式，如集体婚礼、旅游结婚等，这些都对传统婚俗构成了巨大的冲击。

3. "洞房经"的唱词较长，名目繁多，形式复杂，不易被追求现代生活方式的年轻人所接受。

4. "洞房经"传承的内在动力弱化，传唱"洞房经"的人大都老龄化，致使地方上的传承难度大大增加。

现在看起来，情况不那么简单。

我国有着五千年的文化历史，文化底蕴深厚，文化的丰富性和创造性自不待言，但从历史发展视觉分析，自"五四"运动为我们带来全新的西方科学与文化，西化运动一直持续不断。由于过于看重西方发展的文化体现，认同西方现代化发展中的理论和经验，从而忽视了从本民族文化发展的内在逻辑体系来构建新的文化发展视野并归纳出适合现代中国人生存的新东西，这也使得我们长期以来在文化发展领域缺乏原创动力。新中国成立以后，反传统运动不断，儒学这一社会主流文化被弃之不顾，使得长期以来我们对传统文化的内在价值缺乏认知，对传统文化的传承和创新更无从谈起。可以说后现代社会里只有文化步入产业化发展的轨道，才能为我们从社会文化功能的角度审视传统文化的现代价值提供很好的契机。

如果继续审视地方民俗的传承发展，我们会发现更多问题。台州"洞房经"就承受着内外压力，表现在：

一 经济杠杆的承压

"洞房经"是纯义务的颂歌，过去传唱之人参与其中是习惯，是风俗，现在传唱（如温岭的专业唱经公司）虽有报酬，但缺少市场，在以经济建设为中心的年代里，带着祝贺、义务性质的"洞房经"创作、创新和传唱动力不足。不像丧事传唱，一般可获得较为丰厚的报酬，具备产业化条件。因为有足够的经济支撑，丧事经文念唱能够代代相传，且流派众多，而"洞房经"由于没有报酬，缺乏经济的强力支撑其传承的内生动力不足。

二 创作力的严重衰退

本土语言的严重退化，创作力不足，年轻人基本上用普通话交际，原声的土话已是昨夜星辰，难以闪烁光芒，逐渐被遗忘。当下的年轻人大多都不会讲一口流利的土话了，更不用说用家乡土话唱歌。以地方方言为载体的"洞房歌"就在年轻人中失去土壤，后继乏人。现在，除少数年老的民间艺人还可以即兴创作外，一般年轻人基本上没有能力进行本土话语的"洞房经"即兴创作和演唱。

三 民俗文化资源的保护工作有待进一步加强

民间文化艺术由于不成体系，自身很难形成持续的经济效益，政府又无法天女散花般拥抱民俗，导致财政资金经常出现"空位"现象，不具备强大财力支撑的条件。加上本身缺乏规范的传承架构，与现在培训机构的传承程式大为不同，很少能像传统武术那样开馆授徒，扩大传承的数量和范围，仅仅靠家族子承父业和师徒之间的言传身教或者口传手授，单艺传承的概率过高，一遇意外，非常容易失传。有的工艺和艺术子承父业，不传外人，儿子如果无法得其真传，往往人去艺亡。培养方式的单一和不成体系，客观上导致民间艺术人才的寥落凋零。如三门县和天台县的石窗艺术，目前掌握这一传统技艺的民间艺人已为数不多，并且有的年事已高，有的生活困难，他们掌握的民间文艺、传统技艺随时都可能人走艺殒。再如临海市、玉环县不少曾经名噪一时的传统曲目，在抢救保护之时依然存在人亡歌息、人去艺绝的情况，如"上盘花鼓""临海道情"等，一些民俗技艺和民间文艺可能伴随着老艺人的逝去而凋零飘落，不复存在。

由于非遗保护和民间文化艺术资源利用是一个涉及面相当广的复杂系统工程，所需资金量庞大，各级政府财力有差异，保护和利用力度不均等，多数地方缺乏足够经费支持，非遗保护和民间文化艺术活动开展不尽如人意。加上台州目前还未能有效整合当地民俗文化资源，各地的民俗展览馆和艺术馆普遍存在展示规模不大、对外影响力小、场馆利用率低等问题，收集挖掘整理不到位，台州民俗文化资源无法得到标准化全方位展示，直接影响民俗文化的保护和推广。

四　自我美丽时代全面走进我们的生活

单纯的歌唱特别是"洞房经"清唱的形式因其镜面式浅白而不再为年轻人所爱，别林斯基认为："在真正的艺术作品里，所有的形象都是新鲜的、独创的，每一个形象都凭自己的独有的生命活着。"歌唱者能在歌唱时把自己的感情融入艺术形象中，使表现对象有血有肉，鲜活逼真，生动感人，更具美感。年轻人喜欢的是既有新意，又有创意的音乐，旋律或高亢，或悠扬，或沉郁，或飘逸，或激越，或婉转，充满着浓郁的情感，否则将得不到普遍认可。即便是"中国好声音"这样的节目，也是集合了灯光、舞台、编导、主创、音响、广告、设计、文学、美术等综合艺术，还必须刻意寻找节目的卖点，挑弄观众的兴奋神经。在不再追求意义及其深度的时代，寻求感官刺激自我美丽是很多年轻人的选择。所以，热闹、平面、刺激成为婚礼首选的条件之一，这完全可以理解，现代的婚礼已经不是唱几句"洞房经"就能够解决问题的，必须有"料"，能让年轻人"摇一摇"，使视觉、听觉、感觉得到一致满足，达到类似于修辞"通感"的效果。

五　全球化、一体化后民俗的大同与消亡

人类的文化与社会意识形态依赖于社会存在，随着社会存在的发展而发展。经济全球化所带来的资本、技术、人才、知识、信息等生产要素跨国界的流动与配置，必然会在不同程度上带来各国民族文化和价值观的改变，使各国文化呈现出与经济全球化相适应的新的发展态势。也就是说，存在着一种可能，那就是地方民俗因为极强的地方性和本土化，其发展的步

伐未能和经济全球化步调一致，导致的后果是无法融进因经济全球化而产生的新文化发展态势，与新文化处于相对隔膜状态。"洞房经"即是如此。

第二节 传媒时代"洞房经"的生存困境

大众传媒时代，信息传播的跨界、迅疾给囿于一隅的地方婚俗带来了极大冲击，"洞房经"的生态环境发生巨变，由此带来的生存困境导致其成为明日黄花。

一 视觉景观占据生活

21世纪自媒体的迅猛发展，微信平台的构建使用，信息技术发展的纵深化，使得人类靠阅读掌握文字的"读文时代"转向以图画（片）、影像为中心的"读图时代"。读文时代，人们依靠先哲的经验和传统文化知识通过语言文字符号进行交流和沟通，文字是支撑一切的基础。传统理论中听说读写能力是一个人的基本能力，也是衡量一个人总体能力的标杆，符合读文时代社会发展的能力需求。读图时代，网络传媒介入我们的生活、思想，对我们的日常生活产生了深刻的影响，碎片化、平面化、即时化、感官化的消费主义的审美情感是读图时代的一个显著特征，以个人传播为主的媒介时代和以微信平台构建的自媒体时代凭借其交互性、自主性的特征，使得话语自由度显著提高，传媒生态发生了前所未有的转变，读图时代出现了与历史截然不同的时代特点。

读图时代人与人之间的交流、沟通或交往不光凭借语言文字符号，还可以凭借视觉符号，而且视觉符号的直观性更强，更容易被后现代的人们所理解采用。当今人类经验比过去任何时候都更具视觉化和具象化，尤其是互联网技术的迅速发展形成了新的文化传播方式，譬如，QQ、微博、微信，这些信息技术大大方便了人与人之间的交往，消弭了空间带来的阻隔，使人们自由地进入理想的状态，平常不敢说的话，不敢做的事情，都可以随心所欲地实现。虚拟空间实现了视觉语言和行为语言的大融合，且优于行为语言。因此，视觉语言在语言表达方式中的地位逐渐凸显出来。这样，以文字吟唱即读文为中心的婚俗仪式，逐渐在人们心中热情消退，表意单一、结构拖沓的仪式让人觉得"洞房经"似乎就是鸡肋，食之无味弃之可惜，消化几段可以增添婚礼的古意，倒是蛮受欢迎，但如果整个婚礼采用"洞房经"则是极需勇气的，因此更为轻松活泼、视觉听觉融合一体的中西合璧的婚礼仪式成为大家首选的方案，"洞房经"随之消解。况且无人会花时间有意识地去记忆，或学习吟唱，这是时代发展的一种趋势。

二 社会心理基础巨变

台州人民现在已逐渐消失了对传统婚俗的诗意认可，在"洞房经"曾经盛行的相对独立区域中，随着消费文化观念攻城略地和"洞房经"本身的局限性，老百姓对地方民俗文化的热情也在慢慢降温，不少地方已经抛弃了古老的"洞房经"。无论是西式的还是中式的，抑或中西合璧的，甚至仿古的，仿佛都与"洞房经"扯不上丝毫关系，能够听上一段都是奢望。汉民族独一无二的婚礼对歌形式繁复和表现单调、节奏拖沓，不再被大众喜闻乐见了，而"洞房经"空间内容的不断泛化，又使其传承的时间线性被阻断或成为曲线，其生命活力在西式婚礼的热闹中被遮掩了。现在已经没有人全套采用"洞房经"仪式完成婚礼。虽然台州的温岭市出现唱经（"洞房经"）公司，并亮相于全国首届婚博会，同时把整套唱经视频公开在百度上，但热闹之余，也不见得会有益于"洞房经"的大流行。

现在，台州各地（主要集中在农村）如果要唱"洞房经"，更多的是攫取其中较为精彩的几段在送洞房当晚唱一唱，烘托热闹的气氛。当一段古老的民俗只存在于年长人群美好的记忆中时，这种礼俗等于被撇在一边。日薄西山的苍凉感是"洞房经"的很好写照，使用的人已经较为稀少，就更不可能追求它的深度和价值了。婚礼的主人公即那些年轻人对此认知寥寥，失去热情也在情理之中。在年轻人的心目中，"洞房经"的出现与否已经无关大局。这一切表明"洞房经"现实存在的社会文化心理基础已经发生动摇。从现实看，年轻人很多已经不知道"洞房经"了，即使有一部分人知道，也是带着一些好奇。所以，"洞房经"往往被视作婚礼的外加片段作为点缀，无法构成婚俗的内核，来表达台州人民的内心渴求和向往，地方民俗蕴含的一种普世价值现象随之消失。随着历史脚步向前迈进，婚俗"洞房经"一再被边缘化是不争的事实，社会价值取向也慢慢向当代年轻人所喜闻乐见的更为轻松的礼俗所取代，在这里，西方的婚礼仪式通过现代传播得以被台州人广为接受。在传统文化氛围较为浓郁的中老年人意识里，为了达到与年轻人的融合，往往倾向于带仿古的中西合璧的现代婚礼。"洞房经"赖以生存的文化空间被极度挤压，容其腾挪的空间变得非常狭小。

"洞房经"生存文化空间的萎缩或逐渐消失意味着这种民间传统艺术的衰落和消亡，这是"洞房经"逐渐走向没落的核心因素，"洞房经"不能广泛流传主要缘于大众社会文化心理的拒绝。自古以来它都处于一种自生自灭的状态，都是依托民间的强大力量和民众旺盛的创造力而生生不息。随着历史的前进，消费文化的兴起，古老的婚俗仪式与即时消费脱节，快餐式、感官化、平面化的审美特征和主要靠冗长的文字对歌等表意性审美取向决裂。走向表层化，形式更丰富、更易于为年轻人甚至中老年人接受的中西合璧的婚礼仪式，逐渐替代传统的婚礼。"洞房经"里包含的深层次内涵被忽视，生态环境已经恶化，现在很少有人唱起，即便有几家在送洞房时吟唱，也不是过去正儿八经地唱，大多是择其较为精彩的"送洞房"唱词唱一下，增添欢乐的气氛。如：

温黄平原（灵江以南）送洞房最后唱：

今日好事凑成双，欢欢喜喜送洞房。

红漆桶盘亮堂堂，大红喜烛照新房。

脚踏云梯步步高，凤凰飞过彩仙桥。

王母娘娘蟠桃会，东方大叔献蟠桃。

八仙大门两边开，新郎新娘请进来。

男站东，女站西，一对鸳鸯做夫妻。

夫妻本是前生定，五百年前结成婚。

高山流水水不断，恩爱夫妻千万年。

新郎新娘互敬礼，百年夫妻好欢喜。

新妇房间闪金光，要看新娘好嫁妆。

红木漆器绫罗缎，朝南放着百子床。

四柱八档凤凰将，龙凤被子南寿帐。

花头藁荐龙须席，龙须席上好夫妻。

新郎新娘行云雨，五子登科盘花对。

大公子当朝一宰，二公子礼部天官。

三公子河南总镇，四公子封侯挂印。

五公子少年神童，才高八斗状元郎。

大囡一品凤冠戴，二囡正宫伴皇帝。

八抬八绰八人扛，代代儿孙并肩王。

两脚退出福人地，左手关门右手闩，代代子孙中状元。

　　偶尔的片段颂唱，不能替代整体的衰落。在逐渐淡出世人视野后，"洞房经"在民间生存的空间越来越狭窄，其华彩的颂歌对唱，伴随着仪式的逐渐展开，其乐洋洋的盛大景观已经一去不复返了，留存在年老一代的记忆最终随生命的消逝而湮灭之后，如果没有有效的保护措施，"洞房经"在完成了历史使命后将面临消失的危险。

第三节　城市化时代"洞房经"生态巨变

　　城市化时代多个因素影响民俗的生存和发展，其中最主要的是，城市化的加速推进导致一批非遗的湮灭和中国家庭的变局。对于"洞房经"而言，家庭变局是衰落的核心因素。

一　现代工业、社会开放及多种文化冲击

　　从某种意义上讲中国的城市化主要靠拆迁、建设得以完成，在巨大的废墟上中国的城市化进程飞速前进，随着经济全球化和台州城市化的加速，民俗文化生态正遭受巨大冲击，不少历史街区、古村镇、古建筑等文化生态区遭到不同程度的破坏，许多依靠身口相传的非物质文化遗产后续乏人，濒临消亡。城市化进程所造成的破坏力是巨大的，改革开放初期，为了发展经济，往往忽略了民俗的保护，很多高楼都建筑在传统建筑的废墟上，新的城市涌现了。跑步奔向小康社会，成为一代人的追求，在此背

景下，不经意之间造成一些非遗项目的流逝，文化遗产保护政策不能惠及所有，有些政策不能落到实处，民间技艺生态恶化。

台州传统民俗文化急剧变异；越来越多的年轻人走出台州，本土民俗文化面临整代人的断裂现象；从事研究台州民俗文化的人才稀少，且许多已上年纪，加速挖掘、整理、保护、研究，可以避免错失良机和人才流失；台州工业化、城市化、旅游发展及人文精神的提升亟须本土文化支撑，而对本土民俗文化及有效传承研究的缺失正是其中的软肋之一。文化遗产的保护任重而道远。

谈到台州本土民俗文化这一话题，市政协委员、仙居县政协副主席杨维平认为，一个地区的民俗文化是这个地区人群与其他地区人群加以区分的最显著标志，是地方文化传承的基础。台州民俗文化研究对于台州今后在高速发展的工业社会和传统的民俗文化之间保持和谐统一，并使民俗文化研究成果服务于台州社会现代化等，具有极为重要的现实和历史意义。要研究台州精神，提炼其独特的文化内涵，推进台州精神文明建设，离不开对优秀传统民俗文化的挖掘和传承。

组织专门的研究队伍从事台州民俗文化的搜集、整理和研究，提出传承的有效方法，并将研究成果直接递交相关部门，为政府决策提供理论资源，研究成果可以广泛应用于台州经济、社会、文化发展。

借助现代传媒，探求民俗文化传承的多层次构架是对民俗文化研究的拓展，这种结合可以探究台州民俗本身具有的神秘色彩和象征意义，增强文化厚度，避免单调的文本分析。①

我们现在处于全球化、信息化时代，从台州人生存的空间环境来看，以往处在相对封闭的环境里，民俗文化的传播靠口头和行为方式进行，传播的速度相当缓慢。伴随着交通现代化，飞机、高铁走进了我们的生活；伴随着信息化，网络融进了我们的生活，时空已不再是限制人类交往的最大障碍，人类生存的空间明显缩小，环境的改变直接影响着民俗文化的变异。不变是民俗走向末路的死胡同，变才是民俗走向新生的一条通道。在

---

① 参见徐晔、林鸿《加强台州本土民俗文化研究——访市政协委员杨维平》，《台州日报》2012 年 3 月 20 日。

民俗特征中，变化是民俗文化发展的动力。民俗文化本来就是由民众创造和享受的，这种创造、享受决不会放弃对新鲜文化的吸纳、融合、创新，不会故步自封，或者短视，看不见全球化信息化带来的思想与文化的开放，放弃现代化带来的便利。从某种意义上讲，它所体现的是民众思想观念的变化。

民俗学研究应该直接面对这种变化，做出新的抉择。陶立璠教授指出民俗出路有两条："一是顺应时代的发展，赶上时代前进的步伐，关注民俗的变化，加强对现代新时尚、新民俗的研究，探讨民俗文化发展变异的规律；一是发掘、抢救、保护传统民俗文化，维护中国民俗文化生存的生态环境，保住中国民俗文化的根，使传统与现代化更好地协调发展。"[①]实质上，为台州民俗与"洞房经"的未来发展指明了方向。

二 家庭面临变局，民俗走向困境

全球化、城市化、网络化等使家庭的传统形态得以消解，人口结构调整使我国家庭的规模、结构、形式、功能等都发生明显变化，中国家庭面临变局，传统家庭发展面临巨大挑战。

改革开放以来，伴随着人口发展领域的巨大变革及经济发展，中国家庭呈现出五大变化：家庭规模小型化、家庭结构核心化、家庭类型多样化、家庭关系松散化、家庭功能有所弱化。相对固定聚居的大家庭形态趋于解体，越来越多的新家庭形态出现，由此也带来了不同的新人群：独生子女、失独父母、丁克族、单亲母亲、单亲子女、不婚族。这些新家庭形态也出现不同以往的各种新观念，家庭内部成员之间的价值观冲突明显，家庭代际呈现新的对话、磨合。

当今中国，社会流动性的增加一方面造成家庭成员的自由度变大，另一方面家庭关系松动、缺失，家庭这个社会细胞的稳定性令人担忧。无数从农村流向城市及走向海外的人，造就了这些词汇：漂一代、留守儿童、留守老人、空巢老人等。即使在表面上仍然保持着稳固的家庭形态，但互联网对其内部家庭成员交流模式的冲击也依然无处不在，家庭财富增加带

---

① 陶立璠：《经济转型期的中国民俗与民俗学》，中国民俗学网，2008 年 10 月 7 日。

来的经济理性正在悄然取代传统的家庭价值。

流动的时代，网络的时代，财富的时代，这些都是与几千年来自给自足的传统农业中国格格不入的，而它们已经到来且不断加速前进，摇晃着、"拆迁"着建立在传统农耕文明基础上的家庭大厦，使之渐渐面目全非。被裹挟着前进的我们，对于家庭的含义、家庭的命运和重建家庭的价值都产生动摇和歧义。

毕竟，我们都是家的儿女，无论如何我们的内心都需要珍藏一份对家庭温暖的认同与向往，这是一个社会、一个国家的稳定所系。或许，我们需要回到家庭故事中那些熟悉的场景，咀嚼那些早已司空见惯的变化，从中去寻找、把握中国家庭的未来。

依靠传统家庭和家族生存的婚俗仪式"洞房经"肯定会随家庭的变局发生巨变。皮之不存毛将焉附，失去了生存的土壤，"洞房经"逐渐枯萎乃大势所趋，如不加以保护，"洞房经"将会失传。

第四节　婚、丧仪式传统模式传承的水火两极

婚俗仪式的传统模式在传承的时间链条上出现了扭曲或断裂，一方面婚俗礼仪逐渐抛弃传统，唱"洞房经"已成明日黄花，民间文艺延展功能无法依靠自身力量得以修复。另一方面其陈旧与繁复的形式已不再受年轻人的喜爱，就连老年人也列入告别"洞房经"的行列，一来自己不会唱，而会唱的人既少又老；二来歌词内容与现实不再相符，诸如多子多福、生儿做状元等都已经是过去式了，加上西方婚礼仪式随媒介传播被年轻人广为接受，在传统的婚礼中夹杂着西式婚礼仪式，形成中西合璧的仪式，既紧凑又节奏明快，更加即时平面化、感官化，喝彩者众多，形成当下婚俗文化的主流形式。所以"洞房经"走向消亡已经毫无悬念了，虽偶尔见到有唱"洞房经"的，也只是少数老一辈残留的"顽固"思想或本土观念，或许是想重现过去的辉煌，又或许是想与众不同。像灵江以北的临海、天台、仙居等地，"洞房经"已经门庭冷落，在临海结婚时还偶有唱"洞房经"的。而灵江以南的温黄平原，特别是"洞房经"重地温岭市，虽然还有几个流派，还有几个传人，但也是后继乏力，靠政府扶持才得以勉强

传承下来。

而丧事的传统之盛却出乎人的意料之外，政府大力号召丧事简办，在大多数人看来，过去繁复的丧事仪式要"精兵简政"了。可现实的情况是，政府的喧闹声到底没有进入寻常百姓的生活，在农村，你说你的，我做我的愈加普遍。一度不那么奢办的丧事，现在有一种勃发的感觉，大有燎原之势。你无论到哪里采访，人人都会告诉你，这是我们晚辈在尽孝道，是责任，是义务，是对死人的尊重。况且，也不论死者生前和活人的关系是好是坏，人一死，恩怨随之烟消云散。大家都尽心尽力地操办丧事。丧事的主道场之一——诵经超度，更是家家不可或缺的大事。承担诵经责任有 9 个人，法鼓、法钟一响，引磬、坐磬、铛子、木鱼随之响起，一阵念经前奏过后，诵经声悠扬传来，此起彼伏，主唱换气，其他人高扬调门，换挡不换声，肃穆庄严，南无阿弥陀佛经、地藏经或法华经随袅袅燃香从灵堂中飘出。此时此刻，还有谁能拒绝送给死者的最后一份孝心或爱心？或者有谁能拒绝祝愿死者灵魂及早升到天国的崇高情感的抒发？这种仪式非西方仪式所能取代，它生存于民众心底，是历经时间的洗汰而沉淀下来的，又怎能是几声呼吁就能去除的？加之经济全球化后，中国人更加忙忙碌碌，亲人聚少别多，亲人一走，存留之人久违的惜别和负疚之情尽溢言表。懊悔在死者有生之年自己没有恪尽职守，对死者生前应付出的情感没有付出，现在随死者肉体的消失而无所依托。死者死矣，只能借助这种仪式稍尽绵绵之意，弥补遗憾，这在他们眼中是唯一选择。而旁观者对活人这一举动的价值评判加重了道德力量，民俗的习惯助推了丧事仪式的传承并使之逐渐蔓延。

第五章　活态传承

——"洞房经"的生命长青之路

从大处着眼，文化是一个国家和民族的精神命脉。从小处着眼，文化是一个地方或区域的性格构成因素。非物质文化遗产区别于以物质形态存在的古遗址、古建筑、传统村落、典籍、文献、艺术品等具有历史、艺术、科学价值的文物，较具意识形态化，草根特征明显。根植于民间日常生活，显露于细节，依靠家族或徒弟手口相传的非物质文化遗产，与人民群众的生活息息相关，在民间代代相传，是一个民族的生命记忆和活态呈世的文化基因。台州是有着悠久历史的地区，文明传承昌明，在历史上虽然由于地理环境的恶劣，精英文化发育不够良好，但在民间却蕴藏着繁多而精致的非物质文化遗产，这些非遗既构成了台州人的特有文化基因，也成为台州人强悍、坚毅和敢于冒进的根源。

活态传承是非遗留存于世的特征。对非物质文化遗产保护有静态和动态两方面，静态保护是进行广泛的田野调查，以现代科技手段用文字、音像、视频的方式记录非遗项目的历史和现状，并探究未来发展的趋势。这是非遗保护的重要方法之一。动态保护即活态传承，活在当下，在加强传承人保护的同时，注重民俗文化中人的活动研究，强调非遗是活态的、发展的，创设流动的"水体"，然后在其中安置非遗项目，形成"活水养鱼"效果。单一的文字记载和技艺传承，不能构成传承的最有效手段，必须把非遗放在其生成发展的环境当中，放在跨学科综合视野下进行研究、保护和传承，只有在人民群众生产生活过程中进行传承与发展才能真正得到传承与发展。非遗是不能静态和固化的，如果是静态和固化，那它就是一潭绝望死水，春风吹不起半点涟漪，即使像博物馆中的文献与记忆，也需要把它从特定历史中打捞上来，才能展示其历史的、文化的、诗性的内涵，它才会脱离原本业已僵硬的躯干，重新焕发生命。因此，从这个意义上表述，所有的非物质文化遗产都是活态的。只有活态传承，台州"洞房经"才能找到生命长青之路。

第一节　台州民俗文化研究的思考

民俗学研究起于欧洲，以德国和英国为主要发源地，后来逐步走向世界。民俗文化的传承研究，在国内外的文化研究中占据重要地位。美国在20世纪50年代后，理查德·多尔逊发展"新大陆民俗理论"，阿兰·邓迪思等人的民俗及传承研究取得了令人瞩目的成就，日本民俗学之父柳田国男将民俗学对象锁定在"民间传承"上。这些研究基本将研究视野基点定在田野调查上，提出民俗学传承的最有效方法之一即对传承人加以保护，传承人的保护工作为民俗学的传承和发展作出了巨大贡献。进入21世纪，国外民俗学传承研究跳出人类学和社会学范围，正朝着跨学科融合方向推进。

以"五四"新文化运动为背景诞生的中国民俗学，涌现出一批建树独特的民俗学大家，如顾颉刚、钟敬文、高丙安等，中国民俗学经过近百年的发展，已经形成特有的民俗研究方法。目前，随着国力增长和民众文化传承意识的提升，文化遗产保护意识大为增强。中国科学院自然科学史研究所华觉明有一组数据很能说明问题，"2006年国务院颁布第一批国家级非物质文化遗产名录之后，在518项代表作中，民俗文化有70项，占总数13.5%多一点"①。在非遗保护名录中，民俗文化占比依然过小。但现在民俗文化遗产的抢救保护已提上议事日程，得到全社会的重视，社会的共识已形成。

在台州本土民俗文化传承方法的研究上，至今还没有人做出过正面系

---

① 华觉明：《传统手工技艺保护、传承和振兴的探讨》，《广西民族大学学报》（自然科学版）2007年第13卷第1期。

统的理论建树，研究人才缺乏，虽也曾有零散的民俗文化研究，如"台州乱弹"等研究，叶泽成在 2007 年还编过《台州民俗大观》一书；临海建有民俗文化博物馆；温岭正在编辑温岭民俗全书；王寒共著述 7 本书，介绍台州的衣食住行和经济发展……但总体研究力量较为薄弱，成果不显著。曾经研究过温岭"洞房经"的民俗专家、浙江师范大学教授陈华文是为数不多的台州民俗"洞房经"的研究专家。他认为：源于古越文化的"洞房经"是汉民族婚姻习俗中一种独特的婚俗现象。陈华文教授从民俗生活论的角度切入，涉及婚姻这一民俗领域，并卓有建树。撰写了《洞房经：文化的神话——温黄平原"洞房经（歌）"习俗的思考》《"洞房经"研究》《一组古老的文化符号——汉民族婚礼对歌"洞房经"溯源》《"洞房经"的仪式及其象征研究》等一系列研究论文，这些研究不仅为婚俗文化，也为台州区域民俗文化源流及传承研究做了最好的铺垫。他认为："古吴越文化的特征如古吴越特征的舟楫文化、渔耕文化和淫祀文化等，在温黄平原一带保存得非常完整。这些承之于吴越文化而被鲜明地保存着的地方民俗文化特点，使地方上许多独特的习俗因与之相适宜而被代代相传，唱'洞房经'就是其中典型的内容之一。"① 同时他认为，在婚礼中保存的对歌形式，从目前汉民族婚礼习俗的角度去考察，台州的"洞房经"可以说是独一无二的，那些在少数民族中存在，而在汉民族中遗失的文化表现形态，都一览无余地保存在"洞房经"仪式中，这是一种值得保护和保存的文化传统，是婚礼对歌活的文化化石。通过"洞房经"仪式和内容的挖掘、整理，可以为古代吴越地区的婚俗文化研究提供第一手的资料。这些研究不仅为婚姻文化，也为区域民俗文化研究做了最好的铺垫。

不过，陈华文有关"洞房经"的研究性文章取材局限于台州的温岭市，较为狭窄，他认为"洞房经"起源于温黄平原，其理论支持是建立在温岭市大溪镇东瓯古国遗址的考证上。在《洞房经：文化的神话——温黄平原"洞房经（歌）"习俗的思考》中他认为："公元前三世纪后叶，楚国灭越，越民族之一部分越过宁绍平原南边的山脉，来到了面海的临海——温黄平

---

① 陈华文：《一组古老的文化符号——汉民族婚礼对歌"洞房经"溯源》，《浙江师范大学学报》1990 年第 3 期。

原，占据了灵江、瓯江流域。他们与先前即已到达并居住在此的吴越后代共同建立起了东瓯国，历史上也称为东越。越民族虽然亡国而迁徙，但他们没有丢掉自己独特的文化，在气候、环境与宁绍平原相去极近的温黄平原，又植根下了自己传统的生活方式。"逐渐形成了既与越文化有着千丝万缕关系又独具特色的婚庆对歌，并流传至今。而我们明白，曾经热闹一时的古东瓯国原址考证还没有最后定论，温州人始终不承认温岭市大溪镇是东瓯国原住地，虽然他们提不出更为有力的证据，来证明温州的永嘉县瓯北镇才是东瓯国真正的遗址。但如果温岭大溪的古城遗址不能证实确实是东瓯国遗址，那陈华文教授关于"洞房经"起源的前提就有点含糊不清了，其结论也不能信服于人。所以，以历史还未定论的东瓯国遗址考证为前提，把温岭市的"洞房经"作为台州市流传的"洞房经"的唯一代表，倒是有失偏颇。因为从三国以来，一直作为台州政治文化中心的驻地临海市是整个台州的心脏，据《台州府志》考证："台州编志，肇自三国。"《资治通鉴》胡三省注："《晋太康记》所云'章安'即临海郡之章安县也。"南宋陈耆卿纂的《赤城志》，被誉为"词旨博赡，笔法精严"，"赤诚"即为现在的临海，三国时东吴大将卫温率兵东渡台湾，其出海口在当时的章安，《赤城志》记载："章安城，在临海县东南一百一十五里。"新中国成立后，台州地区中心一直在临海，所以，台州民间文化的主要源头应在临海。考证"洞房经"不能把临海撇在一边，何况当下临海市民间流行的"洞房经"规模近乎与温岭市相当，呈现鲜明特色。但陈教授考证的结果，"古越人亡国后来到了……临海——温黄平原，占据了灵江、瓯江流域……建立起了东甄国，历史上也称为东越"。倒可以证明台州很有可能是东越国活动的大本营，越文化在这里流传甚广。但在其文化传承上临海比温岭更具有源头地位，研究临海的"洞房经"也非常重要，不能简单下"洞房经"起源于温黄平原的结论。可能他是温岭人的女婿，其田野足迹遍及温岭，受到温岭流传话语影响的缘故，更有可能近年来温岭市"洞房经"的传承保护工作做得远比临海市出色，温岭市的"洞房经"名声响亮，导致温岭"洞房经"一枝独秀。

总体来看，陈教授的研究更多是从温岭市"洞房经"的越文化源流与形式所体现的文化意义入手，没有涉及整个台州民俗文化的传承研究，对其活态传承的有效方法研究仅仅是浅尝辄止。

台州"洞房经"存在于一个相对封闭、独立的区域之中，是与地方语言、地方文化及传统相关联的婚姻习俗文化形态，它在当地人的传统婚姻缔结过程中，具有其他内容不可替代的作用。即使一些因工作、商贸而远离台州的人，在婚礼过程中依然还强调，洞房总是要送的，"洞房经"总是要唱的。长期的传承形成了自己独特的风格。这些都给我们留下丰富的想象和研究的空间。

我们既要研究台州"洞房经"超时空的传承，又要研究传承中的变异。唱"洞房经"是一种传统的婚姻习俗，其源头和具体的时间过程虽不可明考，但存在于民间的历史非常悠久，至今仍在民间婚礼过程中缔结，它是我国东南地区具有典型特征的婚俗文化现象，它与古吴越和百越文化有着深刻的渊源关系。唱"洞房经"习俗保证了台州婚俗的古朴性和传统性，同时又给婚礼增添了欢乐和喜庆。当我们站在不同的婚俗文化角度去审视唱"洞房经"时，就会感到那扑面而来的强烈的地方性色彩，这种地方性色彩最终使唱"洞房经"习俗本身成为一种具有很高研究价值的独特的地方文化现象。虽然随着科技的进步，社会制度的变革，历史发展了，同时也因为自身局限，"洞房经"没有也不可能原封不动地传承下来，每一个时代，甚至每一个吟唱者都可以随性唱几句合时宜的押韵对歌，唱词随之发生变化。"洞房经"至今仍保持着生命力，在台州的广大农村中流传，鹤立于汉民族的婚俗文化中，确是一种文化的神话现象。

目前，台州"洞房经"研究的缺位现象依然严重，临海曾经收集过临海歌谣，里面有不是很完整的"洞房经"，温岭保护得很不错，各个流派的歌词都有收集，传承人也得到一定的保护，但内蕴的历史和文化价值却鲜有人深入探讨，黄岩有一部分歌词得到记录保护。其他各县市区，基本上处于自生自灭状态，很少有完整唱段流传。

第二节　跨文化语境下，地方民俗研究正经历转型

立足于现实民俗文化生活，把多元文化视角下的"洞房经"所体现的追求婚姻秩序、幸福生活的文化价值及诗性婚俗的审美意义作为研究重

点，同时研究其渊源与流变、传承与保护。注重个案研究和田野调查，注重纵向考述与横向对比，注重跨学科研究。对台州"洞房经"的文化意义和价值进行立体摹画，努力为"洞房经"这一民俗文化的传承寻找更为广阔的发展道路。

一 从注重民俗文化的文本研究转向人本研究

1. 要突出传承人在民俗学传承中的地位。杨利慧在《美国当代民俗学的主要理论与方法》中认为：民俗学研究要"注重长期的田野调查，注重吟唱者个人研究，注重历史变迁，也关注讲述人和听众之间的关系，要把兴趣的一大部分放置于个人与社区、个人与传统之间互动关系以及个人在传统的保持、延续和变更方面的作用。个体是传统的创造者和传承者，离开个体谈传统只能是空谈"[1]。

民间文艺传承的内在规律是"流动""活态"存续，民间的许多绝艺依仗家族承继衣钵和师徒相授形式得以传承，家族、儿子和徒弟是传承的主要载体，他们就是传承人。有传承人是民间技艺得以存续的保证，传承人的技艺高低决定了民间文艺留存的价值高低。让传承人得到有效保护，民间文艺也就得到有效保护，民间文艺传承自然花开月明，事实上传承就是非遗文化最好的保护方法。我们可以以此确立传承人在民间文艺传承中的主体地位。同时，非遗留存于世的形态可以是固态的，也可以是活态的，但民间传承肯定是流动和活态的。只有活态传承，才能使非物质文化遗产的表现形式得以跨时空流传，不断流、不泯灭、不消亡。非遗项目的主体归属是集体或个人，传统技艺、中医药、文艺等属于个体传承为主，节庆、庙会等是集体意识、集体行为，应归于某个集体。非遗项目资源所有者，因其对项目内在固有的掌控力，以个体属性为主，有时甚至可以排他，类似于现代企业"法人"。要突出传承人在民俗学传承中的地位，其手段之一是政府应该加大非遗保护和传承的工作力度，制定相关政策做好保护传承人，将财力、物力及工作重心向传承人倾斜，将保护传承人优先于非遗项目的保护；手段之二是培养非遗传承主体的自觉意识，调动他们

---

[1] 周星主编：《民俗学的历史、理论与方法》下册，商务印书馆 2008 年版，第 631 页。

保护创新的积极性，承担其传承责任。

据《台州日报》介绍，滨海镇靖海村 74 岁的民间艺人应光远，是"龙灯调"传承人。他从小就喜欢民间音乐，会唱"洞房经"、道情、排街、田洋曲、赞龙调等。2009 年 5 月 13 日，温岭市文化广电新闻出版局和他签订了《"洞房经"项目传承协议书》，要求他通过一年半到两年时间，培养 3 个年龄在 45 周岁以下的青壮年熟练掌握"洞房经"的演唱和对唱技能。按每培养一个传承人 3000 元的标准（共 9000 元）予以补助。目前，他带的王云兵、颜冬清、应子云等三位徒弟也都能熟练唱"洞房经"了。

2. 突出民俗学研究中人和环境的研究。如：审美功能、价值追求、共同的文化、精神倾向和环境构成等。

从民俗的"俗"转而审视民俗的"民"，即创造和传播民俗文化的主体，突出人的价值，这是民俗学研究的一大进步。对此，周星在其主编的《民俗学的历史、理论与方法》中解释，民俗学出发点是要探究"人究竟是什么"这一审视人之存在意义的哲学性构想问题。存世的诸多关于人的科学论述可解答此问题，既有通过观察、分析人的生活方式寻求普遍性原理的社会学、经济学和政治学之类的社会科学；也有从人与自然的角度探明人之存在的自然科学以及通过文化来探求的人文科学。了解人的方法基本上只有两个，一是透过某一社会现象来观察人；二是通过文字等记录及古迹、遗物等探测过去人类社会的面貌。前者研究眼前的事实，拥有现象的无限广度，后者依据有限的事实史料进行理性想象。我们真正能观察到人的真实情形的方法只有前者。后者的历史性认识，也依赖于前者对现实社会的认识。换言之，与活生生的人实际接触才是感知人最好的手段。①

必须注意的是，展现在我们面前的纷繁的现实社会是由漫长历史积淀而成的。人类的思维在某种历史时期往往会出现盲点：相对于时间而言，似乎存在着"现在"这一无时间状态的世界。但我们忽视了一个事实，在一个活生生的社会里，人类和万物不可能超越时间而存在。从本质上讲，时间永远处于一种线性状态，有过去，才有现在，也有将来。如果把过去

---

① 参见周星主编《民俗学的历史、理论与方法》上册，商务印书馆 2008 年版，第 340 页。

和将来都凝聚在现在这一时间节点上，就等于割断了历史和将来。录像和音影记录的是过去的荣光，照片、图片和剧照照不出人的动态，更照不出人的未来。与过去人生告别的"换脸"式整容技术，只是一种科技理性的东西，事实上依然与过去藕断丝连。因为人的情感、生活痕迹无法瞬间消亡，需要的是时间的沉积使之逐渐淡然、模糊直至消失，淡然、模糊并不等于没有。所以现实社会中的人亦处于时间世界中，我们不过是将自己所能亲历的范围内的时间称为"现在"。人的活动及社会的变化都只能在时间流逝过程中产生。对现在发生事实的认识，既是当下的认识，其实也是历史性的认识，即为广义的历史性认识。这里的"认识"行为，内含着某种历史性，因为"认识"所用时间的跨度超越了现在进行时，现在的认知包含了历史对此的认识。

阿兰·邓迪斯认为："在无文字的社会里（人类学家传统上对这类社会有很大兴趣），一切结构制度、传统、习俗、信仰、态度和手工艺都是以言词教导和示范作用口头传下来，当人类学家同意将民俗定义为口头传承时，他们没有注意到，正是口头传承这个特点，才把民俗与文化的其他事项区别开来。"① 口头传承这一特征决定了民俗学的民间构成，如果没有后世之人的搜集整理，民俗传承的内容会逐渐模糊或流逝。

文化概念的外延非常广，民俗学的外延却相对较小，但民俗学是属于文化学的一种，所以民俗学有时与民俗文化学合二为一，具有专指之意。还因为民俗是一种生存方式，是人类社会都有的社会文化现象，具有普遍意义。同时也是一种文化模式，它概括了某种日常生活的规范，成为民众生活的指引，民俗更是民族思想文化的源头。所以，民俗学研究者不喜欢从现成资料中生成一切观点，反而更喜欢进行长期的田野调查，以此得出或佐证相应的观点。无论是谁要接触那些无文字社会或缺乏文字记载的社会并试图理解它们，所能采取的方法只有一个，即首先从民俗入手去认识该社会的现在，再从现在上溯到过去。透过民俗及其仪式的外壳，看到其潜在的驱动民族群体永恒不息流动的伟力，并把民俗与现在、将来、世界

---

① ［美］阿兰·邓迪斯编：《世界民俗学》，陈建宪、彭海斌译，上海文艺出版社1990年版，第42页。

联系在一块。随后如要了解该社会应有状态的意义，或想得知为何该社会会存在，则需通过现在的社会事实来推理。既然现在的社会因过去的积累而存立，那就有必要对该社会的历史进行追溯。沿着时间轨迹探究过去与现实的关系肯定比从现实中来到现实中去的方式更符合认识心理的发展顺序。

考察特定区域或一个民族与自然环境的关系成为探究历史事实导致现实存在的因果关系的一种有效手段。社会是一个不断向前推进的过程，自然界也并非一成不变，而是拥有一个相对独立体系，发生独特变化的构成。了解一个社会在怎样的地形上形成，是了解该社会存在的基本常识，如农耕社会和海洋文化会铸就不同的性格、情感和意志。那里的地理位置如何？地质状况如何？植被状况如何？自然生态环境如何？这些和该社会的生活构成怎样的联系？这些都是考察特定区域社会关系的有效方法之一，也是从事田野调查的重要途径。台州文化是在三面环山、一面临海，较为封闭、出入艰难的地域里发展起来的。明代王士性在《广志绎》中称："浙中惟台一郡连山，围在海外，另一乾坤。……舟楫不通，商贾不行，其地止农于渔，眼不习上国之奢华，故其俗犹朴茂近古。"① 又称："海滨之民，餐风宿水，百死一生，以有海利为生不甚穷，以不通商贩不甚富，闾阎与缙绅相安，俗尚居奢俭之半。"地理环境障碍将古代台州人与外界隔开，村落宗族的世俗影响占据重要地位，主流政治形态较为松散，形成了与越文化其他区域不一样的相对封闭的环境结构。保守、封闭的环境结构容易造成一种阻隔机制，阻断了台州同外部世界更多的交往，出去的和进来的一样稀少。加上海产丰盛，雨水充沛，土地肥沃，内部自然条件优越，自给自足可以过上"世外桃源"式的生活，台州人失去了主动越界与外部世界打交道的动力。表现在文化上，台州地域文化具有独特的固化性。台州人接受了自然的约束，创造了与之相适应的文化，这种文化的主流就是民间文化，台州人称为"草根文化"。由于农业文明早熟，经济相对落后，交通极为不便，台州一直被视为蛮荒之地，是政治失意之人的流放之地。台州文化的保守性及封闭性使得台州在历史发展中很少能和外来的优秀文化发

① （明）王士性：《广志绎》，上海古籍出版社2014年版，第77页。

生碰撞、融合，仅仅依靠土生土长的民间文化和流民带来的区域文化，不足以构建精英文化体系，导致台州成为一个草根文化发达而精英文化相对匮乏的地区，历史上台州海盗和强盗非常多。台州民俗就是在这样的环境里生成和发展的。

在民俗学考察上，如有可称为历史性环境的遗迹、出土文物或民间历史遗物等，还可尝试着推测它们和现存社会的关系，因为民俗永远是"现在"的民间生活现象。

二　从注重线性研究转向跨区域和多学科的横向综合研究

关于民俗学跨区域和多学科的横向综合研究包括对文艺美学、历史、地理、宗教、民间文学以及与吴、楚、沪等区域文化关系的综合研究。

华东师范大学田兆元教授认为："吴越文化和齐鲁文化在春秋时有着广泛的交流，在文化上，齐鲁影响吴越多，在经济和军事上，吴越影响齐鲁多。楚占领吴越鲁地后，吴地文化形象被覆盖。汉武帝崇儒，吴越人在把自己纳入儒家文化体系的过程中恢复了自我的形象。齐鲁文化与吴越文化的结合，创造出了有活力的东部文化区。"①

台州地区农耕文化较为发达，安土重迁的观念较为浓厚；加上耕地有限，交通阻塞，虽然土地肥沃，但在土地无法养活全部台州人的情况下，传统的台州非常重视向海洋要资源，敢于冒险，观念开放。同时向海洋要资源，又造成历史上台州海盗猖獗，"绿壳"（台州土话意为土匪和海盗）盛行，海盗之祖孙恩从海上三进台州，台州历朝农民大起义（有史可查的规模大的起义有 12 次），几乎都能和海洋搭上关系。吴越文化在台州，山海特征非常明显。同时，台州又是一个拥有广泛移民的区域，历朝以来从北方迁入台州的人口数量极多，带来的区域文化与台州本土文化对接融合，使台州文化拥有了更为广泛的内涵，在这样历史背景下台州文化逐渐走向繁荣。海洋与农耕混合经济的繁盛，来源复杂的祖先，独特的自然地理结构，和荆楚文化、齐鲁文化、平原文化、岭南文化等表现出明显的区域差异，形成了台州文化的一体多元结构。台

---

① 田兆元：《齐鲁文化与吴越文化关系研究》，《齐鲁文化研究》2005 年第 6 期。

州传统文化固有的包容性又促使自己和其他区域文化的相辅相成、渐趋合一。在台州文化一体多元结构中，有一个非常独特的现象，那就是儒、道、佛三教在台州并行而立，特别是佛、道文化在台州繁衍兴盛，道教南宗和佛教天台宗都源自台州，流传甚广，成为日本朝鲜等国的主教。正是由于台州文化内部的多样性及包容性，台州的传统文化始终保持着生机与活力，并不断对外施加影响力。东瓯国溃散后，台州的越族人向闽越之地迁徙，形成的区域文化逐渐向周边扩张，影响着闽越一带，对他们的文化构成起着某种支撑作用。

民俗科学是研究人类社会生活现象及其习性的科学。这就决定了民俗科学研究不能不考虑社会活动主体——人的自主性、选择性以及价值判断等。复杂性思维和对复杂性的探索不断加深了人们对社会系统复杂性的理解和认识。今天，人们已在民俗文化具有高度复杂性这一问题上达成共识。

事实表明，社会生活及相应民族与地方问题的复杂性特征日益凸显，并不断向民俗科学研究方法论提出新的挑战。这不仅推动了民俗科学研究方法论的不断发展，更推动了民俗科学自身的发展。

随着民俗科学问题的复杂性不断被人们所认识，关于当代大科学时代社会科学研究方法论体系也正在新的意义下形成。这一体系的重要特点是与过去相比，学科的交叉与融合更加广泛和深刻，并向一些传统的学科领域渗透。在一定意义上，这可以认为是当代社会科学研究方法论发展的必然趋势。

近年来，在多学科交叉与融合的推动下，集历史学、美学、社会学、人类学、文学、地方志等于一体的现代民俗研究方法应运而生，在民俗科学研究中发挥了重要作用。跨区域和多学科的横向综合研究是民俗科学领域研究方法论的重要创新，它以综合集成方法论为指导，整合历史科学、文艺学与信息科学等，通过现代传媒再现民俗科学问题的基本情景、微观主体之间的相互关联以及系统宏观行为的整体"涌现"，并在此基础上分析社会现象和问题的各种复杂行为揭示其演化规律。正如理查德·约翰生所说："文化研究就发展倾向来看必须是跨学科（又是反学科的）。"①

---

① ［英］理查德·约翰生：《究竟什么是文化研究》，陈永国译，参见罗钢、刘象愚主编《文化研究读本》，中国社会科学出版社 2000 年版，第 1 页。

民间歌谣作为一种口头文学艺术，不但同创作者——广大人民群众的日常生活密切相关，而且也同所处的地理位置、时代、历史、政治、意识形态、生活、生产力发展水平、生产关系等有着千丝万缕的关系。因此，收集者的眼光一定要开阔，感觉一定要敏锐，不要只盯住"洞房经"歌词本身，更要重视"洞房经"与其他各种社会关系所构成的关系材料，多学科对话共济，跨区域融合交流。

民俗研究一扫过去人文学科研究中围绕某种形而上学的价值理念诉求而形成的单一的、固化的阐释模式的沉闷与僵硬，更多地将文化从一种理想的状态降至其现实层面，关注现实生活中的表意方式，从而具有了更加丰富的呈现。

三　从注重区域地方性研究转向跨文化普世价值研究

有两种视觉：一是从本国民众福祉意义和民族文化发展前景的角度出发；婚俗文化既强调地方性和民族性，也应在文化的某个层面具备全人类共同的价值观；二是世界经济一体化会影响到人类文化发展的多样性，跨区域、跨民族甚至跨国界的婚俗文化交流、碰撞、融合可能会改变强势文化有意无意鼓吹的文化发展单一化的趋势，我们不应囿于文化的地方性与民族性，应强调婚俗文化的价值认同，亦即加强对婚俗文化所具有的普世价值研究。但我们应非常明确地指出，单一化终将是人类文化发展的悲哀，文化多样性发展不仅是各民族的文化需求，而且是人类社会全面和可持续发展的前提条件。要促进文化多样化发展，就要创造有利于多样化发展的生态环境和各种条件，要加强本民族文化的研究，广泛地吸收其他民族和国家的研究成果，扩大交流，不断展开国际学术对话。地方民俗文化不再限于纯文学文本的解读，而是将整个社会生活视为"大文本"，从人的衣食住行到流行文化，从国际关系到民俗风情，从历史政治到时尚文化，文化研究的触角无所不在。

四　从注重文学性解读转向文化性研究

路文彬认为："在批评家的视域里，'文化性'显然比'文学性'更加博大精深，更具普遍性人文价值，因而也更有诱惑力；同文化相比，文学实在是有点儿过于单薄了。"① 但就文学论文学，并不能解释文学中包含的人和事所能提供的所有信息。人是社会化的人，也是文化语境下成长和活动的人，无所不包的文化造就了人的全部生活和精神细节。文学的容量有时虽然很广，但更多时候却呈现着一种单薄感，创作之人的思想深度和广度决定了文学作品呈现的深度和广度。在经济全球化格局下，文化消费趋势的确立导致文学的式微。网络世界里，即时消费文化的兴起，功利主义盛行，使大师逐渐远离了我们，在没有大师的年代里，精英文学核心支撑——读者流失了，精英文学被网络文学攻城略地，地位岌岌可危。网络写手郭敬明每年的版税上千万元，版税收入前十位的无一个是精英文学作家，这就是明证。当下，相对于文化而言，文学就成了小儿科，国家层面讲的是建设文化强国而不会倡导文学强国。从这个意义上讲，文化的地位高于文学地位。民俗研究需从文化入手，民间文学次之。盖生认为："学科化毕竟是人类思维进步的重要标志，长久无所归属的芜杂之地，或者被重新划分，或者是自生自灭，一般很难逃出这个规律。"②

第三节　活态传承的理论探索

"洞房经"保护有静态和动态保护之分，静态保护指的是对"洞房经"这种民间歌谣所产生的生活环境及其相依附的婚俗仪式、演唱活动等进行收集、记录、拍照、录音、录像、整理、制作、出版等，使地方独特的婚俗仪式及其产生的对歌声音、曲调、曲谱、歌词等以图书、资料、计算机存储、影像等形式保存下来。动态保护指的是加大扶持力度，有意识地使"洞房经"生存的空间——台州传统婚俗得以重新焕发生命，对民间"洞房经"的流派、传人，或民间传唱者加以保护，包括对他们生活、歌唱活动、文化生态环境等以非遗保护形式予以资助，特别要创造一种适宜"洞房经"生存发展的文化空间，如"洞房经"主题公园、婚庆唱经公司、"洞房经"演唱歌会等，使其逐步得到社会的认同，甚至可以创设条

---

① 路文彬：《救救文学批评——让文学批评回到文学》，《文艺争鸣》1998 年第 1 期。
② 盖生：《文化研究批判：从辨析文化研究与文艺学的关系开始》，《文艺理论与批评》2003 年第 4 期。

件，让它走市场化道路。

中华婚俗文化源远流长，台州"洞房经"是其中一个代表。如今这一古老的仪式在台州各地农村甚至城市的新式婚礼中再度唱响，这不仅是一种复古现象，更是当下社会生活的需要。通过收集、整理，探究其源流和流变，使之形成一种新谱系形式，活态传承，提供模板。

当前，要想让这种古老的婚礼对歌重新焕发生命，必须转换思维形式，不拘泥于传统的形式和内容，以传播学为基础，分析研究"洞房经"民俗的转向和转型，使其重新焕发生命。

一　民俗研究的当代走向——"历史学"转向"当代学"

当下，民俗研究逐渐从"历史学"转向"当代学"，杨利慧、安德明在《美国当代民俗学的主要理论和方法》概括了美国当代民俗学研究的转变，这些转变主要表现在以下几个方面：（1）从对历史民俗的关注转向对当代民俗的关注；（2）从对文本的研究转向对语境的研究；（3）从大范围的、普遍性的研究转向区域性、地方性的民族志研究；（4）从对集体性的关注转向对个人、特别是有创造性的个人的关注，关注个人在传统的传承和变异中所起的作用；（5）从对静态文本的关注转向对动态表演和交流过程的关注。① 美国当代民俗学研究的转变很大程度上提示了整个民俗学研究的当代转向，为我们提供了可借鉴的经验，当代民俗学关注的领域越来越广阔，突破了以往单纯的田野调查的研究方法，进入了一个百花齐放的多学科、跨文化的研究世界。从"历史学"转向"当代学"这是民俗研究的当代走向。黄永林、韩成艳在《民俗学的当代性建构》中进而把传统民俗学和中国当代社会现实的民俗研究结合起来，认为："民俗研究导入当代社会，直面当下社会的变迁；从追溯历史、重构原型、回归传统，转向关注现实、关心人生、阐释社会、服务当今社会。让以研究'古代遗留物'为开端的学问转向以研究当下现实社会习俗为主的与时俱进的学问；让以'民间文学'、'口头传承'为主体和'历史考据'、'原型重构'为主要研究方法的民俗研究传统，转向以'当代民俗'、'现代传媒'

① 周星主编：《民俗学的历史、理论与方法》，商务印书馆 2006 年版，第 595 页。

为主体，以'整体研究'、'综合研究'为主要方法的新民俗研究。民俗学的这种当代性建构需要民俗学学者们具有敢于突破传统的勇气和不断创新的精神。"① 当代民俗学看民俗问题的视点越来越新颖独到、精微细致，不再局限于区域文化视域下民俗事象的解释，而更多的是从跨区域、跨文化的视觉作出某种经验性的判断，借以对民俗研究进行某种程度的创新。现在的民俗学不再是社会学或人类学学科的单一范围，国际民俗学从跨学科视野来展示新的民俗学研究议题如知识表述、语言表述、方法重置、概念解构、理论阐释、分析工具和思辨理路等，并不断取得瞩目的成绩，使我们在研究领域的开掘上更为清晰地意识到现代民俗学已经在传统学科的基础上有了巨大的发展。

二 民俗研究的文化转向——从时间到空间

一般意义上讲，时间是物质存在的"持续"属性，空间是物质存在的"广延"属性。它们都是物质存在的属性，它们的关系不是简单的比例关系也不是简单的转换关系。它们之间的关联是以物质为媒介的，时间和空间都是相对的，对于不同的惯性系来说，时间和空间的尺度是不一样的。

比如，传统的民俗学研究强调文化传统的代代相传和时间性，现代民俗学重视文化的空间性和时间性并重而更倾向于空间性就和传统民俗学不同。如雅墨在《空间的概念》中认为20世纪初的社会科学哲学家是"把研究基础建立在时间秩序的概念之上，由此导出空间相位的性质"②。作为物质实体的空间和作为关系的空间，民俗研究者对此进行了相应的思维结构调整。受后现代主义影响，现代民俗学乐意将空间的关系看成是社会关系，而非几何和拓扑关系，理论叙述由偏重时间性转向空间性，实现了民俗研究的"文化转向"。"将空间的科学研究转向空间的文化研究，关注空间如何作为文本、意义系统、象征系统、所指系统来表达意识形态、价值观、信仰以及民族主义和国家关系。"③ 丹尼尔·

① 黄永林、韩成艳：《民俗学的当代性建构》，《华中师范大学学报》（人文社会科学版）2011年第3期。

② 转引自冯雷《理解空间》，中央编译出版社2008年版，第145页。

③ 同上书，第33页。

贝尔也认为空间的结构已经"成为20世纪中叶文化中主要的美学问题"。① 在地球村概念风行的当今社会里，借助于跨文化视野，"民俗学研究从时间空间、地理空间走向全球化空间。"列斐伏尔在1974年出版的《空间的生产》一书中预言："实际上，我们不得不得出这样一个结论：在所谓'现代'社会中，空间正扮演着越来越重要的角色。"② 空间概念的分析，给民俗学研究带来新的观念，我们所理解的这个空间，是生产的而不是事象的罗列，属于文化空间。联合国教科文组织北京办事处爱德蒙木卡对文化空间是这样解释的："文化空间指的是某个民间传统文化活动集中的地区，或某种特地文化事件所选择的时间。"他还补充说："我们必须清醒地认识到文化空间与某个地点的区别，从文化遗产的角度看，地点是可以找到人类智慧创造出来的物质文化存留，像有些纪念物或遗址之类的地方。文化空间是一个人学的概念，它指的是传统的或民间的文化表达方式有规律性地进行的地方或一系列地方。"③ 爱德蒙木卡比较明确地解释了民俗学的空间概念，指出它不属于地理学意义的空间，而是人类智慧的结晶，是由人类在长期的生产和生活中创造的极具精神指向价值的非物质文化留存，是文化空间和社会关系的表现形式。

从时间角度讲，在对待历史方面，地方民俗更强调其线性传承特征。传统民俗学主张加强文化的历史性漫长演化研究，将不同历史时期的关键节点串联起来，表达一个自认为比较完整的文化观念，而现代民俗学则强调现在这一时间节点，以现在回望历史，展望未来。地方民俗应注重区域文化的空间性作用所导致的快速变化研究。弗雷德里克·杰姆逊概括了一种较为流行的观点是：现代主义＝时间性，后现代主义＝空间性。在这个意义上，传统民俗学更像传统文化学、人类和历史学的融合，现代民俗学更像当前意义上的民俗学。

这与韩国的整容文化高度吻合。"整容的手术刀割断了时间的身体，让历史永远成为历史，并为其重塑了现在的空间。整容的针和线却缝合了现在。整容是身体从时间到空间的载体。时间虽然承载着历史传递着未

---

① ［美］戴维·哈维：《后现代的状况》，阎嘉译，商务印书馆2003年版，第251页。
② 同上。
③ 转引自柯杨《民间歌谣》，中国社会出版社2011年版，第101页。

来，但空间所拥有的只有现实。现时新空间一经铸成，就无法改变，即使历史可以重来。而人的未来永远是未完成的。"①

"整容的文化意义是割断了历史、现在与未来，它真正想要传达的既不是过去也不是未来，而是最具后现代意义的永恒概念———一切存在都是碎片式的现时存在，并试图将时间定格在现在并形成新的空间形式。正如詹姆逊所说：'过去和未来的时间观念已经失踪了，只剩下永久的现在或纯的现在和纯的指符的连续。'"②

在全球化导致民俗研究历时性的"时空压缩"体验以及共时性的"流动空间"的环境中，强调的是审美的感官化和即时生产体系，也可称为即时审美体验。历时性、共时性或者同时性的效果，以及在民俗研究上对历史和过去的怀旧和乡愁，所产生的作用都是用来将快速的时间体验慢下来，以便回溯和追忆，通过时间策略寻求可持续发展。与此同时，人们在空间转向的喧闹中，重写时间民俗学，关注时间的空间表现与历史的终结以及地方在流动空间中的废弃，"时间—空间"问题再度成为民俗学转向后的重要研究主题。

传统民俗学关注人对地方的文化体验所形成的地方感，强调传统社会的地方性，但跨文化背景打破了这一思维定式，现代性所造成的空间与地方的同质化趋势，使得传统社会的区域地方性边界变得模糊不清，地方特征和空间差异价值无法凸显。所以运用"无地方性"和非地方性概念与"地方性"概念相对的两极体验，就成了现代民俗学关注的重点。现代民俗学因此发出保护和拯救地方性、传统和本真性，塑造地方和传播地方形象的呼吁。

于是，民俗与非物质文化遗产等字眼通过政府的宣传媒介、其他媒体等渠道传播开来，被百姓接受，被民众理解。从田野中挖掘民俗，以正确的态度和务实的精神，从科学角度理解民俗，跨学科、全方位地认识民俗尤显得迫切。只有这样，才能揭示民俗传统的真谛，切实有效地保护我们的民俗传统。我们也只有在科学精神的指导下解释民俗传统，才能够更好

---

① 周仲强：《〈时间〉：消解真实时间的诗意》，《电影文学》2010 年第 7 期。
② 同上。

地继承民俗传统。正如美国学者保罗·康纳顿所说："一个单一文化里以文本形式得到传承的东西，传承起来似乎始终如一，从过去那种文化传给现在的我们。一个文本可以脱离它的制造者，也可以脱离任何具体的读者，一个文本可以有它自己的生命；它享有相应的文化自治……以文字形式固定下来的对象，进入公共意义的领域，从而每一个人都可以通过阅读这个作品，成为这个公共意义的潜在共享者。我们只有能够解释一种常态才能继承这个传统。"①

三　民俗研究的现实转向——民俗文化主题化

"洞房经"逐渐陨落已是共识，但我们对此并不是束手无策，传承方法之一是将散落在民间的"洞房经"尽可能收集完整，而后在一个相对集中之地仿效旅游主题公园一样建立一个地方民俗主题公园。主题化的功效就是把逐渐淡出我们视野的"洞房经"经主题表达浓缩成精华，为人民提供一个身临其境的婚礼过程，感知台州诗性婚俗"洞房经"这一过程。主题化试图创造对现实的仿真，通过对唱词、服装、道具、视觉、听觉、形式等的应用令人信服，唤起人们对台州诗性婚俗"洞房经"的美好回忆。同时，借助于现代传播的迅疾、广泛和跨界性质，将主题表现民族化、大众化、全球化，亦即将一特定的地方民俗置于更为宽广的空间去，诠释其地方性中包含的民族性和人类普世性，这一地方民俗的意义和价值就不会和过去一样局限于某一区域，而是可以从一种更为宏大的视觉察觉其跨界的方法和内涵。只有这样，地方民俗的传承才会柳暗花明又一村。

主题化是一种技术效果，目的是通过采用特殊的可识别符号，令主题公园拥有连贯的主题。主题走出了公园，走向广袤的大地，从农村走到城市，走到家家户户的婚礼上。如果"洞房经"被主题化，将会增加本土文化环境的对外张力，进而可以把历史文化主题化。

主题公园提供三维浸入的体验，将游客包围在其中的小小世界，打破

---

① 　[美]保罗·康纳顿：《社会如何记忆》，纳日碧力戈译，上海人民出版社 2000 年版，第118 页。

了二维世界的围墙，不是创造虚幻的电影，而是创造整个影院。因此，它们不是要重塑现实，而是要构造一个可信却虚幻的梦想世界。如世界工厂构成了中国，手表构成了瑞士，波尔多红酒构成了法国。特定民俗构成特定区域，进而成为它的代名词。它们经过强化的场所，即各种各样的小世界、中心、诗情画意的公园、村庄、城市，都包含着丰富的文化体验。

四 民俗研究的价值转向——民俗与商业结合

"将民族风格与流行、通俗特征相结合，在立足传统的基础上更多地体现现代、时尚、流行、通俗，具有现代审美取向，迎合了新时代背景下人们新的审美心理与需求；它熔文化和商业于一炉，并开辟了新的市场。这种歌曲形式在现阶段已经有蓬勃发展的趋势，也可以说是现阶段民族声乐艺术领域的一种新现象。"①

经过现代技术改造的民歌在当下获得了广泛的市场，民歌给歌坛带来一股清新、悦人的新感觉，取得了公众普遍的认可。一种新的美学艺术形态——民族风，已经产生巨大的市场商业价值。

当下，媒体介入已经无处不在，媒体从更大范围内影响市场，媒体在某种程度上可以操控市场，如果民俗不与市场商业结合，将会被市场所抛弃。所以，媒体操控下流行的东西反馈出来的事实也就不那么真实了，不是经典的或优秀的东西都会流行，甚至会让人误入歧途，认为流行的即是经典的。王安忆在论述阅读和出版时认为："媒体喜欢新鲜热闹的事物。在媒体介入之前，读者还是很耐心的，依靠自己的感觉和认识，慢慢读一本书，然后做出评价。媒体一旦进入之后，立刻和出版社的营销结合在一起。"唯利是图是媒体市场的本性。民俗本是乡村固有的物品，但掌握民俗话语权的恰恰是那些已经远离乡村、远离民俗之人，这就造成了一个悖论，搞民俗研究的人进行大规模田野调查，处在田野中的人却懵然不懂，而生活在都市的他们享受优裕的生活时，总会绷起面孔一本正经地不知是真是假地要求处在田野中的人坚守区域文化的本真，展示其原生态的自然

---

① 姜会敏：《从新民歌的发展看民族声乐多元化的构建》，硕士学位论文，云南艺术学院，2012年。

存在。传统、乡土都属于坚持的东西，即便在乡村，原生、传统、民俗的东西其实都与他们的生活有很远的一段距离，现在忽而被人强行提起，借助于行政手段进行所谓的"挖掘""整理""保护"，除了让他们勾起沉睡的回忆外，没有别的意义。地方上现有与正在生成的文化本应是建设的重点，却被急功近利的人忽视，而它们与生活的传统乡土、原生态到底还有多少关系，认真思考的人很少。民俗想走市场化的道路，却不知道路在何方。民俗保护很多流于形式，弘扬传统文化如果不改变这一思维的错觉，成效应是寥寥。

钟敬文说："……从民俗学的一般性质来讲，它应当是现代学的，它的工作方法是对现存的民俗资料进行调查和搜集，也就是它的资料来源主要是现在的，研究的目的当然也是为了现代。这一点是需要明确的。……民俗学的研究是现代学，它的研究资料主要是从现代社会中采集来的。"

既然民俗是现代的，就应该符合现代的准则。现在社会是市场化社会，我们的婚俗民歌也要入乡随俗，走市场化道路。为什么民俗传承那么困难，就在于大多数民俗是原发性的自生自灭，无功利色彩，无法为百姓创造财富。民间工艺、艺术抑或婚俗如果有广阔的市场空间，就能为民众带来巨大的财富效应，这样的民俗不兴旺发达都难。光靠政府非遗保护的投入无法从根本上解决问题。目前较为有效的方法是民俗与商业和市场结合，让市场为民俗打开宽阔的道路。

五 民俗研究的复古转向——传统婚礼礼堂的创设

吉林汉代婚礼是对传统文化最直接的继承和弘扬，婚礼上的汉诗、夫妻的结发礼，让我们看到文化的源头。婚礼体现出一种甜蜜、平和的感觉。其实在全国，还是有很多新婚夫妇想要举办这样的传统婚礼。腾讯网于 2014 年 9 月 20 日以《我国多地举行汉式集体婚礼重现炎黄华美衣冠》为题报道，"山东烟台举办汉式青年集体婚礼，新人们身着汉服，在赞礼官带领下，拜堂、沃盥、对席、同牢、合卺、结发、执手礼……整套礼仪逐一演绎，用一场回归传统的汉式婚礼见证彼此的爱情。活动现场，新人们着汉家衣裳，重现炎黄华美之衣冠，通过参与汉式婚礼的全过程，弘扬中华典雅仪范，感受中华民族传统文化的博大精深。"国外的婚礼几乎都在教堂举行，而台州现在没有一个可以举办传统婚礼的礼堂，现在年轻人要结婚，能选择的地点有两个，一是在家附近找一个空旷的场地安放所需的酒席，婚庆礼俗放在家里举行；二是在饭店举行婚礼，聘请专业婚庆公司操办一切，婚宴仪式全部在酒店完成，送洞房仪式还是回到家里。

传到中国的西方婚俗文化还未能与中国传统文化完全融合，中国年轻人喜欢中西合璧的婚礼仪式，不是看重西方婚俗的内在因素，而是看重西方文化与众不同的外在形式，取其新颖、简洁之意象，西方婚俗文化的关键一点是婚礼需在教堂举行，带着牧师美好的祝福完成，婚姻的合法合礼性才会被社会完全认可。而在中国，没有教堂，没有牧师，不可能完全学习西方的一套，在只有形没有神的环境下，我们强调传统文化给予我们的一切，只要我们的传统文化在形式上能够一改过去陈旧的程式，既复古又创新，以此展现传统文化的强大民意基础，以其优良的品质重新赢得民众的喜爱当不是一件十分为难的事。

何况，台州传统婚姻成功与否的标志之一就是必须举办婚礼，在亲朋好友和左邻右舍的见证下，婚姻才会得到社会的认同。最为典型的是，很多夫妇结婚当日已经成为父母了，未婚生子，带着孩子结婚是较为普遍的现象，也从来不会招致其他人的疑义，事实婚姻已经存在，为什么还要在年龄大的时候补办婚礼呢？除了收回原本送出去的亲朋好友的贺礼外，更主要的是通过婚礼举办得到社会认同，所有台州人心理上总有一个顽固的理念，婚姻必须得到社会的认可才能心安理得，或理直气壮。这是弘扬传统文化的最强大的社会文化心理基础。丽水旅游有一个卖点即畲族婚礼观光，只要到了丽水很多人都愿意去畲族，不是那里的风景吸引人，而是想目睹一下少数民族的婚礼到底啥样。去过的人都会发现，那里交通不便，畲族婚礼也简单，但游客并没有多大怨言，大家只是图新鲜，饱了一下眼福，即使略留遗憾，也不是一件重要的事情了。从本质上讲，畲族婚俗呈现的只是某种形式，已经失去了本土文化的原味，完全没有台州婚礼的热闹和富有诗意。如果我们能够在台州临海这样一个比较具有文化底蕴的地方设立专门的传统婚礼礼堂，既可以让一些年轻人在"洞房经"婚俗环境下完成婚礼，又可以让到台州的游客领略台州独有的婚俗礼仪"洞房经"；既可以传承台州地方文化，又可以增加台州旅游的亮点，何乐而不为？据报道，在韩国首尔，每年 4 月、5 月、6 月、9 月、10 月在传统文化街区仁寺洞的南仁寺广场，每周举行两次"传统婚礼和新行路游行再现"活动，任何人都可以通过网络申请，免费体验一次原汁原味的韩国传统婚礼。

韩国可以办免费的传统婚礼，我们国家是不是也可以呢？在有传统文化的地点，免费为年轻人办婚礼，既是一种文化的传承，也让前来游玩、参观的人都了解传统文化，传唱"洞房经"可以作为台州旅游的一个亮点。

陈春丽、强东红认为："文化绝不是一种经济的尺度，为商品社会所遗弃的有价值的传统艺术依然具有不可取代的精神价值。民族艺术是当代文化成长不可缺少的养料，而传统的文化在现代化思潮冲击中面临着新的危机，如何保护在商业大潮中不具有市场竞争力的艺术形式成为当代文化建设的一个重要课题。"① 政府要具有文化服务的宏观视野，在当今功利社会中花大力气、加大投入为民族传统文化保驾护航，不要完全被商业意识所左右，发挥指导、服务、协调、保障等功能，多管齐下实施文化发展的战略扶持政策。真心为民俗文化的复兴尽心尽力，积极组织和支持办"洞房经"歌会活动。文化工作者要深入民间收集原生态的民歌，整理编辑保存。在许可的情况下还可以运用商业化运营制造民族艺术卖点，借盈利来弥补传统文化的纯支出状态。

"洞房经"歌会要借助媒体大力宣扬推广，要成为地方民俗文化的传声筒，根据文化自身运作规律来平衡，而不是靠政府强制干预。我们还要防止文化被绑在经济的战车上，成为商品原则的代言人。

第四节 "洞房经"是审美思想发展的结果

历史上，"洞房经"的繁荣和发展符合当时人们审美和交流的需要。在信息化社会，人的审美观发生了变化，人们开始习惯于消费性生活和以

---

① 陈春丽、强东红：《民歌的发展对社会主义文化建设的积极意义——以南宁国际民歌艺术节为例》，《广西民族研究》2004 年第 4 期。

技术来打包生活，那种追求无限理性的精神正在趋向消失，感官性等非理性精神逐渐挤占理性空间，社会意义、价值及其深度、广度被平面、感官刺激所替代，而且不再为人们所孜孜追求着，人们的审美需要呈现多样化浅层次状态。与此相适应，民俗文化的发展也呈现出一种多层次并行发展的状态，学会了向"现代"靠拢。

传统"洞房经"在形式和功能上相对单纯，意识形态色彩相对淡薄。在形式上倾向于交流和娱乐，繁复多样，在功能上则体现出主动参与，崇尚幸福快乐，强烈地呈现出地方民众文化冲动，功利色彩不浓。传统的"洞房经"与情感关系密切，而与经济活动关联较为松散。随着改革开放的深入，地球村时代已经到来，信息化让人民改变了审美观念，审美关系的内涵如审美需求、审美表达、审美交流、审美能力、审美层次提升等都已出现根本性的转变，民俗逐渐与经济、政治靠近，两者的关系越来越密切，造成主流意识形态对待"洞房经"的态度迥异于历史。追求现代、时尚的视听体验和追求生命、精神的情感体验是新时代人们审美的需要。

如今，"洞房经"生存环境发生了一系列的变化，但它不是主动求变来适应时代的发展，而是被动地随波逐流。因为逐渐与时代脱钩，传统意义上的"洞房经"正在不断消亡，单一的田野调查和传承人保护都无法使"洞房经"重现光彩。于是跨学科融合成为一种趋势，民俗研究不单是社会学或人类学的范畴，而是包容了哲学、文学、生态学等社会科学、自然科学的合成，跨学科知识的共享成为民俗研究的必然。有学者提出，民俗研究需要哲学去解释，但哲学又很难解释民俗的所有问题。所以，任何学科都不可能单线发展。时代的发展决定了"洞房经"的传播与发展的路径必将与人类的知识（社会科学和自然科学）联系在一起。"洞房经"如何改变自身的缺陷，融入现代技术，与舞台、音乐、舞蹈、美术、设计等联姻是复兴或重振往日风采的必然。岁数偏大的人表示，由于出生时代等原因，他们对传统"洞房经"有着十分深厚的感情，而改编后的温岭新"洞房经"由于加入了现代音乐元素，高科技的灯光、音响等辅助手段，文化含量更高了，青年人虽然不反感传统"洞房经"，但他们更喜欢与现代审美标准更接近的"洞房经"。"洞房经"符合现代审美特征将是它合理存在的原因。

　　光从音乐角度讲，音乐审美中有两种不同的审美取向。"新"的音乐作品如新民歌和"旧"的音乐作品如传统民歌都能给人带来审美愉悦，但它们的审美特性是不同的。这在于人们在欣赏"新"作时，一般是着重从艺术客体本身出发，通过艺术品本身的新奇、和谐、动听以及内在蕴含而获得审美愉快；而"旧"作品的欣赏，则主要倾向于欣赏主体，艺术客体只是引发的媒介，人们通过这一媒介重温主体感受获得审美愉快。新"洞房经"是在这两种不同审美取向中达到的一种平衡，既具备了"重温"的特点，又满足了"新奇"的需求。

　　文化的多元和交叉发展已经成为这个时代的新特点。民族与通俗的结合是时代发展的要求，是新时代审美的需要。不仅"洞房经"借鉴通俗的音乐元素朝新的方向迈进，通俗歌曲亦在借鉴"民族"的东西，尝试走一种通俗歌曲民族化的路线，拉近通俗与百姓的距离，使流行歌曲更具多样化和生命力。通俗音乐领域就产生了很多新"洞房经"风格的通俗歌曲。

第六章　台州婚俗的当代价值

改革开放三十多年来，西方婚俗作为一种新的形式被引入我们的生活，并迅速流行，产生了中西婚俗融合的新景观。其中，传统婚俗并没有被西方婚俗冲垮，而是显示出一种坚持，一种持久和顽强的生命力，这是事实。从传统婚俗本身讲，民俗作为一种传承文化，新旧蜕变中，新俗中仍残存着旧俗的影子，在这个变幻进程中，又被人视为是合理的。尤其是它作为一种文化模式，在历史转型时期，没有完全消失于人民的生活和视野，而是生生不息，深嵌在人民群众的日常生活中，于现实生活仍有其不可低估的社会、文化价值。

第一节　"洞房经"仪式的价值

生存于浙江省台州市的汉民族婚礼对歌和和歌——"洞房经"，是一种具有地方特色、历史价值和现实意义的婚俗文化现象，尤其是作为当地的一种婚俗文化模式，有其不可低估的文化价值。

一　集中体现了独特的地方民俗文化的象征功能和审美价值

独特性在于仪式和仪式内容中所传导给人们的象征意义，诸如多子、多孙、多财、多福、伦理、秩序、幸福等。这种象征意义对台州人民的思维方式、伦理道德、行为习惯、社会价值体系都有很大的影响和制约。唱"洞房经"习俗不仅保证了台州婚俗的古朴性和传统性，又给婚礼增添了娱乐和热闹气氛，其核心价值在于除建构婚姻秩序、幸福生活的社会意义外，极具审美价值，满足了文化的多种功能。因为婚歌的流传范围具有世界性，所以

"洞房经"不仅属于台州，其拥有的普世价值具备更为广泛的意义。

二 民间文学中的一朵奇葩

"洞房经"允许并提倡即兴式创作，随着固态的韵律随口吟唱。歌曲的意义、价值随着时代的步伐会略有改变，但其音调、韵律和节奏却沿袭了古老的形式从不改变，所以基本保持了它的原始状态。就其地方特色而言，吟唱者采用当地方言吟唱，把婚礼仪式中话语表达转换成对歌形式，表意生动活泼，讲究韵律、对仗，每一个版本的"洞房经"就像是一首抒情性的叙事长诗，集中传导了台州民间文学的内蕴。

"洞房经"来源于越地歌谣，与当地流行的越地童谣音律非常吻合（它本身就是一种歌谣），具有鲜明的地域特征。"洞房经"内容和形式具有一定的认识价值（社会、历史、风土、世界观等）和审美价值（艺术），而且也是研究方言、地方民间文学的珍贵资料。

这些"洞房经"歌词，对仗工整，韵脚相压，平仄协调，亦诗亦谣，用当地土话（有些地方用闽南话颂唱）、吴歌韵律颂唱起来朗朗上口。其内容或为当地俚语俗言、生活掌故，或为神话传说、历史故事，既独具意韵，又生动活泼，极富文学价值，是民间文学中的一朵奇葩。

三 为古越文化传承、发展提供了第一手的资料

事实上，越文化的特征在浙江台州至今仍然表现得非常明显，如古吴越特征的舟楫文化、渔耕文化等，在台州一带保存得非常完整。这些承之于越文化而鲜明地保存着的地方文化特点，使地方上许多独特的习俗因与之相适宜而被代代相传，唱"洞房经"就是其中典型的内容之一。通过"洞房经"仪式和内容的挖掘整理，可以为古代吴越地区的婚俗文化研究提供第一手资料。通过研究，充分地理解"婚俗中存在驱邪意味和百越族曾普遍存在过的抢婚习俗就是这种文化传承的结果，是古吴越先民文化的遗存"①。

---

① 陈华文：《一组古老的文化符号——汉民族婚礼对歌"洞房经"溯源》，《浙江师范大学学报》1990 年第 3 期。

四 为地方民俗文化的活态传承提供模板

中华婚俗文化源远流长，台州"洞房经"是其中一个代表。虽然在城市婚礼中唱"洞房经"一度几近消失，但在广大农村"洞房经"依然未失去其生存的土壤，这也表明这种古老的婚礼对歌在浙江台州能遗世独存有其独特原因。如今这一古老的仪式在台州一些农村甚至城市新式婚礼中再度唱响，这不仅是一种复古现象，更是当下社会生活的需要。所以，只有与时俱进，在内容上赋予更多时代特色，通过收集、整理和保护，探究其源流和衍变，使之形成一种新谱系形式，台州"洞房经"这种优秀的传统文化才能活态传承下去，并为其他地方民俗文化的活态传承提供模板。

第二节 "洞房经"
——越文化在台州的流播

夏商周时期，浙南为瓯地，其人为瓯人，属于古代百越族之一，剪发文身，错臂左衽，因位于中原以东、东海之滨，称为东越、东瓯、瓯越。

周元王四年（前472），越王勾践灭吴后，大肆封侯，其子弟多为公侯，东瓯公诏封东瓯越地。

周显王三十六年（前333），越国瓦解。《越绝书》称："越王族受楚封者，惟瓯阳亭侯，余则散而内迁。"未内迁分散在江南海边，温州一带的越国王族与当地的瓯人（百越诸部族的一支）融合，史称"瓯越族"，首领为东瓯王。越王族中还有一支逃入闽地，同闽人（也是百越诸部族的一支）结合，形成"闽越族"。

东瓯国从建国到覆国，仅存在54年，在浙江温岭市大溪发现了塘山大墓和大溪古城遗址，据史料记载，西汉孝惠三年（前192），汉王朝在瓯地建立了"东瓯国"（地域相当于今浙江温州市和丽水、台州地区），废于汉武帝建元三年（前138），其统治者叫"摇"。由于存在时间短，东瓯国留存下来的资料很少，然而，坐落在温岭大溪镇塘山村北面一个山间岙地上的塘山大墓的发现，打破了考古界的沉静。墓葬的规模之大让人咋舌——长15.5米，宽6至7米，深3.7米，不仅是迄今为止浙江东南沿海地区发现的最大西汉墓葬，也是浙江省目前发现的规模最大的西汉墓。大墓之南不足 1 公里，还有一座与墓葬同时代的东瓯国城址，此城址早在南宋《嘉定赤城志》和《舆地经胜》两书中就有记载，称为"徐偃王故城"。另外，在 2007 年以来对古城的调查发掘中，专家们发现了内城与外城，其中内城面积达 10 万平方米。遗址的所在位置与文献所载古城的位置吻合。浙江省文物考古研究所副所长、塘山大墓考古现场领队陈元甫介绍，"墓中形制特别的匏壶，在宁绍和杭嘉湖地区春秋战国时期的越国墓葬和遗址中未曾有过出土"，其他许多考证也表明，塘山大墓的墓葬形制与出土器物完全符合东瓯国应有的文化特征。台州人认定东瓯国驻都温岭市大溪镇，但温州人一直认为东瓯国在温州的永嘉一带，现在苦无证据。

台州市在汉代以前属于越地。"自夏少康封庶子无徐于会稽，号为于越，而此地在其南，鄙历商至周，皆属于越"[1]。周显王三十五年（前334），越王勾践七世孙无强与楚威王作战，战败被杀。周显王三十六年（前 333），越国瓦解。杜佑《通典》也说，台州"春秋及战国时属越，秦汉时属会稽郡，亦东欧之境"[2]。《越绝书》载楚"威王灭无疆。无疆子之侯，窃自立为君长。之侯子尊，时君长。尊子亲，失众，楚伐之，走南山"。《越绝书》又称："越王族受楚封者，惟瓯阳亭侯，余则散而内迁。"内迁的即后世蜀江欧阳氏的先祖。分散在江南海边，温州一带的越国王族与当地的瓯人（百越诸部族的一支）融合，史称"瓯越族"，首领为东瓯王。越王族中还有一支逃入闽地，同闽人（也是百越诸部族的一支）结合，形成"闽越族"。闽越王与东瓯王同为越王勾践的后裔，但为争族长或正统地位常年纷争不断。据《史记·封禅书》引用越人之勇言称："昔东瓯王敬鬼，寿至百六十岁。后世谩怠，故衰秏。"《后汉·郡国志》："会稽郡章安，故冶，闽越地，光武更名永宁，永和三年以章安县东瓯乡为县。"进入东越地。其中一部分留东瓯，而一部分则继续南迁，进入福建，称闽越。

关于"闽"，《山海经·海内南经》就记载着："瓯居海中。闽在海

① （明）曾才汉等修纂，浙江省温岭市地方志办公室整理：《嘉靖太平县志》卷一，中华书局 1997 年版，第 11 页。

② （唐）杜佑：《通典》卷一百八十二，中华书局 1988 年版，第 967 页。

中，其西北有山。一曰闽中山在海中。"《山海经·海内东经》记载："浙江出三天子都，在其（蛮）东；在闽西北。"《山海经·海内南经》记载："三天子鄣（都）山，在闽西（海）北。"从"闽"的记载中所认定的地理位置，再考证与浙江位置关系，可以认为"闽"之地理位置可能为福建的泉州厦门一带，或者宽泛一点讲，指的主要是目前福建所辖的区域。从中国历代行政规划与考古事实看，闽族的分布范围与当代闽文化的主体区域是一致的，它包括现阶段的福建、台湾两省以及浙江南部、江西东部、广东东部的潮汕地区。"闽在海中"不仅描绘了"闽"之地理方位，从而也确立了闽文化的区域特色：海洋性，与台湾文化的关联性。

东瓯与闽越贵族同姓同宗。《越绝书》曰："东瓯，越王所立也。"摇与无诸同是闽地的越人首领。东瓯与闽越有着共同的族属与文化。东瓯国历史悠久，是古老南蛮部的海滨方国，与闽方国一样。《山海经·海内南经》载："瓯居海中。闽在海中。"说明瓯、闽在远古时期都曾受海侵影响而成水乡泽国。《逸周书》还称，"东越海蛤，瓯人蝉蛇""越瓯剪发文身"，记载了闽、瓯人的生活习性。东瓯国久负盛名的是兵器铸造，著名的欧冶子出自东瓯。他所铸湛卢、纯钧、胜邪、鱼肠、巨阙等宝剑，名震天下，传说他曾在浙江绍兴和福建松溪湛卢山、福州冶山等地铸过剑，因而留下遗迹和传说。"七国之乱"失败后，吴太子刘子驹逃亡至闽越国，并得到保护。因刘子驹的挑拨，汉武帝建元三年（前138），闽越、东瓯发生内讧，闽越王郢出兵围住了东瓯城，年迈的东瓯王贞复马失前蹄，战死在海涂中。汉武帝派中大夫严助从会稽发兵，从海路驰援东瓯国，闽越军闻讯撤退。东瓯国新君望迫于闽越压力，"请举国徙中国，乃悉举众来，处江淮之间"，率领族属军队四万多人北上，被安置在江淮流域的庐江郡（今安徽西部的舒城地区），并被降封为"广武侯"，东瓯国从此在汉朝行政上取消了，但瓯越人仍居住于王国故地，并有多人为避战乱迁徙至周边东海各群岛。除了土著人，避乱迁徙进入这些地区的人被认为是"退入灵江流域及福建的越人后裔"①。

灵江流域和温黄平原三面环山，东面临海，环境闭塞，开化较晚，是

① 陈可畏：《东越、山越的来源和发展》，参见《历史论丛》1964年第一辑。

朝廷受贬谪之人的流放之地，草根文化较为发达，越人迁徙，带来先进的越文化，并在台州一代落地生根，流行于台州的"洞房经"——婚礼对歌，是与越文化有着极为密切关系的习俗仪式歌，这种外来文化和本土文化融合产生的新文化，虽秉承了越文化的精华，但其形式也有变化，不再是汉民族固有的文化模式——独唱，而是借鉴了少数民族的歌唱形式，融独唱和对唱于一体，"洞房经"以对歌形式出现的婚礼仪式，在汉民族是独一无二的，即使是越文化源头——宁绍平原的婚礼仪式，虽有"洞房歌"却也不具备对歌形式。

越王族人一分为三，一部分人永驻台州，一部分人从台州迁徙至福建和东海诸岛，成为闽越人，还有一部分人安置在江淮流域的庐江郡（今安徽西部的舒城地区）。

可以说，台州文化的根是越文化。台州的歌谣基本上是越调，从民间歌谣演化而成的"洞房经"音律明显受越地歌谣影响。

第三节　两岸一家亲
——台州婚俗"洞房经"对台湾婚俗的影响初探

台州与台湾交流的日趋频繁，显示出超越区域文化的意义。从台湾高山族流行的婚礼颂歌"唱四句"到福建婚礼歌，呈现出一种明显的传承和相互影响关系。但从仪式歌对照分析，具备越文化特质又具有台州地方文化特征的"洞房经"在台湾和福建闽越族民俗仪式中的源头地位就已经非常清晰。从历史考察，无论三国时卫温、诸葛直率兵东征夷洲（台湾），还是东瓯国解体后越人逃入闽越避难，都带去了传统的台州文化，这是毋庸置疑的。我们从"洞房经"和台湾"说四句"的文本就可以考察到这一现象，从唱词内容到节奏、语调、结构等，都表现出高度的吻合性，几乎相差不大，清晰地显示了台州婚俗文化在历史上的巨大影响力。

一　卫温东征夷洲（台湾）的文化影响

据陈寿《三国志》记载："黄龙二年春正月，魏作合肥新城。诏立都讲祭酒，以教学诸子。遣将军卫温、诸葛直将甲士万人浮海求夷洲及亶洲。亶洲在海中，长老传言秦始皇帝遣方士徐福将童男童女数千人入海，求蓬莱神山及仙药，止此洲不还。世相承有数万家，其上人民，时有至会稽货布，会稽东县人海行，亦有遭风流移至亶洲者。所在绝远，卒不可得至，但得夷洲数千人还。"[①]

《资治通鉴·卷七十一》：春，吴主使将军卫温、诸葛直将甲士万人，浮海求夷洲、亶洲，欲俘其民以益众。陆逊、全琮皆谏，以为："桓王创基，兵不一旅。今江东见众，自足图事，不当远涉不毛，万里袭人，风波难测。又民易水土，必致疾疫，欲益更损，欲利反害。且其民犹禽兽，得之不足济事，无之不足亏众。"吴主不听。

《资治通鉴·卷七十二》：卫温、诸葛直军行经岁，士卒疾疫死者什八九，亶洲绝远，卒不可得至，得夷洲数千人还。温、直坐无功，诛。

《三国志·卷四十七·吴书二·吴主传第二》：三年春二月，遣太常潘濬率众五万讨武陵蛮夷。卫温、诸葛直皆以违诏无功，下狱诛。

据两岸纪念卫温船队远航台湾研究会会长、西南政法大学潘国平教授介绍，《三国志》记载，公元 230 年，吴国孙权派卫温、诸葛直率一万余名军士"浮海求夷洲（今台湾）"，这是中国航海史上关于海峡两岸海上通航的最早官方记载，也是台湾自古属于中国的重要证据之一。学术界有观点认为，其出发地即为台州椒江的章安港。

台湾文化艺术界联合会理事主席、海峡两岸和谐文化交流协进会会长陆炳文指出，以往我们一直以为大陆迁徙到台湾的人大部分来自福建和广东，其实浙台海域也发生过两次大迁徙。除卫温远航台湾外，1955 年国民党还率一万八千多名台州大陈岛居民到台湾，现在已在台湾发展到四万多人，应该让这些人再回到台州看看。

卫温所率船队远航台湾，比郑和下西洋（1405）早 1170 多年，比哥伦布发现美洲新大陆（1492）早 1260 多年，是世界航海史上的一大壮举，

---

① （西晋）陈寿：《三国志·吴书·孙权传》卷四七，岳麓书社 2005 年版，第 697 页。

也是亚洲和中国十分宝贵的世界性文化遗产。广而言之是把祖国大陆文明带入台湾，极大地推动了台湾岛内的文明进步，并开始使台湾与祖国大陆融为一体。小而言之，把台州的地方文化带到台湾，为两地文化交流和融合打下了坚实基础。挖掘尘封1700多年的这一两岸交往史，对于海峡两岸增强中华民族认同感、推进两岸关系和平发展以及推进文化强国建设具有深远的意义。

1780年前卫温率船队远航台湾并在当地进行开发经营的史实，证明台湾自古以来就是中国领土的一部分。在这支船队中，约8000名古吴越人留在台湾，他们在岛上繁衍、发展，形成高山族。高山族同胞之中，曾有关于他们的祖先是从祖国大陆去的传说①。

常言道，一方水土养一方人。当年逃入闽地的越王族人与闽地土著组成现在的福建。他们带去了越地的文化和风俗，闽地属于百越的一部分，是越文化组成之一。而闽南和台湾地区语言相通，文教兴盛，民风淳朴，在至今犹存的传统婚俗中，最饶有情趣的莫过于"说四句"了，人们喻之"婚礼诗歌赛"或"洞房诗歌会"，明显和"洞房经"有类似的地方。

台湾有文字记载的历史可以追溯到公元230年。吴人沈莹的《临海水土异物志》留下了世界上对台湾最早的记述。12世纪中叶，南宋将澎湖划归福建泉州晋江县管辖，并派兵戍守。元、明两朝政府在澎湖设巡检司，明朝后期开拓的规模越来越大。

1684年，清政府设置分巡台厦兵备道及台湾府，隶属于福建省。1811年，台湾人口已达190万人，其中多数是来自福建、广东的移民。移民大量开垦荒地，使台湾成为一个新兴的农业区域。这个时期，台湾与福建、广东的来往十分密切，中原文化更加全面地传入台湾。

1937年7月"七七事变"爆发，抗战开始。经过8年英勇的抗日战争，终于取得了胜利，收复了台湾。至此，台湾、澎湖重归中国主权管辖之下。

---

① 张崇根：《三国孙吴经营台湾考》，《安徽大学学报》1981年第1期。

二 "洞房经"与台湾"说四句"的传承关系

台州"洞房经"与台湾"说四句"关系密切，从表意、形式、节奏、韵律等方面都高度吻合，二者具有千丝万缕的关系，为我们提供了传承和相互影响的显性材料。

如"说四句"中摆放新婚床时，当地习称为"安床"，安床的四句吉语很有趣味：

安 床

洞房花烛通通红，才郎淑女配成双。

祝贺明年得贵子，光宗耀祖把代传。

洞房经

洞房里面静悄悄，新郎新娘笑弯腰。

今夜我俩入洞房，相爱地老与天荒。

洞房经

洞房花烛红艳艳，王母娘娘蟠桃会。

今晚新郎登龙位，万民百姓都喜爱。

据台湾民俗记载，结婚当日，当新娘的轿子或轿车到达男方家门口时，男方司仪要拿一个米筛顶在新娘头上，边走边说一段吉语："米筛拿高高，生子中状元。轿门帘掀起，大家看欢喜。"入大门时，男方司仪要燃烧一束稻草，新娘得从火堆上跨过去，这时，嘴尖舌利的伴娘就会说起四句来："举步跨过砖，做事内外光。跨火跨入屋，挣钱起大厝。"新娘进入厅堂，照例要与新郎拜堂，伴娘又有新的四句台词了："夫妻成对拜天公，勤耕力作五谷丰。上和下睦人快乐，世世代代好门风。"新娘必须在大厅等到事先择定的吉时到了，方能进入洞房。吉时一到，新郎的舅舅在洞房点上一对大烛，同时念四句："今年完新婚，明年查埔（男）孙。大烛点上高，生仔中状元。"这四句一组的顺口溜，用闽南和台湾地区共同的方言押韵吟唱，是表达吉祥、喜庆愿望的吉语，贯穿于婚礼全过程。内容既有传统模式的，也有即兴编唱的。

台湾新婚之夜，有亲友贺客"闹洞房"之俗，且越闹越好，以此增添新婚喜庆气氛。对此，闽南籍台湾著名学者林再复著的《闽南人》一书中提及，根据河洛人（台湾最大的族群）为汉族之原生民族的说法，台湾河洛人主要源自福建泉州、漳州，次由广东潮州、浙江台州等地，带来了各地不同文化，非常典型的就有汉族的婚俗文化，其中台州婚俗文化的影响非常明显。林再复考察台湾婚俗后说："来宾也一定要念所谓'四句'，四句自然全是好话，有庄有谐。"在书中，林再复还列举了不少流行于民间婚礼的说四句，如宾客要求新娘出房，会念：

> 新娘与新郎，还在新娘房。
> 不可给阮等，甜茶着紧捧。

接受新娘茶时则说：

> 新娘真美真好命，外家内家好名声。
> 吉利甜茶来相请，恭贺金银满大厅。

吃冬瓜蜜饯时会说：

> 冬瓜冰糖食甜甜，要给新娘生后生。
> 翻过新年大趁钱，一家和顺团团圆。

向新娘要手巾作纪念时会说：

> 今日两姓来合婚，后日百子与千孙。
> 来探新娘是无论，要向新娘讨手巾。

（摘自林再复《闽南人》）

台湾婚俗中，新娘入洞房在床沿坐定后，伴娘会相机行事地说起应景的四句："新娘新郎坐床边，夫妻齐眉到百年。麒麟投胎生贵子，他日荣耀震门闾。"接着，司仪会安排一名男童端来一碗象征生活甜蜜、美满的

"结房圆"（甜汤圆），毕恭毕敬送到新婚夫妇前，这时，这名男童也要说四句：

> 新娘新郎来吃圆，吃到全家团团圆。顶厅放谷，下厅放钱。

说罢，伴娘往往会随声附和：

> 夫妻双双坐床边，共庆同房食甜圆。
> 男才女貌堪匹配，双双偕老到百年。

新婚这天，新郎家还要选一个小男童上婚床翻滚——即"翻床铺"。事先大人要教会男童说四句吉语。夜色降临，"洞房诗歌会"便拉开了帷幕，乡亲、宾朋如潮涌至。洞房里备有丰足的香烟、喜糖、水果、蜜饯等，犹如赛诗会上置备的奖品。如果有谁说了四句吉语，就可得到新娘双手奉赠的"奖品"。有宾客说出了形容夫妻配对是天作之合的祝贺语："恭喜恭喜真恭喜，新郎才华了不起。新娘贤惠通乡里，两人适配没得比。"有祝贺夫妻和谐共处、感情好的吉祥话："手牵手，天长地久。嘴抵嘴，万年富贵。""夫妻感情糖蜜甜，二人牵手出头天。合家平安大赚钱，囝孙富贵万万年。"有些传统四句虽然历经了千百年，但由于其内容大家听了顺耳顺心，至今仍在沿用，如："两姓来合婚，日日有钱春（剩）。给恁大家官（公婆），双手抱双孙。""洞房大烛红，两姓来同房。生子中状元，世代好花丛。"如果有宾客要品尝哪种果品或要什么纪念品，也可以在说四句中示知，如要喜糖："眠床是脚在，蚊帐八字开。说给新娘知，糖果一把来。"新娘听罢，就会满脸堆笑，把喜糖送给他。"洞房诗歌会"中的"说四句"多为吉祥或幽默滑稽之作，宾客们极尽所能，搜肠刮肚，编织出一首首逗人发笑的四句，既展示自己的才华，又把闹洞房的气氛渲染得喜气洋洋。

自古以来，闽南和台湾地区民间一直是"新婚之夜无大小"，就是说在新婚这天，无论男女老少都可不拘常礼，找新娘新郎逗乐取笑。其实，热热闹闹结婚是中国人的传统习惯，新婚之日如果没有人闹洞房必然显得冷清。现代社会文明进步，闹洞房恶作剧大为减少，传统的"说四句"也被注入了新的内容，所以，热闹喜庆又文雅健康的"说四句"始终很受人们喜欢。

新婚翌晨，新郎新娘照例要到厅堂向长辈亲属敬献甜茶，又称"金枣茶"（加入蜜桔的闽南工夫茶），一来表示孝敬长辈、二来寓意合家甜蜜。敬茶按辈分依次进行，新郎新娘要跪在长辈前双手捧茶敬献，而受礼者不管回赠茶礼厚薄，"说四句"是必不可少的，把婚礼中的"说四句"节目推向了高潮。此类"说四句"大都是勉励、期望或赞誉的吉言，如："茶盘金金，茶瓯深深。新郎新娘，相爱相亲。""甜茶相请真荣幸，男才女貌天生成。夫妻和好财子盛，祝贺富贵万年兴。"

"说四句"就像一台晚会的精彩台词，它不仅是民间婚俗之文化奇葩，而且是海峡两岸"习相近、俗相同、缘相亲"的又一见证。如今，古今结合的"说四句"仍贯穿于闽南和台湾传统婚礼的全过程，独具韵味且生命力旺盛。

> 点起花烛送新郎，送起新郎寿年长；
> 贺起新郎生贵子，五子登科秀才郎。
> ……
> 今宵聚会来让房，吹笙鼓琴喜洋洋；
> 永结同心山海固，百年佳偶定流芳。
> ……
> 闹房花烛在今宵，牛郎织女会鹊桥；
> 鼓瑟鼓琴真好合，如宾如友赋桃夭。
> ……
> 众位同来进新房，把酒言欢贺新郎；
> 锦被同遮天作合，鸳鸯共枕最悠长。
> ……
> 打鼓吹箫进洞房，恭贺新人与新郎；
> 今晚两人齐努力，明年桂子早飘香。
> ……
> 手拿瓜子两边黄，贺起新人与新郎；

今晚洞房花烛夜，夫妇齐眉天地长。

……

兰花根，园又长，肚是糯米外面糖；
贺起新娘生贵子，早生贵子姓名扬。

（摘自林再复《闽南人》）

这完全与台州"洞房经"的内容一致。并且台湾"说四句"有很多是对歌形式，从形式和内容看，它应传自台州"洞房经"，因为对歌形式的婚礼仪式是目前汉民族仅存的。两者吻合的一致性使人自然想起两岸文化的传承与影响。

三 台州的"开额"与台湾的"挽脸"

在台州民间历史悠久的古美容法叫"开脸""开额"，就是拔脸上汗毛，在台州民间，姑娘在出嫁日的早上，既要请年高德勋的懂行头的老妇人梳头，又要开脸，台州方言"开"乃拔的意思，"开脸"就是利用纱线拔除脸上汗毛。经过"开脸"后，上花轿嫁人，成为人妇，意味着"转正"为大人了。现在无法考证这种古法是源自台州还是外传至台州，"开脸"在20世纪初还是一种时尚、流行的美容服务，台州婚俗中非常盛行，80年代后，台州人很少使用这种美容古法，但会此技艺的老一辈还是非常多。"开脸"在福建倒是非常流行，直至现在还有勃发的意味。而台湾人比较看重"开脸"，他们称之为"挽脸"。台湾学者林再复在《闽南人》一书中提到婚俗中的挽脸："婚前数日，准新娘要请福命妇人用红纱挽面，将脸上细毛拔除，谓'换新脸'，也就是脱胎换骨变成新人了。"

在台湾，不叫"开脸"，叫"挽面"或"挽脸"，台湾还流行着一道谜语："四目相看，四脚相撞。一个咬牙根，一个面皮痛。"谜底便是"挽脸"[1]。现在还可看到"挽面"的摊点，有人做挽脸时，旁边总有人围观，还有人坐在一旁静静等候。据台湾当地妇女们说，采用这种古老美容

---

[1] 转引自林长华《"挽脸"美容法两岸共相传》，《两岸关系》2002年第4期。

法的优点在于不仅仅是省钱，而是比用现代美容去毛效果好，它不会伤损皮肤。剃刀刮多了，绒毛会越长越粗且硬，药物去毛后遗症大，而挽脸后容光焕发，皮肤变得细嫩光亮。老辈传言，说挽脸能够减少脸上皱纹的产生，使人看上去年轻一些，加上所用香粉干燥、凉爽，纯自然，不伤脸，符合现代美容标准，受到很多妇女喜欢。曾看过挽脸的表演，挽面的老妇人用几个姜牙般的手指和着嘴巴一伸一缩，一张一弛，一张张白静光亮的脸蛋如出水芙蓉般呈现于人们眼前，叫人啧啧称奇。

开脸纯粹靠拔，有痛感，并不很舒服。但新娘却宁可相信"有人缘，得人疼"的俗话，不愿因为开脸时有点痛感而放弃，她们乐意领受这种古老的美容风俗。在台州民间，姑娘出嫁前一般不会开脸，出嫁日开脸后，以后就可以自择日期进行这种美容了。20世纪70年代以前家里富有的女人每隔一两个月就要开脸一次，清理新长出来的绒毛及脸上杂质。一般人家妇女在传统节日前，聚集在一起，或请人，或一对一地轮流"开脸"，既为了美容，也为了清新过节，有焕然一新的意味。但是随着新时代对美容的理解，大家对于科技、效果、体验、卫生都有了更多的要求，因此，老式的挽面如今已经看不到①。

是台州的"开脸"传到台湾叫"挽脸"，还是台湾的"挽脸"影响了台州的"开脸"，现在还没有佐证材料，但"洞房经"产生近1000年，随婚俗"洞房经"产生的"开脸"的历史也应该不晚，说台州的"开脸"传到台湾叫"挽脸"还是有相对的可信度。

有学者还从遗传学角度论证过台湾与祖国大陆东南沿海的关系，也与台州有一定的联系。以血液研究来说（台湾"法务部调查局"、大同大学生物工程研究所、"国防医学院生物化学研究所"联合），对男性Y染色体的一项研究《台湾地区各族群Y染色体　DNA STR 基因父系血缘关系之研究》指出在台湾的闽南人、客家人、大陆人有共同的父系起源，与台湾的原住民区别明显。台北马偕医院教授林妈利以组织抗原来分析，指出闽南人母系为来自祖国大陆东南沿海地区移民的后代，和客家人、泰国华

---

① 台湾的美容技艺发展协会理事长萧丽华老师，本着对传统挽面的喜好以及对于传统挽面基于健康、天然、有机的概念，从传统的技艺创新中，独创蝶式手法，这种结合传统与新式美容的复合式做法，获得了许多爱美女性的认同，于是走出了一条时尚美容微创业的道路。

人、新加坡华人合并成一支，而这些族群都是起源于中国大陆东南沿岸的"越族人"，他们和北方汉人明显分开，属于南方汉人三群（长江流域、长江下游、东南沿海）中的一群。将台湾的闽南人和客家人的基因和福建人的基因进行比对，发现48%的台湾人来自福建。此外，85%的台湾人带有高山族或东南亚岛屿族群基因，90%以上的人带有越族（百越族）基因，据此可以说"台湾是个族群的大熔炉"[①]。

四 两岸婚俗比较的意义和价值

作为一种本土性的社会文化模式，台州婚俗所体现的诗性文化对农业文明历史过于悠久、农业人口数量过于庞大、城市化进程环境异常复杂的中国当下新农村建设，对于两岸文化交流，具有重要而不可替代的价值与意义。

1. 文化具有巨大的思想统摄作用，它可以超越地域、阶级、种族、时代的界限，两岸文化的同源性也可以消除两岸隔阂，增进两岸共识，促进两岸团结。当前两岸形势进入微妙和关键时刻，如何通过婚俗文化的传承与影响研究，将两岸人民的心灵拉近，达到经济交流合作所无法达到的境界，真正做到两岸一家亲，共圆中国梦，是摆在我们面前重大而急迫的课题。

2. 中华传统文化是两岸无法割舍的脐带。了解、传承中华民俗文化的重要内容，与日常生活息息相关，有利于我们在匆忙的现代生活中保有一份从容。婚俗里有民族文化，有人情蕴藉，是两岸共同的根，它可以让两岸人民抛开成见，更好地看待未来。

3. 从民俗的规约、教化、维系、调节人的社会生活作用，研究两岸婚俗，展示共同的心理需求，有助于对社会历史传统的梳理，有助于对民众实际生活及其观念、心理的考察与理解。

4. 台州作为浙江省涉台教育基地之一，按照浙江省台办将基地建设成"学生了解台湾的课堂，宣传对台方针政策的场所，两岸高校合作交流的典范，两岸民众心灵沟通的桥梁"的要求，台州高校开展了一系列

---

① 林妈利：《再谈85%台湾人带原住民的基因》，《自由时报》2007年11月18日。

活动，对台台两地婚俗研究的逐步深入，为学校推进对台交流提供了新的载体。

第四节　开拓审美研究新途径

民间文学的传承既是一种历史现象，也是一种现实存在，是绵延不断的文化源流。民间文学是中国文学的源头，中国是一个民间文学大国，就民间文学而言，传承的历史十分悠久，既有文献记载，又有现实的口头传承。口头文学占据中国文学的半壁江山，民间文学对中国文学史的贡献是不可低估的，从口头文学——神话开始，民间文学一直和人民的生活融合在一起，主要表现是与民俗仪式的结合，这种结合对于民间文学研究的拓展更具有神秘色彩和象征意义，增强了文化厚度，避免了单调的文本分析。

一　打破台州地方民俗文化研究的"少语"状况

说到根本，学界较为一致的看法是，台州是一个缺少精英文化的地方。历史上台州籍的文化名人大多是进口的外乡人，如唐代的王勃、郑虔，宋代的朱熹等，本土生产本土成长的像王士性这样的名人寥寥可数，而且多在外地做官。而台州以民俗文化为代表的草根文化相对发达。新中国成立前，流行于浙江的一句民谚很能说明问题："宁波的商人、绍兴的师爷、台州的落壳。"台州历来以"落壳"多而成名于世，"落壳"是台州方言，土匪、强盗之意。台州是盛产土匪、强盗的地方，从东晋末年孙恩农民起义开始，台州大地上爆发过 12 次规模较大的农民起义，赫赫有名，还有无数次农民起义著录于史书。三门县的蛇蟠岛称为"海盗岛"，玉环由于海盗猖獗，历史上朝廷两次清岛，临海市的方国珍，山大王金满名满天下。其实，台州是一块谜一样的土地，外界无法准确解读。有的人说，台州是中国"落壳"文化与海盗文化的滥觞，有的人更是直言不讳：台州这块独特的土地，养孕了中国的犹太人，擅长经营、经商。清朝监察御史杨晨在他所编的《路桥志》里，曾十分明确地指出，路桥人十之有九刁而好讼，匪气十足。在土匪文化滥觞的年代里，精英文化退居幕后就成为一种必然。在这样一种文化氛围中，台州人身上自然而然地浸染上一种匪气，匪气对于形成台州人文化性格产生了很大作用，鲁迅所点明的"台州式的硬气"中好多成分就属于匪气，否则改革开放之初，台州人能够在中国甚至世界范围内横冲直撞，没有本身内蕴的匪气是无法保证其前进过程所需的强大文化力支撑的。这种凝结在台州文化精神中的气质本来应被视为地方文化的内核之一，但匪气却被台州文化研究者所忽视。台州文化研究者往往把研究重点集中在天台山文化上，以台州的宗教文化特别是台州人引以为豪的国清寺佛教"天台宗"研究为主干支，撑起台州文化研究的大厦，而很少有人专门从事台州地方民俗研究。不是说台州民俗无人问津，而是说台州不缺收集整理民俗的机构和干将，而是缺少将台州民俗作为研究对象，深入研究其历史、文化内涵及价值的专业人员，这使得台州地方民俗文化研究出现"少语"状况。要改变这种状况，让台州民俗发出应有的声音，除了收集民俗资料外，在"洞房经"的保护上，现在更应该将这一汉民族独一无二的婚礼对歌置于更广阔的文化背景中，揭示其存在的意义和价值。不仅研究其独特的形式，而且重点研究其内在的诗性品性和台州人民追求秩序、幸福生活的冲动及意志的沉淀，并可推而广之人类婚俗的社会意义和价值。摆脱田野调查的孤立研究，进入多学科综合研究，从其与文艺学、历史、民间文学、吴歌、地域文化等关系的深层纹理中挖掘其审美价值，找出活态传承的策略。

二 寻根——一种久违的乡情

经济全球化、一体化是世界逐步走向文明时代的趋势，因此诞生了诸如 WTO、亚太经合组织、上海合作组织、石油输出国组织、政府间发展组织（伊加特）、经合组织、阿拉伯石油输出国组织、7 国集团、环印度洋地区合作联盟、20 国集团等全球性经济组织机构。这些文化形态的融合既表达了人类文明的高度相融，又加剧了各个区域不同民族、家庭教育文化取向前瞻性的思考，也就是说，中外文化的相互介入、相融共生已经成为一种发展的新趋势，与此同时，以西方文化为主导的自由、民主、平等、博爱的价值观，圣诞节、情人节、光棍节等文化风俗，影视、动漫等文化媒介，服装、饮食等生活方式等已经深深地嵌进我们生活的每一个细胞中，影响着我们的生活方式，尤其是影响着年轻一代的价值取向。地方民俗研究随着全球化世界的确立而逐渐融入时代元素。无论西方的生活方式、习惯如何为年轻一代所喜欢、接受，但归结到实际行动，如婚礼仪式，依然无法摆脱传统的诱惑，全西化的婚礼很少见，中西合璧的婚礼倒是占据半壁江山多，颇有四不像味道。

自台州开埠以来到 20 世纪末，台州民俗文化的认同长期悬置找不到归属，关注度无法升温。自生自灭是其生存形态的典型写照。当"非遗""传承人"这些关键词进入我们的视野时，我们忽然感到，重温传统民俗时代已经到来，我们可以拥抱它们了。但面对它们，我们又深切感知历史欠账太多，过去为生存需要陪伴着我们的许多日常民俗生活已经逐渐远离了我们。当我们伸出双手想挽回时，它们却从我们的手指边溜走了，让我们扼腕叹息，感慨时光不再。全球化、一体化的加剧，归属感、生存安全感逐渐增加，自我尊严和自我保护需求弥漫，面对外来文化的涌入，我们拿什么东西呈献给别人，让别人认同我们的一切呢？我们不由得想起了我们爷爷奶奶的乡音，去寻找那些最容易辨认真实身份的文化特征，并把它呈现出来。我们开始捡起过去视如敝屣的东西，一度进入博物馆的"洞房经"又被请出来。光顾一下寻常百姓家，听不同流派的传人唱地地道道的"洞房歌"，渐渐去理解我们祖先的情感，成为很多民俗研究者必走的途路之一。再去寻找没有钢筋水泥建筑的名人故居、传统村落，学会古人诗意栖居的方法，欣赏先人构建人际关系的思路和方法，学习先辈处理人与人的关系、人与社会、艺术的关系的办法。这时候，我们似乎从台州乡土民歌中，隐约听到生命渴望已久的那种声音，真切动人，沁人心脾，唤起了内心最为朴实的乡土亲近感和文化认同感。

重温祖辈们重复了上千年的那些简单而又深刻的话语，"洞房经"的衰落没有原罪，有的只是不合时宜。一度让人自卑的方言歌曲，又渐渐走上前台，民族风吹遍大地的时候，我们应该大胆去唱那些东南西北都喜爱的乡村音乐音调。也正是这些一度被我们不屑一顾的乡土文化，能帮助我们尽快找回淳朴无华的自然品格，而区域文化的坚实立足点也将得以确立。

区域文化含有自强不息的激情，只有激情才能让前进的脚步恒久持续。

但是，当激情淹没了理智，激情不再成为前进的动力，反而成为背上的重负，祖辈积淀的集体智慧就被淹没了，进取变成了鲁莽。理智富有激情的原生态"洞房经"的展现，使得那些没有农村生活经历的人，那些一心迷信西方文化的中国人，看到了本民族文化之树的基本品质，那极不容易暴露在外的根须，深深地扎在生它养它的土地上，源源不断的生命液汁输送唤起"绿叶对根的情意"。

下　编

诗性婚俗

——台州"洞房经"的审美价值

　　台州"洞房经"的审美价值即是婚俗所体现的美学价值,既体现洞房独特的地方性和个性美,又能焕发群体美和人性美。费孝通说过:"各美其美,美人之美,美美与共,天下大同。"群体美和人性美是人心所向、世界合一的愿景。鲁迅先生说:"有地方特色的,倒容易成为世界的,即为别国所注意。"个性美彰显文化的地方性。无论是个性美还是群体美,都显示地方婚俗的风情和审美价值。在精英文化相对贫乏而民俗资源较为丰富的台州地区,考察"洞房经"美学价值及它在地方民俗文化中占据了什么样的话语地位,有其现实价值,并可以此确定其传承的意义。

　　在台州地方民俗中,婚丧习俗依然风行,在婚俗文化中具有较为普遍意义的"洞房经"有其代表性,在区域中享有相当的话语权。结婚是一个家庭的大事,也是一个家族的大事,如遇婚礼,当遇大事,一般家庭将倾其所有,尽心尽力,以最大能力风光其事。没有什么事情能够超过婚礼(丧事也是头等大事,在农村中结婚意味着新的生命孕育,丧事即死亡,生死是永恒的主题)。因此,婚丧地位是尊崇的,话语是充足的。从现代国外话语分析理论看来,所谓"话语"是指在特定社会语境中人与人之间沟通的具体言语行为,即一定的说话人与受话人在特定社会语境中通过文本而展开的沟通活动,包括说话人、受话人、信息或文本、沟通、语境、目的、欲望等要素。从话语分析理论的视域看,在民俗中享有一定话语权的台州"洞房经"从风行天下到一度的沉寂无声,历经沧桑也就印证了地方文化的盛衰变迁,它为人们提供了科学认识台州历史和现实世界的概念、范式和思维方式,为挖掘和弘扬地方文化展现了一种新的思维。一旦进入并接受了由这些特定的概念、方式构成的话语,人们就会在认识历史和现实世界方面获得新的话语交往方式。高丙中认为:"民俗模式是超历史的形态。这一性质使民俗模式在生活世界里起继往开来的作用,保证生活的传承和连贯,他们既是过去活动的文化结晶,又是新活动的文化依据和蓝本。"① 所以我们根据"洞房经"的文本和台州婚俗文化研究,再现"洞房经"的地方婚俗之美;家族生活之美;进取精神之美;仪式欢乐之美;歌词韵律之美。

---

① 高丙中:《中国人的生活世界:民俗学的路径》,北京大学出版社 2010 年版,第 117 页。

第一章 "洞房经"

——地方婚俗之美

　　地方是指地面的某一个特定地区，很多人都热衷于把它描写成一个孤立或者多少与外界隔绝的领域，在这一领域内，地方文化被轻易地特征化和量化，本地人可以对本地文化加以界定，外来之人则需要对这一文化迅速认同。这些体现在地方的行为、实践和运行的方式上，以特殊方式回应或对待客观世界。台州独特的地理结构正是这一结论的复制或再现，其代表性的文化之作"洞房经"，源于地方社会进程和生活经验的独特混合，可以视为一个场所和社会关系、社会进程的交互点。在这种关系下，地方性及其文化的发展有助于我们悉心理解地方婚俗之美的内涵。

第一节　地方性和婚俗之美

　　杜甫有句诗云："致君尧舜上，再使风俗淳。"诗中隐含着中国文人的一种普遍社会理想：政治清明，世间和睦、风俗淳朴。醇厚质朴的民风习俗，本就是一种社会美。社会敦睦、秩序井然、明智清平，世界大同，那是全社会共同的美学追求。之所以会被称为社会美，就在于它体现出蓬勃的生命绿意，历经岁月洗礼，活跃在民间，是一种全民性的同质行为。近千年的发展历史证明，婚俗"洞房经"依靠的是自身传统所赋予的强大传承力量和这种习俗的普及、认同，无须政府的推力，也无关金钱，以民间巨大的创造力为基础，在底层勃发，即使遭受时局变迁、朝代更迭等，也时时显示出强大生命力。婚俗作为人类普遍的社会文化形态，比起其他社会形态如政治形态、经济形态，更接近于社会的原始状态，更能反映出社会的变迁和留存的社会历史痕迹，形象而直接、生动而感人，展现区域社会的生活本真、文明的进化和活力。具体到地方婚俗这一民事俗象，像万花争艳，不同区域在不同历史条件下形成不同的婚俗仪式，折射出地方性和婚俗之美。

一　地方性，婚俗的独有标记

民俗特征的表现形式是多种多样的，既有共性又有个性。有国家的大传统，有区域文化的小传统，但是有一些民俗却是特定地方所独有的，依照特定地区的特殊生活环境形成了服务地方的文化小传统，具有鲜明的地方性。所谓"十里不同风，百里不同俗"，或"百里而异习，千里而殊俗"，就表明不同地域的不同民俗构成。也就是说，具有时间线性特征的民俗文化其发生、发展、演变是在一定地域空间下进行的，它受地理环境、人口结构、生产方式、谋生方法、历史传统和价值观的影响和制约，因此民俗文化显现出浓烈的地方特色。马克思认为："人们自己创造自己的历史，但是他们并不是随心所欲地创造，并不是在他们自己选定的条件下创造。"① 风土民情是地方性的产物，不同的地理条件和宗庙结构等，孕育出不同的民俗风情，婚俗文化中蕴含的美学思想，特别是审美标准，不是单一社会性选择的结果，而是独特的地域自然和生态环境的产物。说得具体一点则应是台州独特的地理风貌、宗教文化和家族、村落群体对民俗认同或区分的具体方式造成，这种方式规约着台州人的生活，陶冶了人们的诗意性情，滋养了人们的审美观念，并以符号化方式和礼仪规范的方式，构筑成台州独特的审美心理和审美标准。

美国克利福德·吉尔兹认为：地方性旨在认知的具体性、穿透性和阐释性。第一是取其符号性强、文化认知意蕴较为深厚的命题；第二是取赋深度层次化，以便展示阐释学分析、论辩之长的命题；第三是取自传播广度性，不会囿于一定的区域界线而总是跨区域流传之命题。以文化持有者的内部眼界来看它，既是社会思想的重塑，又是道德想象的社会史。② 如临海"洞房经"：

---

① 《路易·波拿巴的雾月十八日》，《马克思恩格斯文集》第二卷，人民出版社 2009 年版，第 470 页。

② ［美］克利福德·吉尔兹：《地方性知识》，王海龙、张家宣译，中央编译出版社 2000 年版，内容提要。

开门先开锁

天门天锁地门地锁，海门附近葭芷锁，台州府大桥锁。

大橱小橱箱笼锁，新人嫁来是肉锁。

新人是金锁，新郎是玉锁，

好年好月开金锁，我班朋友要开洞房锁，

开了锁再开门，南走南天门，

北走北天门，石塘对松门，

玉环对坎门，葭芷对海门，

平桥马公神童门，新人好年好月出娘门。

过了一门又一门，我班朋友要进洞房门。

（摘自临海"洞房经"）

"开门先开锁"话语直白，又略带暧昧，"大橱小橱箱笼锁，新人嫁来是肉锁。""肉锁"指向"玉锁"，同时更着意于女性肉体和洞房之夜男女情事的直白，引人遐想，这是最能引起民间想象和勾起浓厚谈资的事情。同时涵盖地方特性，借开锁歌把台州各地著名的地方串起来，显示其独一排他性。嫁妆进门、客人进洞房观礼，要打开洞房，需先开锁，从传统角度分析，葭芷、海门（指椒江，过去都属于黄岩县）、台州府（临海）、石塘对松门（温岭）、平桥（天台）、玉环对坎门（玉环），是台州特有的景物标志。葭芷、海门是老黄岩县的出海口，葭芷担负着黄岩县海上中心码头的地位，台州府的驻地在临海，临海又称台州府，温岭的石塘、松门是温黄平原"洞房经"诵唱较繁盛之地，玉环的坎门是玉环知名之所，是出海的前沿之地，而天台的平桥几乎能代表天台在外的一切。从某种意义上来说，"洞房经"在唱出心中对婚姻热闹和喜庆的向往外，又在叙述地方历史，台州的历史变迁兴衰，也会随着"洞房经"歌词的变化得以显现。它是一个符号系统，在一个较为固化的地域内生发繁荣，代表着特定地理场域的文化传统，并有可能随着历史变迁而定居在某个局外场所，造成文化外泄现象，让我们有了深层阐释的理由和机会，我们所说的地方性大体意义和价值就在于此。

"洞房经"既是一定时期台州历史的复述，又是一种想象性的道德愿景，是无法替代的地方性话语符号，阐释着地方哲学思维和社会发展。

如温岭"洞房经"的"发南货"：

发南货

……无告启口，南星北斗，讲谈西川，拔树造船。

造只大洋船，九枝桅，哪里造，眠床里面造，哪里来开船，阳沟窟里来开船。

七百桨年甭讲起，八百伙计买柴又买米。

小人望望顶有趣，切劳一泡尿把只大洋船推到东海底积谷山舵拖泥。

洋祁搁小水，船头要驶三尺龙喷水，船后帽要驶三尺穿稍泥。

要驶何处过，石塘峇里钓浜过，要驶那里进，石塘门口进。

要驶何处近水埠，松门河头近水埠。

河头近水埠，河头闸非常狭，河头路十分浓。

扛格扛来挟格挟，推格推来拨格拨，一拨拨到埠，老新打起跳板发南货。

（摘自台州"洞房经"）

叙事性质非常浓厚，讲述的是温岭石塘、松门的地理环境状况和当时商贸兴盛的情景，"七百桨年甭讲起，八百伙计买柴又买米""河头闸非常狭，河头路十分浓，扛格扛来挟格挟，推格推来拨格拨，一拨拨到埠，老新打起跳板发南货"。人来人往，拥挤，货物交易繁多，恰像"清明上河图"描绘的情景，热闹、繁华、行色匆匆。自古以来台州的商业意识就非常浓烈，海陆两线对外交往频繁，其勃郁的商业热情挥洒、抒发，也为台州人走南闯北成就"台商"做了最好注脚。浸润在他们血液中的商业意识是改革开放之后台州民营经济蓬勃发展的一个最重要的原因。这种地方文化意识不仅普惠于当地百姓，还可以惠及其他相应地区。台州人自我总结，认为台州的民营经济就是"青藤经济"，扎根台州伸向中国，伸向世界。地方民俗文化在某种特定条件下随交流的深入会逐渐向外扩散，如随着台州历史上越人向福建和台湾迁徙，台州"洞房经"走向福建和台湾，两地的婚礼歌、"说四句"和"洞房经"基本上同处一脉。

在后现代文化背景下，随着民俗地位的下降，"洞房经"渐渐萎缩，风光不再，它所体现的地方性逐渐变得模糊起来。

其实，对地理景观演化的历史兴趣和对当代文化研究的兴趣，很明显代表着一种令人兴奋具有潜在启发性的社会研究领域。在目前文化地理学这一正在扩大的研究领域内，关于地方性的重要性特定假设变得流行起来。地方的文化，有着相对自律和自我发展的文化特性，这些特性不是绝对独立的，它们和这些地方当前的人口以及在某一历史时机下这些地方的历史进程的结果有关。地方文化是地方整体历史积淀的产物，具有持续性且无法轻易被消融，同时还体现在这一地方的自然风貌和社会生活中。但这种流行产生一个副作用，那就是这个假设正在构建某种定义知识场域特性的话语范式，这种范式将支配其他研究的思路和方法。在这样的范式下，作为文化地理学解释的中心议题——地方性，正在走向边缘化，这种边缘化可能或者正在演变，它将使"洞房经"的地方性在复制普及化、标准化、均质化的现代性趋势下逐渐丧失，这是相当危险的。

二　婚俗美，仪式的传统诗意

民俗意义上的审美心理是家族、村落或跨家族、村落联盟成员在长期实践中逐渐形成的审美经验的累积，而"制度化积累即成为习俗的审美经验则是审美制度"，这两者最终成为家族、村落或跨家族、村落群体在外部交往过程中，和其他族群联盟区分的显著标志，成为一种文化性标示。民俗学讲究美学，其审美层次可以有内外两个概念，从外部讲它是对婚俗仪式的完美或缺陷作出价值判断的依据，这是地方价值理念和从众心理的宣泄途径，并不断被规约着、强化着；从内部讲它是人民追求一种欢乐、和谐或诗意栖居愿景的依据。在整个婚礼过程中，各种关于多子、多福、家业兴旺、高官厚禄等信息通过仪式的传导和日常生活常态化及一些细节性的符号化的民俗事象加以呈现，诸如婚礼前后和过程中的"下定""请期"（日子匹配）、各项结婚物品的置办，约定俗成的民间习俗遵守，诵唱"洞房经"时洋洋喜气的满溢，通过赋予食物的谐音符号间接地表达，特别是迎亲时，新娘要踩红口袋、过火把（盆）、迈过门槛，实际上是以谐音方式寓意传宗接代、生活红红火火、平坎（坷），事实上，婚俗的本质意义即是繁衍子孙，多子多福。司马光《书仪》卷三《婚礼上》中说，"所以合二姓之好，上以事宗庙，下以继后世也"，讲的就是这个意思。如果结婚失去了繁衍子孙的功能，婚俗将在社会的不断翻新中逐渐病入膏肓，不治而亡。对生育重视的很多细节都融会在婚礼的各个环节中，潜移默化地被不断强化，默契地遵守着数千百年来的习惯法则。

撒果子

果子撒眠床，老新生儿状元郎。

果子撒布帐，百年好合结鸳鸯。

果子撒新被，世世代代富到底。

果子撒衣橱，老新生儿当总理。

果子撒枕头，新娘爬过新郎头。

果子撒在箱上面，老新生儿顶快便。

果子撒落地，五世其昌万年贵。

还早子

新人头上五凤朝阳，早子放在新人手中央。

一还贵子，二还富子，

三还福禄寿星子，四还子龙抱太子，

五还五子登科连环子，六还吹箫作乐韩湘子，

七还凤凰生贵子，八还蟠桃长生子，

九还麒麟送仙子，十还贵子十完全，

老新生儿送状元。

（摘自临海"洞房经"）

多子多福，家业兴旺，这是基层百姓最原始也是最强烈的愿望。台州人期望子孙兴旺发达与其他人相同，但又与其他人不同，相同的是期望子孙繁衍，能纵横庙堂，不同的是，子孙虽还未长大，但已经寄托满怀希望，更期望自己能创立一个天地，荫及后世。这造成台州人对人对事的看

法有其独到性，从自身做起，能吃苦耐劳，敢闯敢冒，聪明伶俐，以自身的成就为下一代遮风挡雨，开辟通道。所以外人对台州人的评价各有不同，一些北方人酸溜溜地说浙江人"聪明"，其实是受了台州人的"骗"后说出的客气话。鲁迅客气一点说是"硬气"，往往被台州人引经据典，总觉得"硬气"就是台州性格的特点。现在看来，其实有误读的成分。历史上最能代表台州性格的是"匪气"。新中国成立前，"绍兴师爷""宁波商人""台州绿壳（土匪）"是浙江的三张名片。土匪、海盗曾是台州的生活内涵，据民间流传的故事和记载表明，戚继光抗倭寇大部分是真实的，但还有一部分却是扫荡台州"绿壳"，因为一些台州"绿壳"与倭寇勾结在一起，非地方政府所能抗衡。从台州"绿壳"的生活及表现看，外界盛传的匪气既是褒义的，也是贬义的。鲁迅与柔石是好朋友，他不可能把匪气直接用在好朋友身上，柔石的"台州式硬气"究其本质或许就是台州式的"匪气"。"匪气"造成台州人硬朗、彪悍、豪放、不拘小节、纵横四海的品行和行事放荡不羁的风格。《越绝书》卷八曰："往若飘风，去则难从，锐兵任死，越人之常性也。""匪气"也形成台州民俗"洞房经"独有的潇洒、热烈和狂热，特别是以对歌形式呈现在世人眼前，使地方的独特性显露无遗。

由此可见，婚俗之美在于地方性，又在于地方家庭或家族以及村落对婚俗认同的程度，族群的概念在婚俗文化中起码不像在械斗事件中那么具有认同感，又将是被整个社会认同繁育其作为最高价值判断，进而成为族群的认知基础。这些价值判断通过赋予符号一定的审美意义，并通过寓教于乐的戏剧化仪式才能实现，所以结婚时家家都流行闹洞房，特别是年轻人最为卖力，因为闹洞房实际上是性启蒙的故事叙事。简单地说，"婚俗之美是借由戏剧化的狂欢所形成的符号化体系实现的。"① 许多过火的行为在婚庆的热闹和喜气中往往被大家忽略不计，因为此时只有欢乐是最重要的。另外，婚礼上，特别是在迎亲、宴席、送洞房、闹洞房等重要场面里，亲戚朋友数量所构成的社会意义为民众所看重，它代表着家庭或家族

---

① 石恪、邱峰：《黔中苗族婚俗审美的文化阐释》，《贵阳学院学报》（社会科学版）2013年第2期。

在一方的话语及气势，婚礼从某种意义上讲是一个社交场合，在欢乐的气氛中人们尽可能地展示自我，获得叙旧、引荐、交流、寒暄、相识的机会。参加婚礼的人非常投入地加入婚礼的各个细节当中，一切水到渠成，没有丝毫做作成分。

出洞房

金鸡报晓天要明，新人新郎要睡紧。

我班朋友要关心，齐齐退出洞房门。

三尺金地洞房间，新人新郎把门关。

关了门落了栓，鸳鸯枕上笑连连。

同心同德勤生产，荣华富贵万万年。

婚俗之美在文化传承和发展过程中，家庭和族群意识已演化为那些细节化、日常化的言语和行为，传播学理论界定：那些越是被碎片化、细节化、日常化、生活化的文化，就越古老，因为深嵌在人们记忆的深处，就越具有深厚的文化积淀，自觉不自觉地从生活态度和行为习惯中显露，构成生命中一种挥之不去的迹象。由此可见，个体的婚姻其实已经被赋予了群体的认识力量，它已经超越了单一家族的认知水平，而进入社会化的内涵。人们所以赋予其美好的社会内容，恰是人们将婚俗作为群体之间交往的最佳契机，婚礼就是达成族际间和睦相处的契机。总之，美就是家族—村落之间通过婚姻媾和的敦睦之美。

第二节　土话和方言构筑美学意境

方言，是中国多元化地域文化的承载者，是中国民间思想最朴素的表现形式，也是含义最丰富最深刻的语态。方言和民俗有着十分密切的关系。可以说，二者互为因果。也就是说，一方面，由于有了某种民俗，然后才产生和这种民俗相联系的方言词语。换句话说，由于各地有不同的民俗，它就要求有不同的语言形式反映出来，而这不同的语言形式即表现为不同的方言词语。另一方面，方言反过来又影响民俗。各地方言在语音和词汇方面的差异，使得各地民俗不尽相同。

　　方言是文化的载体，方言本身就是文化，方言的魅力，恰恰在于这个"土"字。"土"是检验地方文化成色的核心标准之一，土得掉渣是方言所在区域文化的特征，它代表特定区域的地方文化，这种文化经过历史累积、变革与进步，记载着推动社会前进的巨大原动力，任何时候都是我们心所向往的精神财富。方言不仅自身是一种重要民俗事象，而且是民俗的重要载体和表现形式。有专家概括了方言表现民俗的四种方式："（1）方言单位概括指称民俗事象；（2）方言单位具体陈述民俗事象的内容；（3）方言单位旁涉夹带民俗事象；（4）方言单位折射出民俗的风貌。"① 如：

讨早子

　　稀奇稀奇真稀奇，外面骨头里面皮。

　　鸡子黄圆累累，鸡子青包外面。

　　我班朋友都喜爱，老新早子都分遍。

　　如果你用普通话诵读或颂唱，那与本源相差十万八千里，如果用台州土话随意唱几句或者诵读几句，那种醇厚的沁人心脾的温暖瞬时会涌上心头，甜甜美美，洋洋焉不可自抑。台州话辅音总共有 34 个，分为清音不送气音、清音送气音、全浊音、次浊音。台州方言习惯把汉语拼音 j、q、x 读 g、k、h，如鞋、街的读法，"鸡子黄院累累，"土话发音为 gi zi wang yuan leilei，普通话意为蛋黄浑圆，用普通话读起来拗口，表意不清，但用方言唱读，上口，通俗，民间化、地方性，不识字的人也听得懂，加上"奇"与"皮"、"累"与"面"、"爱"与"遍"押韵，唱起来富有节奏韵味，非常入耳。台州的方言自成一体，发音不一，如：尔（你）、大（哥）、渠（他）、烂眼（警察）、呆度（蠢笨）、老菱（菱角）、天亮（明天）枯伸头/枯伸（早晨）、早界头/早界（上午）、日昼头/日昼（中午）、晏界头/晏界（下午）、黄昏头/黄昏（傍晚）、困觉（睡觉）、落田洋（种田人下田干活）、脚肚子弹三弦（害怕得发抖）、黄蒲鳝假死（假装）、后

---

① 邢璇：《略论方言与民俗》，《青年文学家》2009 年第 6 期。

生头（年轻人）、大娘头（姑娘）、细佬头（男孩）、囡儿头（女孩）、老师头（师傅）、烧酒（白酒）、牛皮凿个洞（受到别人数落不难过）、手骨（手）、脚骨（脚）、脚髁头（膝盖）、鼻头（鼻子）、手踭头/手骨踭头（手肘）、脚踝踭（脚踝）、瞎眼猫衔死老鼠（运气好）、倒灶（运气差）、猫叫一样（声音轻）、猪头三（做蠢事）……方言是一种很有意思的民族文化，是具有环境特色的地域文化。正因为地域的局限，所以我们在接受它的时候，既有音韵上的新鲜感，也有沟通上的障碍。在"洞房经"发达的岁月里，有专业的唱经人，几乎人人都能唱上几句。婚礼上，对歌此唱彼和，歌声悠扬、俏皮，夹杂着言笑晏晏，其乐融融，此其一。其二，据研究表明：广义上的台州话包括临海话、黄岩话、仙居话等，目前使用人口 600 万人，占吴语人口总数的 11.6%，可细分为南台片、北台片。南台片包括临海、黄岩、椒江、路桥、温岭、玉环（坎门、陈屿使用闽南话），语音接近北吴的小片，代表为市区话和温岭话；北台片包括三门、天台、仙居，代表为天台话。南北两片通话有些困难，南片的黄岩、椒江、路桥、温岭等比较接近，北片的几个方言则相差较远，其中仙居话最特别。台州方言约形成于秦汉间，由于台州地处海隅，故较多地保留了古越及吴语音。如：

剥状元红

　　黄岩蜜桔吃味好，文旦红栾好味道。

　　剥出里面夹加夹，望你老新献一法。

　　你半边，我一夹，老新生儿勿生囡。

　　"吃"不念 chi，念 cuo，去声，文旦、红栾是同一水果，在玉环叫文旦，在北片叫栾，"夹"念 gei，入声，瓣的意思，"囡"念 na，去声，女儿之意。

　　台州人来源复杂，从历史上看，土著住民、东越国（东瓯国）的越人、贬谪的朝廷名人、海上流浪的流民、逃亡到台州避难的河南、江苏、江西、安徽等地人，带来了各地的方言，使得台州语言系统非常庞杂。在某些复杂的方言区内，还可以再分为若干个方言片，甚至"方言"小片。

在一个县市或者乡镇，一个词语或者一句话，在这个地方是这种说法，到了那个镇，可能就不同了。据统计，仅玉环县就存在六种以上不同方言，其中就有中国最难的方言之一即闽南语系，就是福建台湾方言。玉环有些地方如坎门、陈屿流行的是闽南话，县城玉城虽与其相隔只有十多里，却讲台州话，说话完全不一样。如果夫妻一个是坎门或长屿人，另一个是玉城、清港或楚门人，丈夫每次去老丈人家，非得妻子翻译不可，反之亦然，不然没办法交流。历史上由于人员过于复杂，发生过令朝廷头疼的大事，明清时期倭寇和海盗猖獗，曾经两次清岛，迁移岛上居民到其他地方。

用方言诵唱的"洞房经"，也因此而不同，台州各个地方的歌词内容大体相同，但声音迥然不同，因为台州地方方言语系复杂，发音不一致，相近的县市区也不一定全懂。如现在接受省非遗保护的温岭市"洞房经"的演唱视频上传至网络，除了温黄平原，外县市的人听得懂的是少数。

每一种文化都有生存和发展的权利，我们应该尊重文化的多元并存格局。但自从 1955 年 10 月中国开始推广普通话，方言的话语权逐步被削弱。在之后的城市化进程中，普通话压倒一切，连平生没学过普通话的进城农民，也学着用普通话与别人交流，加上外来劳务大军涌入台州，日常生活工作非得用普通话不可，一些从未讲过普通话的老人也会来几句"杨家浜"。方言被打上了浓重的乡村烙印，更不用说年轻人，从小就开始学普通话，家乡土话已经发音不全。如果从全球化角度讲，方言逐渐被边缘化就越发明显。敬文东认为，方言不是时代的对手。其实，谁又不在时代面前被揍得鼻青脸肿呢？在媒体上，方言经常成了搞笑的工具，似乎方言只有在成为"笑话"的时候，才能牵动起生命的脉搏。方言逐步与我们日常生活疏离，以方言为载体的"洞房经"慢慢消失于我们的视野也就不足为奇了。

从振兴传统文化角度看，很多人都在探索如何保护方言，多地电视台推出地方方言节目，如台州电视台推出乡土节目"讲白搭"，以黄岩土话为基调，拉家常，播节目，很受台州人欢迎。但现实的语境是，乡音还是逐渐沉寂，说土话的人在不断减少。如果保护措施不得力，乡音肯定逐渐走向衰亡。乡音的捍卫，正在成为一种历史话语，现在还有多少人懂得这对于研究古代语言嬗变和遗迹风俗具有重要意义？但从另一个角度讲，方言在地方历史演化中占据重要地位，是增加地方文化认同的重要载体，依然存在着深广的文化意义。特别是从情感认同和交流角度看，在全国流动人口不断增加的情况下，倘若在外地碰见一个能说本地方言的人，亲切感油然而生，方言的价值又是不可替代的。所以，方言对于地域文化发展和情感融合也具有积极的意义。方言的情感传递作用是其他民俗物象所无法承载的，"乡音无改鬓毛衰"嘛！北京师范大学语言理论教研室主任岑运强认为，从长远来看，方言不该也不会被消灭。方言的保护不必特别刻意，顺其自然代代相传就是最好的保护。

不可否认的一点是，方言流传范围及规模非常狭小，随着社会的不断进步，有些方言面临着消亡的危机。

存在于人们口中的"活化石"方言，多少年来口口相传，其文化意义极大，它承载了地方文化的生发、演变和进步。研究方言不仅有助于普及普通话，而且也为历史学、方志学、民族学、宗教学、民俗学、社会学等学科提供了宝贵的原始资料与证据。

第三节　"洞房经"饱含生活热情和人生情趣

每一个民族的婚俗审美文化都是独特的，吃得潦草难免吃出凄凉况味，寥寞感。吃得认真肯定情生浓烈，饱满洋溢。唱一句洞房歌，上一碗菜，喝一口酒说一句祝福，来一个红鸡子一把枣子，感觉到的是生活百味，包含的是对生活的态度和认知。婚俗美存在于千差万别的民族文化或区域文化中，包含在各民族的日常生活中。传统意义上的农民其生活热情和人生情趣体现在劳作、节庆、婚丧以及庙会等宗教活动上，无论做什么，都必须实打实，在实干过程中充满着宗教的激情，对于这一切的活动总是"怀抱着朦朦胧胧的倾倒膜拜的心情"。① 美学上认为的价值取向在农民身上可以转换为生活的方式和态度，以虔诚宗教般的热情化身为婚俗的积极参与者，是一种为我们熟悉而又健康向上的生活知觉，焕发出生活和人性的激情，使得生活富有浓情和惬意，并以独具特色的地方性知识为

① ［美］罗伯特·芮德菲尔德：《农民社会与文化》，王莹译，中国社会科学出版社2013年版，第147页。

人们所享用。如临海"洞房经"：

十杯酒

里间朋友真客气，欢迎我们走进洞房里，

一杯酒，贺新郎，早生贵子福满堂。

二杯酒，贺新妇，勤俭持家家庭富。

三杯酒，贺相好，幸福生活乐陶陶。

四杯酒，四角方，猪羊成群谷满仓。

五杯酒，五福门，勤俭好比聚宝盆。

六杯酒，乐洋洋，勤男俭女配鸳鸯。

七杯酒，七颗星，夫妻相爱心连心。

八杯酒，八宝盘，万事如意春满园。

九杯酒，九重阳，夫妻恩爱敬爹娘。

十杯酒，十完全，新郎新人大团圆。

（摘自临海"洞房经"）

这是最为原始本真的生活颂歌，简简单单、热热闹闹、情趣盎然。拥有了这一切，人生夫复何求。久远的历史沉淀，约定俗成的道德教化，雕刻在每个人对生活态度的精神烙印上，随着婚俗的展开一一加以铺展。"洞房经"其实饱含生活热情和人生情趣。一个人对人生饱含热情和情趣源于他热爱生活，有了对生活的热爱，世界才多姿多彩，日子才丰富充实，时间和心血不会白白浪费，你所期待的一直都在等你。等你需要时，以繁茂之身紧紧地把你拥抱。生活就是这样，你用什么样的心，就会开出什么样的花，拥有什么样的果实。"洞房经"中沛然的情感，诗意的人生情趣，皆从源源不断的对唱中灿烂花开，你方唱罢我登场，歌唱的反复轮回，体现生命的生生不息，饱含生活的情趣和人生的兴味。

美好之所以美好，取决我们对它的态度，为梦想五更读书，终会梦想成真，窗台上的盆景若得不到打理，再葱茏也会枯萎，纯真相待，梦想也能开出花，青春也能永驻。

贺喜酒

喜见红梅多结籽，笑看绿竹又生孙。

新郎新娘今夜来结婚，大摆宴席满堂中，

堂中满座众贵客，贵客饮酒笑眯眯。

言笑晏晏，喜庆无限，"借问酒家何处有，路人遥指灯笼家"。高挂红灯笼，喜气洋洋，结婚举办婚礼不再是一家一户的事，有时会牵动整个家族和村庄，亲朋好友、左邻右舍参与其中，不是着意仪式的烦琐和劳作的辛苦，而是享受这一份生活的热度，哪怕从早上一直到深夜不停地重复工作，也是惬意盎然，其乐融融。诗意的画面随着婚礼的展开不断地塑造台州人对生活和人生的追求，俗话说，态度决定人生，细节决定成败，"洞房经"决定台州人传统的生活习性。

第四节 "洞房经"是汉民族婚俗中的独特现象

在台州市一带，婚礼的每一个环节都有人演唱，地方上称作"洞房经"。乐清《闻宅宗族谱.福臻翁传记》载称："……通宵达旦，互相斗歌，无论提唱何书，辄通遍背诵，莫差一字……"[1] 乐清紧邻温岭市，同属唱"洞房经"的地域范围，东瓯国遗址据考证位于温岭大溪镇，紧邻乐清，温黄平原的民俗对其影响深刻，乐清文化与古越文化同出一源，它记载的可能就是唱"洞房经"的盛景。婚礼当天，每一个环节都可形成洞房歌，一般由民间专业人士演唱，其他人也可以参与唱。新中国成立前，台州地区的"洞房经"极为流行，几乎每一个成年人或多或少都能唱几句。演唱时，由一人坐阵，贺客根据设阵歌词的内容可自由陪唱、对唱或斗唱，温岭市"洞房经"中俗称"破阵""封拆""摆阵""摆关"，洞房客则需以"破阵""破关"来答唱：

---

[1] 温州乐清紧靠台州温岭，属于"洞房经"流行范围，台州的记载很少，乐清的记载为我们提供一个佐证。

摆　阵

你班相好勿要慌，

我班朋友来贺洞房。

诸葛亮摆起八卦阵，

你知何人来破了阵。

讲勿来勿要呆堆堆（木乎乎）

只要香烟来讲案。

破　阵

王永彦大破八卦阵，

破了阵儿胜孔明。

几包香烟大家分，

要求大家讨个情。①

　　这种"摆阵""破阵"在婚礼仪式中表现得较为普遍，只要你肚里有货可以不断对唱下去，并分出输赢来。进洞房看嫁妆，就有人起唱，有人回唱。由于对歌不受时间限制，婚礼往往通宵达旦。送洞房后洞房客唱"抱龙灯"歌，边唱边退出洞房，再唱"下楼梯"而结束整个仪式。

　　"摆阵""摆关""破阵""破关"也叫"封""拆"：

封酒杯

江西生产紫金杯，

酒杯成串红线连，

交通运输勿方便。

用啥办法来拆开。

　　而后一方则以"拆"的方式来回答，如：

---

　　① 陈华文：《洞房经：文化的神话——温黄平原"洞房经（歌）"习俗的思考》，《东南文化》1990 年第 4 期。

拆酒杯

酒杯出产景德镇，

丝线连起红盈盈。

月下老人来引线，

要向老新（新娘）借红线。

老新爽直勿用推，

解下八宝盘里荷花台。①

这种"封""拆"往往引起许多对唱才能结束仪式，因此，带来许多意想不到的欢乐气氛。

设阵和破阵所唱内容既要切合婚礼实际，又要偶句押韵，否则就算输了。还有不设阵和破阵，直接对唱应和，就像刘三姐对歌一样：

讨凳头

我班朋友真慌忙，未带凳头到洞房。

相劳朋友帮帮忙，请送凳头到洞房。

坐落位

外间朋友真有情，已把凳头送进门。

头位要坐新郎官，对位新人眼眯眯。

众班朋友分两边，按照顺序坐落起。

浙江师范大学民俗学研究专家陈华文认为："在婚礼中保存着对歌形式，从目前汉民族婚礼习俗的角度去考察，台州的'洞房经'则可以说是独一无二的。那些在少数民族中存在，而在汉民族中遗失的文化表现形态，都一览无余地保存在'洞房经'仪式中，这是一种值得保护和保存的文化传统和活的婚礼对歌的文化化石。如果将它与汉民族的其他地区，诸如浙江的舟山、广东的潮州，甚至其他一些百越族后裔民族的相关习俗进

---

① 陈华文：《洞房经：文化的神话——温黄平原"洞房经（歌）"习俗的思考》，《东南文化》1990 年第 4 期。

行比较研究，可以更加清楚地看到其原生态的文化功用目的和价值。"[1]

"洞房经"集中体现了独特的地方民俗文化的象征功能。

独特性在于仪式和内容传导给人们的象征意义，诸如多子、多孙、多财、多福；伦理、秩序、幸福等。这种象征意义给台州人民的思维方式、伦理道德、行为习惯、社会价值体系都以很大的影响和制约。唱"洞房经"习俗不仅保证了台州婚俗的古朴性和传统性，又给婚礼增添了娱乐和热闹气氛，其核心价值更在于建构婚姻秩序、幸福生活的社会意义上，满足了文化的多种功能。这不仅属于台州，其拥有的普世价值具备更为广泛的跨区域意义。

没有哪一个地方能像台州一样，洞房歌伴随婚礼进行，一路唱将下来，直至通宵达旦，且有那么多人参与，这是一种较大规模且不以经济利益为目的群体性自发行为，它用汉民族古老的对歌形式，保留了鲜明的地方特色，这对研究台州洞房民俗、民间文学有着资料性的作用。

当下，被青年网友改编的"相亲调"流传甚广。"明月几时有，把酒问青天。不知靠谱对象，何时能出现。我欲中秋回去，唯恐相亲聚会，老妈不甚烦。"字里行间那种被家人频繁安排相亲的烦恼状呼之欲出。

这折射了新旧婚恋观的激烈碰撞。在这个科技发达、个性张扬的时代，年轻人越来越注重情感匹配度、心灵舒适度和婚姻质量，更重视情感之外婚姻构成的因素，譬如外貌、收入、家庭、职业、地位等。现在年轻人的婚恋状况不一，有些人轻松入围，有些绕着围城走圈，始终难能入城。一方面由于学习、工作、生活的各种压力，人均受教育时间的延长，谈恋爱时间变少、交友圈子的逼仄使得年轻人愿意通过传统方式交友恋爱；另一方面，他们更喜欢一见钟情式的爱情故事，幻想爱情的无缝对接，强调速率，不愿意被父母强逼着四处频繁相亲。父母爱子深切，唠叨、叮咛、催促，密集地安排相亲，都令年轻人不堪重负。如果是男性，年龄大一点反而成为钻石王老五，身价不降反升，父母唠叨一下也就过去了；如果是女性，年龄超过 30 岁，那就成为大龄女，身价大跌，短时间

---

① 陈华文：《一组古老的文化符号——汉民族婚礼对歌"洞房经"溯源》，《浙江师范大学学报》1990 年第 3 期。

恋爱结婚可能成为一种奢望。特别是高学历、高收入的都市白领女性，处在远离家乡的大都市，因多种原因错失谈婚论嫁的最佳年龄而成为"剩女"，父母的焦急程度绝不亚于当事人。不是不急，奈何时势造化弄人。此时，父母的催促不再是"无微不至"的关怀，而是徒增烦恼，极端情况下加剧了人际代沟，造成老少两代的心理屏障及对立。于是网络各种应对相亲的"秘籍"流传，青年人与父母就逼婚与被逼婚展开了游击战、持久战。

如何借助于人类学、社会学的视角，理解并认识台州飞速发展过程中出现的各类新情况，或许是考察台州"洞房经"变迁的新视野，它会带给我们一块"他山之石"。

第二章 "洞房经"

——家庭生活之美

家庭有广义和狭义之分，狭义是指一夫一妻制构成的社会单元，广义的家庭则泛指各种家庭利益集团即家族，英国著名人类学家弗里德曼认为"家族就是社区"，家庭是幸福生活的一种存在。冯友兰认为："传统的五种社会关系：君臣、父子、兄弟、夫妇、朋友，其中有三种是家族关系。其余二种，虽然不是家族关系，也可以按照家族来理解。君臣关系可以按照父子关系来理解，朋友关系可以按照兄弟关系来理解。通常人们也真的是这样来理解的。"①

家是中国文化的基石，是最具传统的组织架构，它维系着整个家族的生存和发展，保证家族的健康、稳定和有序。恩格斯在《家庭、私有制和国家的起源》中说："这是家庭的第一个阶段。在这里，婚姻集团是按照辈份来划分的：在家庭范围以内的所有祖父和祖母，都互为夫妻；他们的子女，即父亲和母亲，也是如此；同样，后者的子女，构成第三个共同夫妻圈子……同胞兄弟姊妹，从（表）兄弟姊妹，再从（表）兄弟姊妹和血统更远一些的从（表）兄弟姊妹，都互为兄弟姊妹，正因为如此，也一概互为夫妻。"② 德国哲学家黑格尔把中国的民族精神视为一种"家庭的精神"，日本学者稻叶君山说中国的家族制度是保护中国民族的唯一障壁，其强固程度非万里长城所能及。在这种以家族为本位的社会中，一切社会组织都是以家为中心，人与人之间的关系，大都是以家庭关系作

① 冯友兰：《中国哲学简史》，北京大学出版社 1996 年版，第 19 页。
② ［德］恩格斯：《家庭、私有制和国家的起源》《马克思恩格斯选集》第四卷，人民出版社 1995 年版，第 33 页。

为基点。① 《后汉书·郑均传》："均好义笃实，养寡嫂孤儿，恩礼敦至。常称疾家庭，不应州郡辟召。"赞扬郑钧重家庭的美好品德。

从社会设置来说，一夫一妻制家庭是社会构成的最基本单位之一，强调的是人的阴阳协调，和谐发展。一家一户是人类最基本最重要的制度和群体形式。

从文化角度看，家文化是中国文化的根基之一，家国和国家，无家即无国，无国家将失去生存的土壤。

从伦理关系来说，家庭是秩序确立的基础，强调长幼有序，孝悌仁义，是由具有婚姻、血缘和收养关系的人们长期居住的共同群体。

"洞房经"所能代表的家庭既指狭义的家庭，也指广义的家庭。婚后囿于家庭生活，所指向的基本上是狭义范围，父母、夫妻、子女等均是其内容。婚俗仪式的举行涉及某种较为广泛的利益集团，其指向的即是广义范围，包括了邻居、亲友等。无论是狭义的还是广义的，"洞房经"从功能上体现了家庭生活的和睦、秩序，其中勃郁的家族意识、美好人性的展演和家庭的和合精神在仪式的演进中渐次绽放。

第一节　家族意识的勃郁

在中国，"家"的概念通常指由配偶关系以及亲子、兄弟等血缘关系所缔结的家庭集团。在价值取向上，台州人重家，兼求利，也讲义。台州学院高飞在《台州社会科学》撰文认为，台州"小传统"中的"义利观"具有特殊性。一是他们对功利的追求更迫切、更鲜明，在他们看来，一切的道义追求与生存相比，都是第二位的。他们切切实实地实践着"仓廪实而知礼节"的价值判断。二是这种"义"并未加以理性提炼、升华。仅仅局限在特定的群和地域（邻里、朋友、亲戚、同乡），具有家族狭隘性特征。这种功利倾向影响、制约着台州人的生产、生活方式，甚至决定了台州的经济模式。台州人自古以来的工商传统就是这种观念的产物。

家族文化是中国传统文化的重要组成部分，客观上保留了中华民族的

---

① 冯友兰：《中国哲学简史》，北京大学出版社 1996 年版，第 19 页。

传统美德，作为调整家族和社会人与人之间行为规范的文化有其存在的价值，具有强大的生命力。即使在当下，我们已经超越了家族文化产生和存在的历史阶段，但作为社会重要组成部分的家庭还存在，家族依然不会消亡。父慈子孝、兄友弟恭、尊老爱幼等传统美德对保持家庭的和谐稳定仍发挥着积极作用。

从台州家族文化考察，婚俗"洞房经"释放出浓郁的家族意识。过去台州偏于海隅一角，在不能靠天也靠不了地的情况下，改变命运只能靠自己，靠家族力量。过年过节，婚丧嫁娶是家族聚合的绝好时机，春节拜会亲朋好友，拉拉关系套套近乎，联络感情，往往富有成效；但是家族的最大聚会却在婚礼上，每一个婚礼都聚合了几乎能够到达的亲友，婚礼就是家族交流沟通的大平台。在这个平台中，汇聚了天南海北的海量信息，比如外出务工或各种生意信息等，很多人参加婚礼既是贺喜而来，也捎带着很多困惑问题来婚礼上求解，在群体和个体交流中获取有用的东西，经常有很多人在婚礼结束后打定主意，决定了一生要走的道路。

认死理不回头，这是台州人的个性，台州人这种勇往直前的精神品质大多源于民俗的潜移默化作用，相互影响，相互奖励，相互促进。从进步意义上分析，唱"洞房经"所体现出来的有序、协作、团结、成功、兴旺的文化倾向，构成台州人的精神实质。这种家族文化意识既是家族生活之美的诗意体现，又是台州家族企业兴旺发达的一个缩影。

钱穆论说过："中国人的人道观念，却另有其根本，便是中国人的'家族观念'。"① 在钱穆看来，"家族是中国文化一个最主要的柱石，我们几乎可以说，中国文化，全部都从家族观念上筑起，先有家族观念乃有人道观念，先有人道观念乃有其他一切"②。

中国的文化是以家为单位出发的文化，儒家经典《礼记·大学》说："古之欲明明德于天下者，先治其国；欲治其国者，先齐其家；欲齐其家者，先修其身；……身修而后家齐，家齐而后国治，国治而后天下平。"这就阐明了如果要立志管理国家，实现国家统一，首先要整齐家眷（成

---

① 钱穆：《中国文化史导论》，商务印书馆 2007 年版，第 50 页。
② 同上书，第 51 页。

家）。国家和家国，前者可以理解先有国后有家，后者可以理解先有家后有国。国可以保障家，然而无家国将随之灭亡。家文化是中国文化的根底之一。

在台州，"家族就是社区"。台州的家族史是一种典型的血缘兼地缘的共同体，共同体的基础是家族共有的亲情。

台州人家族荣誉感特别强，家族中只要有一人在某个领域特别是在政、商两界有杰出成就时，整个家族都感到无比荣耀，在不同场合常常被自豪地有意无意地提起。恩格斯说："有所作为则是生活的最高境界。"一个人发达了能带动亲友团们一起发达，才会被家族一致认可。这种发达强调的是家族性，排外情绪较为严重，原则上讲，台州人做生意一般不带外人。创业成功者会选择有条件的亲属随之外出做相似的生意，帮他选好地点，筹集货源，甚至垫资。但有一个原则，绝对不能有损自己的生意，譬如同城不会让亲友从事同一行业，而选择相邻的城市扩店，一来成全家族之情，二来扩大这一生意领域的同盟军，彼此照应，取得市场更大的话语权。增加家庭成员扩大规模曾经是中国人的梦想，人们常常用"子孙满堂"来表述长辈的成功与幸福。所以台州的企业也是家族制企业为主，台州的商人遍布全球，也是靠家族慢慢打天下。有时亲友的连锁反应还可以创作奇迹，如在台州的仙居，先是有几人在涂料营销上取得成功，后来朋友带朋友，亲戚带亲戚，逐渐形成地区性的集聚，成为中国最大的涂料油漆的经销商。这种勃郁的家族意识形成，与地方民俗存在着深刻关联，婚俗"洞房经"发挥了非常重要的作用，"洞房经"中有很多段落就是借颂歌表达家族的团结。如：

大团圆

天圆圆地圆圆，新人新郎大团圆。

天配一对好姻缘，众位朋友结成缘。

度细小叔姑娘缘，邻舍叔伯大团圆。

十五十六月团圆，千年万年太阳圆。

四世同堂永团圆，四亲六眷大团圆。

大团圆大团圆，新人生儿有太子。

中华民族追求大团圆的精神倾向似乎在台州"洞房经"中定格。它的另一个要义是提升人性，德润人心，担起生命质量的重负，在喜洋洋的氛围中熏陶下一代，在热闹快乐中学会乐观豁达地看待人生的挫折，学会从愚昧无知中以理性对待他人的智慧，学会在亲情敦睦中尊老扶幼，学会在家庭团聚中圆润通达，培育家的文化氛围，储备一生的精神力量，从人格、品格上铸就胸怀和境界。

台州人非常重视家庭，对家庭有着较强的责任感，这种家庭的责任感通过人的生活重构，形成人的主体意识的审美情趣。家庭审美情趣的建构离不开家庭文化氛围的熏陶，它可以规范家庭成员的日常生活及精神信仰。台州的重家观念，引导了以家族企业为主的民营企业的高速发展，有积极体现时代进步意义的价值。温州的家族观念似乎与台州相近，所以在经济发展上有了"温台模式"。但台州的这种民情，在现实生活中仍有很大局限性，存在短视和功利倾向，过分看重眼前和私人利益，家族集团利益最优先地位在台州人眼中是不可动摇的，这种明显的局限性导致台州文化难以全面出击成为文化的引领者。如日本人学到了台州天台宗佛教，却没有吸收台州人的家族观念，日本人更强调自己所属的集团，忠于"大家"不囿于"小家"的日本文化表示出对台州重家民俗的不屑。对于台州人而言，对外交流仅送出宗教的东西，没有送去台州的文化。

家族或家族集团是由血缘关系、婚姻关系而形成的，因而具有一定的稳定性。中国人常常把它们当作个人的精神动力，温馨和睦的家庭关系往往对个人的发展有着特殊的积极意义，因此人们也把家庭作为自己生活的重心。中国人结束一天的工作后，如果没有特别的事情都会马上回家。当然，有时候难免也会有工作上的应酬，但绝对不会天天如此。如果丈夫频繁地不按时回家，妻子就会怀疑他是否移情别恋、另寻新欢等。有意思的是，在日本的家庭中，如果丈夫下班后马上回家，妻子反倒担心是不是公司经营不景气，或者自己的丈夫受到排挤，被解雇了等。来自不同文化背景下的人们，对于同一事情的认识居然会有如此之大的差别，也许正是文化的魅力所在吧。

在这个世界上，家是一个充满亲情的地方，它有时候在竹篱茅舍，有时候在高屋华堂，也有的时候是在无家可归的人群中。没有亲情的人，就是没有家的人，也就不可能有幸福的人生。台州人在没有绝对利益冲突的情况下，非常讲究家族观念，其乐融融。但台州人急功近利，目的性太强，如果有损个人利益，往往会选择翻脸不认人。

台州市虽然年轻，但发展迅速，它有着独特的地理资源优势和得天独厚的深厚、刚健、纯朴、敢闯敢冒的文化底蕴，台州人民以朴实勤劳深受人们赞扬，台州人带有原始"匪"的强悍之气又是他们不断开疆拓土的支撑。家族成员团结互助的精神又成为他们创造一个又一个奇迹的坚实基石，也为台州添上了一道璀璨光芒。"洞房经"为台州人赋予了创造与创新精神。

"洞房经"特点鲜明，内容丰富。从一般意义上讲，婚俗是人生的一大盛会，也是家庭和家族盛事。

第二节　婆媳关系难入调

在台州的家庭中，媳妇和女儿在地位上又有什么样的特点呢？前面提到过，中国人非常重视"血筋"，也就是血缘关系。女儿与媳妇相比较，最大的区别就在于是否与其存在血缘关系。因为女儿的身上流着娘家的血，也就是与娘家存在着绝对的血缘关系，所以一般来讲即使出嫁了，她在娘家的家庭成员资格以及地位也不会丧失，还依然受到原所属家庭的重视（但财产的继承权是被剥夺的）。在台州的一些农村地区，女性在婆家受气后往往都会选择回娘家，这是因为她在心理上还是依赖于娘家，并且把它当作自己强大的后盾；同时，娘家的成员们仍然会一如既往地支持和保护她，如果女儿在婆家受到不公正的待遇，娘家人也会团结起来找上门去，有时甚至会大打出手。另外，在台州，媳妇在一个家庭中的地位一般不会高于女儿的地位。即使女儿出嫁了，父母也还是会把她当作贴心的"小棉袄"；而对于娶进门的媳妇，他们往往会有些敬而远之。我常常听到一些上年纪的老人们在谈论起自家的媳妇时，会说"媳妇再好也不如自己养的闺女好"；而一些年轻人在议论自己的婆婆时也会常常抱怨着"对婆婆再好，她也不给你半个好眼看"之类的话。这两种说法虽有些极端，不过从这里也能看出来台州人对血缘关系的重视程度了。

　　从另一个角度讲，儒家文化作为中国传统文化的主流，崇尚的是男性，女性向来是被鄙视的，女性在家庭甚至社会上都没有地位。旧时，过年过节家里来客人了，聚在桌上吃饭的一般是男性，家庭主妇是没有资格上座的，在一旁伺候着。但流行于民间的道家文化崇尚的却是女性，"上善若水""柔能克刚"等其实都是赞扬女性。女性的自觉意识在历史的漫长进程逐渐得以萌发、加强，在追求与男性平等的过程中，受主流文化的影响，她们无法在法律意义上和世俗意义上真正和男性享有同等权利，她们唯一可以把握的是自己所嫁的男人，她们试图控制丈夫来掌控丈夫拥有的社会资源。在家中，如果丈夫听从老婆的话，老婆的话语权就大；如果丈夫不听老婆的话，那老婆在家里就没有说话的份了。儒家文化笼罩下的传统社会不可能提供社会资源供女性挥霍，如果再失去家庭的话语权，就等于要女性压制主体意识做传统的相夫教子的淑女。但很多先知先觉的女性不甘屈服，她们想拥有梦寐以求的平等权利，这就产生了婆媳之间的矛盾。在台州，或许在整个中国，婆媳之间的矛盾都是永恒的。

　　但问题是，"洞房经"中几乎没有涉及婆媳关系问题，最多的命题也就是新人要孝敬父母，几乎没有对新娘提出听从婆婆的期望，或者说只是以孝敬父母来替代孝敬婆婆，如：

向父母讨行礼

上面座位是双亲，要拜爹娘养育恩。

父母恩劳如天大，不可忘情一片心。

十月怀胎娘辛苦，三年吃奶海样深。

今日良缘成亲时，礼拜双亲八百春。

拜父母、整位

鼓乐喧天闹盈盈，走步上前拜双亲。

二人就拜位来正，正好龙位拜双亲。

太极造书开一禄，周公义礼启三千。

千般礼钿行不成，中堂座位拜双亲。

（选自温岭"洞房经"）

产生这一现象的原因可能有两种：一是婆媳关系是人际关系中最难处理的关系之一。因为没有有效的应对措施，应该在"洞房经"唱响的媳妇要孝敬婆婆的歌声却隐而不见，表明台州人对如何处理婆媳关系的束手无策，干脆就避而不唱。曾经就此探访几个老人，老人的回答颇有意味，他说，新乌妇（新娘）要压着点，否则要爬到头上来，婆媳一般凑合着过吧。二是男方家庭（族）不会坐视媳妇权力越来越大。本来很多台州的男人就有点怕老婆，如果在大庭广众面前失了体面，会让父母脸上无光，特别是婆婆非常希望自己的儿子能在家中一言九鼎，儿子主宰家庭就等于是母亲（婆婆）主宰家庭，所以婆婆最怕儿子受命于老婆，使自己失去家庭统治权。婆媳吵架时，婆婆从不在自身找原因，反而叹息儿子没用管不了老婆，弄得老人受气。有一项研究表明，婚姻生活一开始，就意味着女性争权夺利的开始，当然，大多女性都不承认这一点，但潜意识里掌握家庭主导权成为每一个婚后女性本能的必然选择，在这个"斗争"过程中，无论是显性的还是隐性的，其表现出来的韧性是令人叹为观止的，或许有人为之奋斗终生，但最终一事无成，也有人一战成名，自此扬威于家庭，不仅让丈夫俯首为臣，更是在整个家庭中拥有话语权。但要让婆婆从媳妇一进门就乖乖地交出家庭的主导权那是天方夜谭，除非战争结束，以一方失败而告终，否则漫长的没有硝烟的战争还得继续下去。

记得《权力论》中表述过这样的意思，权力是微妙的，一个国家，总统的权力够大，但回家后还是怕老婆。在外面叱咤风云的男性如果回家后听命于老婆，这在男人心理上虽抗拒但还是可以接受的。但在公开场合脸上是挂不住的，很少有男性能自觉承认自己怕老婆。

台州"绿壳"历史上曾是台州的一张闪亮的名片，表明台州人的血性、强悍、匪气，说的文雅一点叫"硬气"，房宁先生认为："浙江人似乎特别爱把话题往文化上扯，而且总会有完整得让人无法反驳的解释系统，会有像模像样的漂亮故事……台州人没那么复杂，历史上这山海之间的贫瘠土地上斯文之事却也不多。于是，台州人便把当地彪悍淳朴的民风当作主流文化加以宣示，叫作'台州式的硬气。'"① 那种横扫一切、凝视

---

① 房宁主编：《草根经济和民主政治》，社会科学文献出版社 2008 年版，第 328 页。

环宇、舍我其谁的气概是台州人的品行。按理说台州的男人不会怕老婆，但事实不是这样，阴阳互补在台州人身上表现得很明显。"台州绿壳"硬气得很，在台面上不会怕老婆，如果在江湖场合被人说是怕老婆，那就没法在江湖上混了，"匪气"会因此大打折扣，刚性的男人形象在别人眼里也会荡然无存。从台州人本性讲，男人在潜意识里是不想被老婆管住的，但结婚之后，却自觉不自觉地接受老婆的管教，不是男人不行，而是男人根本没有女人本能的争权意识。结婚后，女人就开始经营权力，男人懵懵懂懂，一开始就失去先机，久而久之习惯成自然，最后抬不起头来，虽偶有硬气，但坚持不了很久，立马败下阵来。存在着这么一种可能，在江湖上越硬气，这个人在家里就越软弱，人是具有两面性的动物，阴阳相间，硬易折，在家里就软了。女人逐渐获得了对男人的控制，进而控制了家庭，但是桂冠是由失败者宽宏大量地给胜利者加上的。

换一个角度再看，如果婆媳关系很好，丈夫听老婆的话，那老婆在家中的威望和权力就更大，台州人说："越养越大，无法无天。"这在男方一家的父母是无法接受的，作为男方家庭权力的象征——婆婆自然极力抗拒这一切，婆媳的矛盾由此根深蒂固。在这种格局下，专唱喜庆的"洞房经"要唱和经常闹矛盾的婆媳关系等于一厢情愿，自我解嘲，自然不会入调。

不过现实情况不会那么极端与糟糕，婆媳关系亲密的大有人在，有些也无关乎权力的争夺，正应了"林子大了什么鸟儿都有"这句话。现在的台州女性对婆媳关系有一种新的看法，我对一组妇女进行过类似调查，她们较为一致观点是认为爱情与婆媳关系一样都需要经营，要讲究策略，才能稳固，才能有地位。典型的例子是：台州有一个家庭，男人在政府里担任重要职务，在地方上很有影响力，女人属一般干部，本来在家里是男人掌握话语权，但女人有危机感，一开始就走婆婆路线对男方家族成员尽情尽礼，终于博得男方家族的一致拥护。夫妻一旦吵架，男人总要应付来自家族强大的压力；外面一有风言风语，男人会招致全家人的集中教育；男方家族需要处理什么事，第一个想起要找的是女人，而不是男人，家里大小事情的决定权慢慢地都归于女人。团结就是力量，男人在家族的整体氛围中话语权渐渐旁落，而女人因为有了家族力量的支撑，根本不怕男人变心，优哉游哉地做起女主人，快乐无边。

第三节　期望与人性的铺陈

从广义角度讲，以人性美德所主导的阳光、进取、勇敢、坚毅、锲而不舍的精神，就成了家庭跟进时代、体现地方主流社会意识、注重人的道德教化、打造世俗文明美德的基础。提升人性，德润人心这是对生命质量所负的责任，这是第一要义；第二要义是把重心转移至子女身上，注重子女的兴趣培养、个性的挖掘，形成储备享用一生的精神力量。孩子在幼儿、小学时期，他们的学习不仅仅是孩子的事情，更是大人们的事情，常常看到全家人帮孩子做作业，或准备学习的内容。家族文化中崇尚协作、进取的精神信仰教育培养了孩子们远行的气质。

婚姻是一棵枝繁叶茂的大树，它的根、枝、叶顺势而生，各有支架。如果老人是树的根，那么夫妻就是树的干，其他家庭成员就是它的枝条，亲朋好友，左邻右舍，族群村落，就是它的叶，风吹草动，根、枝、叶，联动反应。婚姻与其说是两个人的结合，不如说是两个家庭的组合，扩大一点说是两个家族或村落的组合。在"洞房经"中，婚俗仪式就是家园，是一个台州人赖以生存的家园。"洞房经"质朴又富有文采，用独特的艺术形式讲述空间旅行、时间旅行和生命旅行，通过"洞房经"表演展示一种民间的家庭温暖，展现一种人性的光辉，力争做到在优美的仪式中感动人，使它更加浪漫、更加热闹、更加温暖、更加快乐。

送洞房

洞房间里红艳艳，好比万岁金銮殿。

一望望见皮沙发，新郎新娘发发发。

一望望见组合柜，玲珑绸缎装满拒。

一走走到眠床里，新妇娘生儿生得起。

一走走到眠床背，新妇娘生儿生一对。

一走走到眠床头，新郎新娘共白头。①

---

① 蔡海燕：《从口语艺术角度看临海洞房歌的艺术魅力》，《台州师专学报》2000 年第 4 期。

从深层意义上概括，"洞房经"阐述了一切生命都有尊严，一切生命都有价值，一切生命都有梦想的理念；从表层意义上概括，它表述的是财运、福运和多子愿望等，有些语句还略带暧昧色彩，与当前倡导的社会主义核心价值观显得有些格格不入，当然在特定历史时期，这些希冀和愿望都是正当合理的。

拜财神

加官进禄喜洋洋，招财进宝万年长。

日日生财凑富贵，五子登科状元郎。

拜土地爷

天又高来地又高，土地老爷实在好。

拜得土地中堂坐，夫妻和合百年春。

中堂面前呐噪喊，百客面前起口难。

地方候相多多显，我做候相要倒霉。

大大螺蛳拷拷碎，小小螺蛳吞落开。

我做候相少肚才，中堂百客笑连连。

拜祖宗

祖宗接来福寿长，丰衣足食代代昌。

佛点春秋千年祥，天地夫妻万年春。

（选自温岭"洞房经"）

台州民间受说书人和戏文影响，民间演戏和说大书在20世纪70年代前曾经非常盛行，演戏是不分季节的，往往由族里或大户出钱邀请外乡戏班演戏，且都是耳熟能详的曲目，说书一般在夏天，邀请外地专业说书人，选择街角空旷之地，高挂汽灯，临街摆阵，大人小孩坐着自家凳子，静静地听，也有很多人不带凳分散在四周站着听。说书人说的是大家熟悉的故事、戏文和说书内容，说到紧要处，往往停下，卖一下梨膏糖，做一回生意，因为说书人没有报酬，靠精彩的故事和口若悬河的精湛技艺吸引听众，再在回合紧要处停顿休息，卖掉梨膏糖，以期谋生。"洞房经"歌词的内容深受其影响，几乎一半以上的歌词都能和戏文说书内容搭上或多或少的关联。如：

上楼梯

外间朋友笑连连，我班朋友上楼台。

外间朋友笑嘻嘻，我班朋友上楼梯。

木匠老师武艺精，做起楼梯格格升。

一格楼梯一格高，金鸡凤凰结鸾交。

今夜才子佳人会，陪伴新郎上楼台。

二格楼梯二格高，王母娘娘献蟠桃。

王母娘娘蟠桃会，八仙庆寿闹喧天。

三格楼梯三格高，凤凰飞来采仙桃。

采来仙桃是八宝，今日八仙就来到。

四格楼梯四格高，手扶栏杆上金桥。

天官赐福金钿树，八仙过海乐逍遥。

五格楼梯五格高，五虎上将算马超。

马超本是忠良将，潼关之上逞英豪。

六格楼梯六格高，财神老爷送元宝。

手捧元宝笑嘻嘻，金童玉女配夫妻。

七格楼梯七格高，仙女下凡把亲招。

土地老爷做大媒，要与董永成婚配。

八格楼梯八格高，八洞神仙过仙桥。

手托金盘圆又圆，八洞神仙过桥来。

九格楼梯九格高，八洞神仙齐到来。

新人新郎成婚配，夫妻和合万万年。

十格楼梯十格高，刘备东吴把亲招。

神机妙算是孔明，刘备招来孙夫人。

十一格楼梯十一格高，仁宗皇帝登太宝。

铁面无私包公到，迎接太后转回朝。

十二格楼梯十二格高，孔明军师策略好。

魏国反进司马懿，伏龙摆起空城计。

十三格楼梯十三格高，关公千里送皇嫂。

子龙南阳抱阿斗，张飞大喊退曹操。

十四格楼梯十四格高，新郎今日要上朝。

万岁金口封新郎，封官受禄伴君王。

十五格楼梯十五格高，文武百官都来到。

新人好比穆桂英，新郎好比杨宗保。

赤胆忠心定乾坤，为国为民立功劳。

十六格楼梯十六格高，王三姐把彩球抛。

彩楼搭起三丈三，彩球抛进平贵篮。

十七格楼梯十七格高，平贵西凉把亲招。

平贵西凉回家转，两国封王呵呵笑。

十八格楼梯十八格高，纯阳大仙云头飘。

一飘飘到杭州城，要渡牡丹上天庭。

一张楼梯走完成，要进洞房贺新人。

（选自台州"洞房经"）

"西游记""八仙过海""三国演义""穆桂英挂帅""薛仁贵征西"等构成"洞房经"歌文的基本内容，可以看出受戏文和说唱的影响程度。

同时，子孙高中状元是人生最高理想和目标，大富大贵、子孙繁盛又是孜孜以求的愿景，在恭贺新婚快乐的同时，人们都毫不犹豫地加上对多子富贵、衣锦还乡和兴旺发达的期望的话语。

送洞房

洞房花烛放豪光，赛过万年题金榜。

眼看洞房新被新眠床，明年生儿状元郎。

一枝喜花喜团圆，二枝喜花实周全。

三枝喜花麒麟送子来，四枝喜花五子登科中状元。

众朋友笑连连，洞房花烛歇落来。

脚踏洞房笑盈盈，夫妻和合晚年春。

欢乐无限，祝福无限，祈求多子多福，后代高中发达。

望新人

若要富，要看新人替里衫替里裤。

若要发，要看新人红肚搭（肚兜）。

新人勿用呆度度，要看你肚搭下有啥货。

此物本是娘生养，朋友勿可多妄想。

原封勿动还新娘，新郎晚头派用场。

既直白，又隐含，叙事中明告心中所想。

以往台州老百姓结婚时，夜里念"洞房经"送洞房，里间洞房客与外间厨下宾客你唱一段，我唱一段，大家边唱边吃边说笑。给新婚夫妇和家庭带来财运、官运、多子、多孙、多福、平安、祥和等美好的祝福。

仔细探讨"洞房经"，我们还可以发现，台州人具有很强的独立性和自主性，但这种独立性和自主性又有相对的"狭隘性"。自古台州多山地丘陵、多台风，自然条件较差，人文地理学家王士性称："浙中惟台一郡连山，围在海外，另一乾坤。其地东负海，西括苍山高三十里，浙北则为天姥、天台诸山，去四明入海，南则为永嘉诸山，去雁荡入海。舟楫不通，商贾不行。"[①] 王士性在他的名著《广志绎》中，从人文地理角度分析了地理环境对地理文化的影响，认为泽国、山谷、海滨三种不同的地理特征对当地文化发育和演进有着深远影响。在长期与自然抗争过程中，台州人学会了面对现实，依靠自身顽强拼搏。特别是蹈海生活，生死不由人，面对神秘莫测的大海，人的生命显得过于渺小，谁也无法把握和掌控命运，每一次出海归来，仿佛都是凯旋，但不知下一次命运几何。当一个人不能掌握命运时，他一般不会把希望寄托在将来，而是及时行乐，重在现实的利益，因此，独立性和自主性成为台州传统文化的灵魂，已经融入台州人民生活的每一个细节中，构成文化价值取向的标准之一，影响着生活的各个层面。但是，台州文化的独立性和自主性既

① （明）王士性：《广志绎》卷4《江南诸省》，上海古籍出版社2014年版，第77页。

表现在不平则鸣、敢于抗拒外来的一切强压，同时它又是原始、纯朴、狭隘，甚至是不择手段的，所以有学者认为台州文化是狼性的。台州人处理人际关系有一个现象非常有趣，灵江以北地区（临海、三门、天台、仙居）相似度很高，花钱托人办事，如没办成，会找办事人理论；灵江以南地区（椒江、路桥、黄岩、温岭、玉环）花钱托人办事，如没办成，会埋怨自己先期工作没做好。两种表现都是以自我为中心的个人主义，相信自己的能力，相信自己的力量；还认为钱能解决一切问题，一般不依靠群体力量。虽然台州人亦有"群"的概念，会合伙做生意、办企业等，但它是狭隘的没有合力的群，一旦与个人利益相冲突，即刻无群无义。台州民营企业的核心是家族企业，家族以外的人很难插足，现代企业制度很难在台州茁壮成长。以区域、人情为纽带构建的组织，是"地域之群，血脉之群，家族之群"①，是不稳固的，无法抵抗台风的侵袭。台州是特讲关系和人情的地方，办企业、做生意基本上是家族制，表现为利格斯所谓的"特殊主义"倾向。而且当群的整体利益与个人利益相碰撞时，个人利益往往占了上风。在褒义的赞歌后面，台州人的狡猾、不择手段也会暴露无遗。

第四节　家庭的和合精神

奥地利心理学家 S. 弗洛伊德认为，家庭是"肉体生活同社会机体生活之间的联系环节"②。美国社会学家 E.W. 伯吉斯和 H.J. 洛克在《家庭》（1953）一书中提出："家庭是被婚姻、血缘或收养的纽带联合起来的人的群体，各人以其作为父母、夫妻或兄弟姐妹的社会身份相互作用和交往，创造一个共同的文化。"③

要谈家庭结婚，就不能不提和合二仙。和合二仙是中国民间的喜神。在我国传统的婚礼喜庆仪式上，常常挂有和合二仙的画轴。面轴之

---

① 高飞：《台州区域文化传统特色论》，《社会科学战线》2008 年第 3 期。
② 转引自廖美暖《西部地区农村留守妇女家庭观研究——以广西田东县思林镇坡塘村为例》，硕士学位论文，广西师范大学，2008 年。
③ 同上。

上有两位活泼可爱，长发披肩的孩童，一位手持荷花，另一位手捧圆盒，盒中飞出五只蝙蝠，他们相亲相爱，笑容满面，十分惹人喜爱。他们手持的物品，件件都有讲究。那荷花是并蒂莲的意思，盒子是象征"好合"的意思，意为"和（荷）谐合（盒）"。而五只蝙蝠，则寓意着五福临门，大吉大利，人们借此来祝贺新婚夫妇白头偕老，永结同心。如："两朵紫云齐和合，夫妻交拜莫相推""拜得土地中堂来，夫妻和合乐陶陶"。

如清李汝珍《镜花缘》第一回云："说话间，四灵大仙过去，只见福、禄、寿、财、喜五位星君，同著木公、老君、彭祖、张仙、月老、刘海蟾、和合二仙，也远远而来。"

《周礼·地宫·媒氏》疏云："使媒求妇，和合二姓。"此"和合"之正解。故在民间传说中，此和合之神遂逐渐演变为婚姻和合之神，原作蓬头笑面擎鼓执棒之一神图像者，遂化身为一持荷、一捧盒之二图像。

古时和合二仙的画上，还配有一首四言诗：

> 和气乃众合，
> 合心则事和；
> 世人能和合，
> 快活乐如何？

在台州，大家都知道"和合二仙"就是指"寒山""拾得"两位高僧。

寒山，又称寒山子，唐代僧人。相传他隐居天台寒岩 70 年，故名寒山。他好吟诗，曾在山石上题诗 700 首，有喜欢的人抄录，得传 300 余首，称为白话诗翁，在唐代几与李白、杜甫齐名。他与国清寺拾得为好友，拾得是国清寺高僧丰干在路上捡的孤儿，带至国清寺抚养成人，故名"拾得"。传说在寒山还没到国清寺前，拾得常将残羹剩菜送给未入寺的寒山吃，丰干和尚见他俩如此要好，便让寒山进寺和拾得一起当国清寺的厨僧。自此后，他俩朝夕相处，更加亲密无间，情同手足。天台民间还有个传说，相传寒山、拾得曾同时爱上一个姑娘，两人相互推让，寒山为此出走，拾得不辞辛苦，到处寻访，最后在苏州的一座古寺里找到。两人相会时，为表各自心意，拾得手持采来的一枝红艳静美的荷花，寒山手捧一只盛着素斋的圆盒，两人在古寺喜相逢。此后就一起住在古寺修禅，使古寺的名声越来越大，这座古寺后被称为"寒山寺"，有诗歌"姑苏城外寒山寺，夜半钟声到客船"。后人又称捧荷花的拾得为"荷仙"，捧斋盒的寒山为"合仙"，合称"和合二仙"。据清代瞿灏《通俗编·神鬼》说："雍正十一年（1733）赐天台寒山大士为和圣，拾得大师为合圣。"清雍正皇帝正式封两位为"和圣"和"合圣"，"和合二仙"从此名扬天下。

"和合二仙"的原型诞生于台州，因两人笑口常开，乐为大家排忧解难，逐渐被民间奉为欢喜之神。

他俩的形象被画成瑞图，专门悬挂在举行婚礼的喜堂上。寒山持"荷"，谐音"和"字，拾得拿"盒"，谐音"合"字，分别暗寓婚姻和合，生活和谐。

有学者指出，"和"指和谐、和平、祥和；"合"指结合、合作、融合。"和合"指自然、社会、人际、心灵、文明中诸多因素之间的平衡谐和的理想状态，主要体现在"三和"层面：一是人与自然的和谐，即"天人和合"；二是人与人、人与社会之和合，即"社会和合"；三是人的身心自我和谐，即"自我和合"。[①]

寒山、拾得行为处世所折射的正是我们中华民族传统文化的精髓，是普遍认同的人文精神——"和合思想"，与"和谐社会""和谐思想"主旨一致。

著名史学家钱穆对中国和合文化研究有很深的心得造诣。他认为文化冲突和文化变异是文化发展的一种形态，他对中国传统文化情有独钟。他说："中国人常抱着一个天人合一的大理想，觉得外面一切异样的新鲜的所见所值，都可融会协调，和凝为一。这是中国文化精神最主要的一个特性。"[②] 同时指出："文化中发生冲突，只是一时之变，要求调和，乃是万

---

① 白美丽：《中国文化休闲旅游研究动态分析》，《内蒙古师范大学学报》（自然科学汉文版）2014 年第 2 期。

② 钱穆：《中国文化史导论》，上海三联书店 1988 年影印本，第 162 页。

世之常。"① 他对比中西文化后认为，西方文化似乎注重主体性的独立发展，相互之间冲突性更大，而中国文化涵盖性更深广，调和同化力量更强。最后他形成独到看法，那就是"中国文化的伟大之处，乃在最能调和，使冲突之各方兼容并包，共存并处，相互调剂"。钱穆以他自己的眼光考察了历史和现实的中西方文化性格和国民性格，指出："西方人好分，是近他的性之所欲。中国人好合，亦是近他的性之所欲。今天我们人的脑子里还是不喜分，喜欢合。大陆喜欢合，台湾亦喜欢合，乃至……全世界的中国人都喜欢合。"② 张岱年先生对此做了充分肯定。他说："近来许多同志宣扬'和合'观念，这是有重要意义的。'和合'一词起源很早。用两个字表示，称为'和合'；用一个字表示，则称为'和'。……许多不同的事物之间保持一定的平衡，谓之和，和可以说是多样性的统一。'和实生物'，和是新事物生成的规律。"③

台州和合文化主要精神是"务实而兼容，和合而创新"，强调人与自然的和谐统一，主张人际与社会关系和谐，注重自我精神的超越与升华。人与自然、人与人、人与社会、人自身心灵的和谐，既与个人生活息息相关，又与社会国家的安定、兴盛、繁荣联系密切。就地方而言，这一文化已经融入民俗之中，使台州民俗染上了"和合"的浓重之意。一千多年来，"洞房经"作为一个具有地方特色的婚俗仪式，小而言之是将婚俗中的喜庆变成家族团结，体现民俗意志；大而言之是将家庭富裕变成家族兴旺发达。总体来说，地方民俗意志将婚俗中的亲人祥和变成民族复兴，亲情爱情变成爱国之情，这是"洞房经"所能达到的最高境界。

天台山寒山、拾得二仙，展现了婚俗的"和合"美满和朋友"和合"的情谊，为世人所称道。但台州的"和合"不仅表现在寒山、拾得二仙身上，还表现在天台山及其传说上，台州因其境内有天台山而命名，天台山是我国各派各宗共处、共修、共融的圣山。天台山儒释

---

① 钱穆：《中国文化精神》，台北三民书局 1971 年版，第 51 页。
② 钱穆：《从中国历史来看中国国民性及中国文化》，香港中文大学出版社 1982 年版，第 27 页。
③ 张岱年：《漫谈和合》，《社会科学研究》1997 年第 5 期。

道三教同山，相容睦居，和谐共处，义理修持，相学共修。以天台宗为代表的佛教文化，以南宗为代表的道教文化和以理学为代表的儒家文化，三者互相依存，相辅相成，因其神奇的山水和三教兼容特点，成为文人学士、僧侣高道云集之地，充分呈现睦居"和合"的情景。天台山文化中三家和谐发展的情景，堪称"华夏一绝"。民间的许多传说，如刘阮遇仙思返，表现了家人"和合"的情爱；有苦有难——我来救，有冤有愁——我来消，有魔有霸——我来治等济公传说体现了社会"和合"的情理，专打不平也是台州性格的组成部分。台州是中华和合文化重要发祥地之一，台州和合文化是中华优秀和合文化苑囿中一朵奇葩。

在民俗发展中，从开始无意识形态特征到逐渐意识形态化，表明政府对民俗文化的重视。宗庙、族规等乡村规约仅体现民间意识，而传统文化的挖掘、保护则体现官方意志，连公共节日和仪式也逐渐体现出意志形态特征，如节日放假、除夕、春晚等。由于现代生活中公共仪式越来越少，春晚便成了中国每年最隆重的一个公共仪式。在这里，空间似乎消失，天涯海角的人守着一台机器，在心理上加入这场仪式中。在这里，亲身参与变成了实时旁观，自主体验变成了被动感受，民众对家庭的期望变成了对国家的想象。

第五节 "洞房经"背后的社会意象
——水文化与家族—村落的权利之争

一 水，社会控制的关键手段

地域文化的形成与当地水文环境、风土人情有着千丝万缕的关系。自然的山水风貌和闭塞的自然环境，在台州的文化性格形成中起到非常重要的作用，但很多人没有察觉到水在形成台州精神中所起的作用。事实上，水资源价值的认识、发现和集体利用以及水利设施的建设，所构建的水文化意识对于某些民间利益相关的共同体构成，在其中起着某种关键作用。政府在制定政策时应特别加以重视。英国著名汉学家魏特夫指出，"水的控制是社会控制的关键手段之一"。同时他还认为，水利控制形成的文化意识形态特征表明"古代中国的'暴君制度'乃是基于国家对于水利设施的整体性控制而建立的"。① 魏特夫在水文化功能上为我们提供了一种较为可信的历史解释，他关于中国式的水及水利与复杂社会构成之间关系的理论有一定的创新意义。在中国，不管在丰水的南方或者在缺水的北方，水利都是家族、村庄或超家族、村庄的地方社会组织结构的核心通道。"凸显出当地非常重要的水资源利用问题，直接关系到区域地理、社会制度与国家制度、社群关系等等。"② 无论是国家水利项目的建设还是民间宗庙力量完成的水利设施，都最大限度地支撑着家族、村庄或跨村庄社会结构的组成，包括土地资源的利用和掌控。

　　江浙一带以"村落—家族"为基本社会组织形态，但它们或强或弱，处于不均等的状态，王铭铭认为："宗族强弱，导致不同'村落—家族'对于水利设施在内的超村庄'公共物品'拥有不同的支配和使用能力，能力不平等，造成家族之间的世仇。在历史的进程中，这种世仇往往会导致冲突以致战争，在械斗中弱势家族也通常会组合成联盟来抗拒强势家族。"③ 但从中国村落历史考察，王铭铭的说法并不全面，事实上，弱势群体很难组成联盟对抗强势家族，更多的是处于弱势家族以"通婚"等手段谋求与强势家族的联盟，达到在"水利"权益分享时的相对均衡。这种联盟相对于国家或民族而言属于小共同体，它"一般是指农村具有高度认同感的内聚性团体，其具体形态多样，水利共同体即其一"④。钞晓鸿既解释了共同体的性质，又证明了在共同体构成中，水利是其中一大主因，它是古老、传统的，一直流传至今。或者可以说，"为解决冲突而结成联盟是区域社会的常态"⑤。从历史看，水作为一种公共资源引发的家庭、族群、村落、联盟的争夺贯穿整个中国社会生活，"水利社会"概念因此而生，水利作为社会生活的主体之一被很多人认同并得以彰显。

----

① 转引自王铭铭《走在乡土上》，中国人民大学出版社 2009 年版，第 193 页。
② 赵世瑜：《分水之争：公共资源与乡土社会的权力和象征》，《中国社会科学》2005年第 2 期。
③ 王铭铭：《水利社会的类型》，参见《走向乡土（上）》，中国人民大学出版社 2009 年版，第 193 页。
④ 钞晓鸿：《灌溉、环境与水利共同体》，《中国社会科学》2006 年第 4 期。
⑤ 转引自王铭铭《走在乡土上》，中国人民大学出版社 2009 年版，第 192 页。

还需要说明的是，水资源不是静态或固态的，它是流动的。一个水系、一个河网、一条河流甚或一条人工沟渠从源头下流，不可能只流经一个村庄，流域所及，人们为保护自己的利益而形成群体，管控水源，也由此引起纷争。在很多层面为了水利资源的共享，在某些特定时期开展跨村落、家庭的利益合作，进而形成利益相对稳固的联合体，这种现象一直普遍存在。而在民间的水利资源管理上，往往与宗教庙宇的组织有密切关系。流行于台州民间的易术"风水"，便是更多地根植于水流向和形体而提供的易理学说，借以判断动土和迁葬，形成群体认知。民间、村落、联盟、社会，水构成其中控制力量的关键。从现实的理解上讲，水是生命的源泉。水利直接关系我们的生命、生存环境和生活品质，关系台州经济社会全面、协调、可持续发展。因此，水的控制显得非常重要。

二　水："村落—家族"组织形态的核心

人类学家弗里德曼还提出过一个非常精彩的观点，那是他考察了古代中国各种现象后得出的，他认为，超越村落家族的地区性联盟，往往是在械斗中形成的，其中强势家族对灌溉系统的支配，是农耕社会中国强力位置表现形式之一。[①] 当然，弗里德曼还注意到在超越村落的家族的地区性联盟构成中"通婚"和械斗同样具有重大作用，通婚可以使不同村落、家族甚至不同民族结成联盟关系，大的如"西汉和亲"昭君出塞，小的如跨村落的民间婚姻，进而影响族群、村落等。这种超越村落的家族的区域性联盟实际上也可理解为更广范围内的村落和家族的组合，这与费孝通定义的"民族家庭主义"有点相似。

家庭主义的社会形态核心类型可以是广义的"村落—家族"，也可以是狭义的"村落—家族"。根据人类学家考证，这种"村落—家族"结构形态在华东一些地区较为普遍，因为这样的区域是皇权统治力难以企及的边陲之地，台州即是具备这种形态的典型地方。古代的台州还是蛮荒之地，三面环山，东面濒临东海，在海陆交通均不发达的过去，台州实际上处在较为闭塞的环境中，历史上更多地作为朝廷贬谪之人的流放之地，如

---

① 转引自王铭铭《走在乡土上》，中国人民大学出版社 2009 年版，第 193 页。

骆宾王、朱熹、郑虔等，而非一方区域的政治和经济中心。台州多山、多水、少田、多台风，东面是广阔的东海，进出极为艰难，但有密集的河网、肥沃的土地和温润的气候，非常适合稻作生产，不过出产的稻米不能完全养活台州人民，濒海靠海，与大海拼搏，获取大海馈赠在一定程度上作为补充支撑着鱼米之乡的神话延续，以此养育着近600万台州人民。抗台防台意识的强化，水患肆虐的历史记忆，不断地强化台州人的水文化意识。也就是说，水文的概念深刻地影响了台州人的思想和意识，水利成为农业生产和人口集聚区公共设施的核心组成部分，已经成为地方家庭、村落之间争夺的资源。从古代沿袭的历史现象分析，我们可以认识到：水利作为资源在被争夺过程中，可能成为不同家族（庭）内聚力形成的动力。在台州，"家族就是社区"（弗里德曼语）。台州的家族史是一种典型的血缘兼地缘的共同体，共同体的基础是家族共有土地财产的存在，其背后靠水利（水资源的话语权）支撑。

这种靠水利或水资源内生的家族凝聚力，是台州以家族为主发展起来的民营经济的核心，无论朝哪个角度理解，大海的冒险精神和拥有陆地水资源产生的强烈自我意识是造就台州人敢闯敢冒品质的支撑之源。秉承这一点，远在黄岩县和黄岩市的黄岩经济发展就走在台州的前列，台州民间流传的一句话就可证明："黄岩人头发空芯"，是说黄岩人实在太聪明了。据考证，中国最早的民营企业就出现在黄岩，1986年10月原台州地区黄岩县委下发《关于合股企业的若干政策意见》的69号文件，这是中国地方党委、政府关于股份合作企业的第一份政策性文件。[①]黄岩一直是台州的代名词，名头响亮（黄岩的私有经济向来非常发达，只不过后来专注于"抗争"而荒废了）。这种依据水利而成的强烈优越感，向来为台州文化内涵研究者所忽视，没有人敢把水利和台州人桀骜不驯的性格联系在一起，更没有人把台州人的"叛逆"行为诉之于水资源话语权的争夺。

马克思说过："人们奋斗所争取的一切，都同他们的利益有关。"[②]

---

① 何建明：《台州农民革命风景》，作家出版社2008年版，第115页。
② 《马克思恩格斯全集》第一卷，人民出版社1972年版，第82页。

家族—村落在历史争夺水资源时结成的利益集团，无论是靠通婚形成的联盟，还是宗庙组织，都是依靠强势取得话语权，这是唯一出路。这也恰是"洞房经"背后所体现的意象，通过婚姻体现家族或村落团结协作的力量，以集体力量对抗外来的干扰。

第三章 "洞房经"

——进取精神之美

婚礼，是男女双方结成夫妻的一种仪式，这种仪式的功能就是起到社会确认、文化确认、心理确认这三重确认作用。在中国汉族，婚礼代表对各自长辈、四亲六眷、乡邻、朋友等的尊重，还可以此告慰先人，带有一定的通告性质。婚礼程序的每一个仪式都代表不同含义，而不同区域、不同民族、不同信仰的婚俗都有异同。在台州，婚礼除了普遍意义之外，有一个标志非常明显，那就是婚姻的责任、义务和感情融合，它不像沈从文《边城》中描写的那样，婚姻的缔结尊重长辈的意见，夫妻双方的责任和义务胜过感情，婚姻和爱情不能和谐地统一，而是有一种近乎金庸小说的意味——道义、责任、情爱、忠贞。婚礼仪式不仅要铺张有序而完美，还需要齐心合力，倾心倾情，动作协调一致，参与者以经验和创新弥补仪式过程的不畅和细节的疏漏，积极地调节自己，各司其职，这种习俗的文化意蕴正是我们现代化建设所需要的。三十年来的改革开放实践证明，团结一致、奋力进取、勇为人先，正是台州社会发展取得辉煌成绩的不竭动力和精神保证。萧梅说过："田野的回声是一种别无选择的生存。"① 起于民间的"洞房经"，是传统婚俗最重要的选择，民间传唱"洞房经"是一种温暖的乡情。婚俗除了具备普世价值外，还有其独特的美学意义，那就是"洞房经"所体现的"进取精神之美"。积淀深厚的民间文化孕育了独特的台州文化，在文化浸润之下，台州人几千年的生存奋斗终于凝结成积极进取的精神取向。

---

① 萧梅：《音乐的回响——音乐人类学笔记》，上海音乐学院出版社 2010 年版，题记。

第一节　台州魅力

"台州地阔海溟溟，云水长和岛屿青""龙楼凤阙不肯住，飞腾直欲天台去"，这是唐代大诗人杜甫和李白对台州的描绘，台州的美景在诗人笔下尽显无遗。台州历史悠久，是六千多年前新石器时代下汤文化的发祥地，它积淀深厚，民俗风情绚烂多彩。据历史记载，唐初，武德五年（622）置台州，《元和郡县志》记载："隋平陈，废郡为临海县。武德四年讨平李子通，于临海县置海州，五年改海州为台州。"距今已有近1400年历史。台州文化底蕴深厚，是佛教天台宗和道教南宗的发祥地，素有"佛宗道源"之称，国清寺为日本、韩国天台宗的祖庭。

东晋孙绰出任章安令时，游遍了周边的山水，他登临天台山，激情奔涌，一挥而就，写成千古名篇《游天台山赋》，一开头就指出："天台山者，盖山岳之神秀者也。涉海则有方丈、蓬莱，登陆则有四明、天台，皆玄圣之所游化，灵仙之所窟宅。夫其峻极之状，嘉祥之美，穷山海之瑰富，尽人情之壮丽矣！"写成后，把笔一掷，示友人范荣期，自诩："卿试掷地，当作金石声也。"

孙绰极尽赋体的铺排之能事，他笔下的台州神秀、仙灵、峻极、嘉祥、瑰富、壮丽。

林语堂《京华烟云》描述过台州："那一夜，是新年除夕，他们停在天台山下的一个庙里。这一带乡间是浙江省第一等美丽的地区，公路未兴建之前是人迹罕至的。所以也是游客所稀见的地方。在遥远的地平线上，看见巍峨的花岗岩山峰拔地而起，高耸天际，半入云端。""在遥远的地平线上，高耸入云的天台山巍然矗立。它在道家的神话里，是神圣的灵山，是姚老先生的精神所寄之地。在庙门前，老方丈仍然站立。他仍然看得见木兰、苏亚，他们的儿女，与他们同行的孩子们，所有他们的影子。他看了一段时间。一直到他们渐渐和别人的影子混溶在一处，消失在尘土飞扬下走向灵山的人群里——走向中国伟大的内地的人群里。"林语堂笔下的台州，山川秀丽，人杰地灵。

台州属山海文化的一种，身兼山海之神韵与灵秀。史称"海上名山"，

"天台一万八千丈，对此欲倒东南倾"，李白的名篇《梦游天姥吟留别》把天台山描绘得神采飞扬，梦游仙境的别样情怀使天台山更增神秘色彩，撩人意绪，不经意间，台州成为诗人梦牵魂绕的地方，台州魅力喷涌而出。

台州旅游胜地的特色宣传语很能概括台州的魅力：佛国仙山，隋代古刹——天台国清寺；青山绿水，神仙居住之地——神仙居；硐硐相连，天下第一硐——温岭长屿硐天；蛟龙飞舞，"江南八达岭"——临海古长城。如果再加上历史名人的描写则更能增添魅力："百丈素崖裂，四山丹壁开，龙潭中喷射，昼夜生风雷。"（唐·李白）"邦伯今推第一流，几因歌席负诗筹。一时文采说台州，雨脚渐收风入牖。云心初破月窥楼，翠眉相映晚山秋。"（南宋·洪适）"碧云低处浪滔滔，万里无云见玉毫。不是长亭多一宿，海神留我看金鳌。"（南宋·宋高宗赵构）宋代诗人戴复古赞美临海巾子山的诗句："双峰直上与天参，僧共白云栖一庵"，那种幽静和谐天人一色的绝景仿佛就在我们眼前。

台州景美、人美，文化也美。

台州民俗丰富多彩，民间艺术灿烂光华，台州乱弹、临海黄沙狮子、仙居无骨花灯、天台济公传说等列入国家第一批非物质文化遗产。习俗风情纷繁如花，如大年三十晚放关门炮，正月初一早放开门炮，祭奠祖先，初一忌汲水，忌洒扫，忌动刀剪，不催债，不吵骂，不劳作；初二忌串门；冬至祭祖，路口烧纸钱以资游魂等。

台州乡情的"十二怪"，更反映出台州人天下一等一的性格。

台州第一怪：吃饭无醋不动筷；

台州第二怪：喝酒论箱真豪迈；

台州第三怪：吃桔带皮不算赖；

台州第四怪：杨梅能跟乒乓赛；

台州第五怪：夏天台风来作怪；

台州第六怪：九县讲话翻译带；

台州第七怪：头发就像空心菜；

台州第八怪：本地汽车外地爱；

台州第九怪：世纪曙光争着卖；

台州第十怪：废铜烂铁当宝爱；

台州第十一怪：无中生有真能耐；

台州第十二怪：日本人年年来朝拜。

这就是台州人。一方水土养一方人，其中的"水土"，不光指自然的山水风物、时令节气，还包含了岁月沉淀下来的人文环境。自然地理、海洋河流、气候节气、物产风俗的不同，给居住在那里的人，带来了体质、气质、性格、文化的差异。自然、人文是横轴，同时又是纵轴。纵横交错形成区域文化，构成一个城市的性格。山的硬气、海的大气、水的灵气、人的和气被政府概括为台州"四气"，是台州人文化性格的总结。

民俗凝成的文化氛围塑造了台州人民奋发进取的品性。自由、独立、团结、创造、潇洒的文化氛围造就了台州式"硬气"，热情奔放、敢闯敢冒、勇立潮头等是台州人民的进取精神之美。台州文化蕴含的开拓精神，与海洋文化的长期熏陶有关。海洋文化有开拓性，以农耕文化为主的山地文化，具有保守性，保守的特征之一是吃苦耐劳，开拓创新表征为进取。而台州精神，刚好在山海之间，开拓和保守融合在一起。临海明代地理学家王士性在他的《广志绎》论述过地理和人的关系："（泽国之民、山谷之民、海滨之民）三民各自为俗：泽国之民，舟楫为居，百货所聚，俗尚奢侈；山谷之民，石气所钟，猛烈鸷愎，轻犯刑法，喜习俭素，然豪民颇负气，聚党二傲缙绅；海滨之民，餐风宿水，百死一生，以有海利为生不甚穷，以不通商贩不甚喜。"他认为泽国、山谷、海滨三种不同地理环境对台州人民的文化性格形成与发展起着至关重要的作用，他的论述基本概括了台州人的习性。这些都可以追溯历史，追溯地理环境。如果要找出台州文化的根，越文化应该是其源流。秉承越文化的东瓯国可能是台州文化、精神、血脉的重要之源。精神、文化、血脉历代都有传承，越文化流传至今可以证明这一文化传承的线性特征。

台州历史悠久，积淀深厚，地域文化极富特色。台州有文字记载的历史，可上溯到西汉孝惠三年（前192），当时台州封立东海王国（世俗号为东瓯王国），为103个郡国之一，从而融合了瓯越民族文化，创造了古代文明。因政治、军事等因素，三国、东晋以后，北方人口大批南迁进入

　　台州一带，随着民族的融合，以中原习俗为主的许多北方习俗随之传入，与台州本地文化交流碰撞，与当地的原有习俗逐步融合，产生了新的文明。有史记载，台州历史上风云激荡时期从东晋开始，当时被称为中国海盗之祖的五斗米道道师孙恩起义于海上然后席卷台州，临海的周胄起而响应；佛教东移传入中国后，八大分支的天台宗在陈隋之际的台州创教，声名远播于海内外；日本僧人最澄慕名入天台山求法取经，鉴真和尚六渡日本传经授法，名扬海外，国清寺成为日本佛教的祖庭。五代十国时，吴越国与邻国交战频仍因陆上三面受阻，只能下海寻求出路，开拓海上航运与贸易，发展农业经济，台州章安开始形成港口码头，"自三国以降，章安已成为重要的军事港口，台州湾是通向殷、闽地区的重要海上军事通道"①。目前椒江区几个自然村的祖先就是五代时由中原迁入的；当时，临海开始出现商埠，徽商过金华进入仙居、临海，新罗（朝鲜古国名）商人定居台州，建立坊市，对外文化交流频繁。初唐四杰之一的骆宾王、诗书画三绝的广文馆博士、著作郎郑虔贬谪台州，带来文士之风，开台州教育教化之先，台州文风渐开。台州独特的地理环境风土人情，又吸引了一批"客籍"名人定居于此，如名士朱熹曾在台州开馆讲学。至此，台州农业、商贸、经济和对外交流有了长足发展。

　　台州的文化在南宋达到了历史高峰，宋学在台州的发展，成为宋代历史无法忽略的事实。同时，"靖康南渡"使得南北文化交融，形成了台州独特的人文底蕴，台州开始成为"辅郡"。台州著名人物开始在"正史"中凸显，在正史中立传的台州人有96人，其中《宋史》列入的台州籍名人就有20人。理学家、教育家朱熹来台州各地讲学，理学之风渐盛，儒家学说风靡台州。流风所及，以至民间婚嫁、丧葬、岁时、礼仪等均有"遵文公（朱熹）家礼"之说。读书风气全面形成，科举进士人数激增，光宋代就有550多人登进士第，为台州历史科举之最。南宋台州名著有赵师渊《资治通鉴纲目》、陈景沂《全芳备祖》、赵汝适《诸蕃志》、陈仁玉《菌谱》，戴复古的诗作后被选入《四库全书》等，台州因而号称"小邹鲁"。

---

① 朱如略等编著：《浙东军事史略》，吉林文史出版社2005年版，第19页。

明清时期，台州相对处于停滞时期，除文化精神发展缓慢，除文学和史学上有所成就，其他方面均无精进。著名的文史学家陶宗仪、徐一夔、哲学家黄绾、地理学家王士性出版了一大批名著，如《辍耕录》（陶宗仪）、《始丰稿》（徐一夔）、《明道编》（黄绾）、《广志绎》（王士性）、《台学统》（王棻）、《清季外交史科》（王彦威）等。

"台郡山海雄奇"，故"士多磊落挺拔"。历史上台州多义士，民风刚烈，崇尚侠义精神，祖先具有反奴役、反压迫的光荣传统，如晋代孙恩，唐代袁晁、裘甫，宋末杜浒、张和孙，北宋末年江南方腊起义——吕师囊，元代方国珍，明代方孝孺。明中叶时，台州出现长达十年的抗倭斗争，今遗30多处抗倭故址，临海的抗倭战场——古长城、桃渚城，椒江区仍存抗倭烽火台，叫烟墩坝；清末金满农民大起义；辛亥革命时期，台州子弟组成敢死队"选锋营"；抗日战争时期，陈安宝、王禹九、谢升标将军等英勇捐躯；解放战争时期，浙东第二游击纵队（台属）第四支队、浙南游击队括苍支队，1949年解放一江山岛战役，新中国第一场海、陆、空联合登陆作战均在台州上演。

台州人以自己独特的市场理念、经营胆识、吃苦精神，左冲右突，迎难而上，终于开辟出民营经济的大道，构建起台州的经济发展模式，迅速跻身于中国沿海发达城市行列。

"台州现象"是台州人民伟大创造力的体现。现在，台州经济蓬勃发展，成就"台州模式"，这里是创造力勃发的地区，曾创造过许多中国之最和世界之最。轿车摩托车、配件、机械、家用电器、模具塑料、医药化工、阀门水泵、工艺礼品，有数十个工业制成品市场占有率全国第一，中国最早的民营股份合作经济（民营企业）就出现在台州，最早的股份制官方文件也出自台州黄岩县①。满世界闯荡，开创出民营经济主导发展的宽阔大道，以其特有的"台州式硬气"傲立于沿海发达城市行列，成为中国民营经济创新示范区。

台州人剽悍，敢做敢当，有横扫一切之勇气，有傲立时代潮头之胆

① 1986年10月原台州地区黄岩县委下发《关于合股企业的若干政策意见》的69号文件，这是中国地方党委、政府关于股份合作企业的第一份政策性文件。参见何建明《台州农民革命风暴》，作家出版社2008年版，第115页。

魄，与时俱进，开拓创新，"大气、硬气、灵气、和气"的台州人文精神和"勇往直前、有担当、有魄力、敢创业、能创新"的台商精神为台州注入强大的发展动力。台州的青藤经济蔓延至世界各地，台州制造无处不在。历史和现实都澎湃着台州的人文精神，这就是台州的魅力之美。

第二节　张扬的意念
——蓄势而发的精神力量

台州人有"龙岂池中物，乘雷欲上天"的欲望，时机未到，潜伏，时机一到，勃然而起。在婚俗中，秉承一贯的思维特点，对未来的渴望显得急切张扬，丝毫不掩饰内心的想法。但台州人不想称王称霸，只希望子孙繁衍，家业兴旺。既是极张扬的，又是蓄势而发的，体现出一股内在的精神力量。

登楼梯

　　脚踏楼梯步步高，凤凰飞过采仙桃。

　　采来仙桃盘盘满，早生贵子中状元。

　　中了状元敬爹娘，孝顺美德传四乡。

　　传四乡，传四乡，一门忠孝美名扬。

深厚的文化积淀，蕴含着"蓄势而发"的精神力量，在这片热土上，不同历史时段都绽放过光彩。东瓯国建都，形成台州历史的第一个繁荣时期；南宋时，台州的造船、雕刻、丝绸、瓷器、漆器都很发达，形成历史上第二个繁荣时期；改革开放，台州进入新的繁荣期。在每一个繁荣期，都可以读出越文化带来的文明之光。

在已知的资料中，民国时期可能是"洞房经"最繁盛时期，流传至今的"洞房经"歌词唱本几乎都是民国抄本。

深受说唱和戏文影响，在百姓的思维深处，得中状元才是家族的最高荣誉，只有中了状元，才可以达到人生和家族辉煌的顶点。在台州民间，状元已经不是一个明晰的职位，而是一种文化符号。虽然随着时代的变迁，在改革开放之后，过往的那些官儿已是明日黄花，随风飘逝，现今已向局长、厅长进军，希望子女进政府任职，但深层的思想却始终没变：

> 国家有国策，新乌娘生儿百个百。
>
> 大儿郎当朝一品做丞相，二儿郎当在两广做都堂，
>
> 三儿郎要到河南做布政使，四儿郎要到外国去风光，
>
> 五儿郎要到东京开钱庄，六儿郎要到台州做知府，
>
> 七儿郎要（看夫单位，若是财政的，就说将来做财政局长，若是医院的，就说是卫生厅长）。

传统台州人受戏文影响，有两件事最想做，一是做官，有官就有一切；二是开钱庄，有钱使得鬼推磨。这些愿望内生为积极奋斗、敢于拼搏的动力。

台州的文化性格逐渐在民俗事象中得以塑造完成。

性格可以是一种力量，也是让人成功或失败的关键。

性格的内涵比人格、人性的概念要深刻。人性是中性词，虽然反映人的美德，但也反映人阴暗一面，人性决定做人做事的风格，人格则是人思想和灵魂的集合体，人格可以在人做事手段中表达出来，又可在目标和价值取向中体现出来。

"蓄势而发""励志图强"一直是台州人的精神特质之一。台州的山石孕育了坚硬，辽阔大海孕育了豪迈，山间清流孕育了柔情。临海靠海，台州人深受海洋文化的影响，黑格尔说过："人类面对茫茫无垠的大海，会同样感受到自己的力量也是无限的。"海边的台州人，依海靠海，出海讨生活，地方人称"滔海"，与大海拼搏，如此世代沿袭，便形成了台州人勇于闯荡、敢于冒险、善于进取的特点，具有舍我其谁的豪迈精神，富有开拓性，并成为台州人文化性格的主要内容。

"蓄势而发""善于进取"是台州人的文化精神的又一体现，也是一种不怕吃苦、敢闯敢干的精神品质。

在以中原为政治经济中心的中国历史版图中，台州地处偏鄙，与中央政府相距较远，远离政治经济中心，历代统治者皆鞭长莫及，一直是

相对落后的地区，默默无闻，被称为浙江的"第三世界"。台州也是一个资源极为贫乏的山区，其地理特点是，背山面海，山高海阔，似乎围在海上，自成乾坤；交通阻隔闭塞，信息不灵，占山为王，据海作乱，千年不绝。历史上"绿壳"盛行，发展靠的是农业、渔业和商贸，没什么工业基础。加上发展农业所依赖的土地极少，"七山二水一分地"，就是台州写照。由于台州地处东南沿海，匪患严重，在明代成为抗倭重地，战乱多，建设少，一直较为落后。但台州人秉承"绿壳"的强悍、刚敢坚毅，"做别人不愿做的事""做别人不敢做的事"和"做别人做不了的事"，硬是从台州走向浙江、中国，最后走向全世界，台州成为中国民营经济的翘楚。正如台州市委编的《走南闯北台州人》序中所说："台州人，勇于改变人生命运的强者。尽管台州的自然资源禀赋在全国不值一提，人均只有三分地，根本不足以自给自足，但台州人不怨天尤人，不自暴自弃，他们在家搞'两水一加'，出门办补鞋摊和眼镜摊，卖小豆腐和小百货，干别人不肯干的活，吃别人不肯吃的苦，赚别人看不起眼的钱，成就别人所不能成就的大业，最终积累了令各方艳羡的财富，改变了自己的命运。"①

　　这种精神力量转化为文化的一种表现形态，可以作为一种审美参照，审视地方文化的深度和广度，因为文化是人类社会活动的文明结晶。"每一个民族、每一个家庭所表达的教育取向、社会意识、思想观念都是对未来社会文明的责任奠基，对人性、心性、秉性、人格、品格、性格的打造，以此构成社会文明进步的精神基础。不同民族的家庭对于子女的文化浸润，体现着不同的价值取向，形成不同的文化影响。"② 婚俗文化所表达的社会生活及社会关系，影响着地方的文化结构和艺术的升华，特别在文化传承上，"洞房经"内蕴的价值观让一代接一代的台州人打上烙印，延续了昂扬搏击的精神。传唱之人的智慧、创造力犹如一泓深不见底的潭水，在婚礼上喷薄而出。特别是即兴创作诵唱，散发着激情的光芒，是其内心思想的抒发与表达，这就是艺术，恰如"六义"所说的"兴"的状

---

①　台州市委编：《走南闯北台州人》，《台州日报》2012 年 2 月 15 日。
②　王继华：《家庭文化学》，人民出版社 2010 年版，第 274 页。

态。蓄势而发，惊天动地，这些经过内心反复酝酿积聚起的情感与意象，一旦情由景生歌由心出随口即唱，快意油然而生，就会产生强烈的艺术爆发力和感染力。《新唐书》载张旭："每大醉，呼叫狂走，乃下笔，或以头濡墨而书，既醒自视，以为神，不可复得也。"张璪绘画时："箕坐鼓气，神机始发。其骇人也，若流电激空，惊飚戾天。摧挫斡掣，撝霍瞥列。毫飞墨喷，捽掌如裂，离合惝恍，忽生怪状。"主体之兴的酝酿、蓄积、发展、勃发、升腾，转而成为艺术的审美状态，唱经之人的表达方式也不自觉地带上了审美特质。

势不能遏的生命激情的爆发与挥洒，宏大的集体意识的陈列与展示，是一种集体或个体生命气质的展现，成为台州主体精神的自由伸展和自我确证，"洞房经"也因此具有了强大的艺术感染力。

第三节 "刚"性与"灵"气的组合

"永嘉学派"是温州传统文化的骄傲，所以温州人喜欢把当代温商的文化追溯到"永嘉学派"，"永嘉学派"能准确把握宏观政局变化、制度变迁，对政治形势表现出超强适应性，在北宋时局动荡时获得了理学的话语权，最终从边缘走向中心。"永嘉学派"的文化精神至今仍然主导着温州的自我更新。

50多年前摇动的拨浪鼓代表义乌人艰苦创业的精神，李克强在接受义乌送给他的"拨浪鼓"时说："义乌人创业初期鸡毛换糖，摇着拨浪鼓走天下。义乌小商品是中国的名片，这个礼物很珍贵，浓缩了义乌精神。"义乌人常常沉浸在此种美好的回忆中沾沾自喜。

台州人则把鲁迅的一句"台州式的硬气"当作座右铭，时不时拿出来当作名片，以此显示台州的"迂"，宁折不弯、剽悍、硬朗、淳朴，认为硬气是台州文化性格的主导，是主流文化。

我们姑且不论结论是否正确，但是独特的台州文化孕育出独特的精神，那是不存争议的，"台州现象"背后蕴藏着深厚的文化。那是山与海的碰撞、灵与智的结合。

环山面海，天长地阔，天高皇帝远，独特的台州地形酝酿着独特的台州文化。山的"硬气"、海的"大气"、水的"灵气"、人的"和气"在这里发生了碰撞，进而迸发出绚烂的火花。

鲁迅在《为了忘却的纪念》中说："他（柔石）的家乡是台州的宁海（当时宁海属于台州），这只要看一看他那台州式的硬气就知道。"硬气是大山孕育而成的，山的文化，养成了台州人"千辛万苦、千方百计、千言万语、千山万水"走四方的精神。

一方面，台州自古多"绿壳"（土匪和海盗），性格强悍，个性刚硬，遇事宁折不弯：台州七山二水一分田，靠海多山，山魂海魄铸就台州人的硬气和匪气，他们重利重义，轻生死，重抗争，秉承古越文化。台州是一个流民集聚地，台州外来移民以北人居多，鱼龙混杂，加上匪患严重，玉环县明清两朝遭到清岛。北方移民带来燕赵豪侠之风，经台州的匪气同化后形成刚硬的个性特质。这样，独特的地理环境和历史变化的组合孕育了台州人新的性格特征——刚硬与圆通，一方面是被鲁迅誉为"台州式的硬气"的强悍，另一方面，又有以"灵"气闻名的圆润通达。要征服大山和大海，仅有刚性是不够的，必须有随时达变的本领。台州历史上灾难频发，这也迫使台州人学会随机应变，以求生存。法国人丹纳有一句名言："精神文明的产物和植物界的产物一样，只能用各自的环境来解释。"[①] 特有的自然环境造就了特有的性格精神，从历代台州人的制度创新和文化主张的选择上，均可窥见这种台州式灵气的闪光。不断前进发展，不甘现状，善于进取是台州人文化精神的原初动力；不怕吃苦、敢闯敢干则是前进发展过程所需的优秀品质；与时俱进、科学发展是前进发展的敏锐眼光和开阔视野；不断创新、善于创造则为新时期激烈竞争背景下的前进发展提供了持续的动力。

集企业家、作家、全国劳动模范一身的池幼章认为，台州人就是台州人，一不是"绿壳"，二不是"海盗"，而是两头兼，互为交配，诞生出来的一只野兽："狗头虎"。何为"狗头虎"？最简单的说法那就是"台州狼"！池幼章健谈且博学。他之所以提出台州人是"台州狼"，自然也有他的道理。他说"台州狼"有八大特点：一是贫，二是智，三是团队意识

---

① ［法］丹纳：《艺术哲学》，傅雷译，人民文学出版社1986年版，第9页。

强，四是狼，五是执着（也叫黏），六是精明，七是破坏规则，八是血性。在某种层面，台州人确实具有这八大特性。①

第四节　重塑地方文化精神的渴望

原生态的"洞房经"保持了对民生幸福的深切观照，它可以重塑台州地方文化的主体精神，这是值得重点关注的。当前社会对地方民俗及文化传承的高度重视又促使民俗向前走了一大步。地方民俗文化的收集整理保护，既是文化价值的重现，又是经济价值的实现。非遗保护，古街、传统村落的保护性开发等，都代表了人们对传统的认同和对重塑（建）地方文化精神的渴望。因为像"洞房经"这样的民俗代表了地方语境下家庭和家族淳朴、原始、有张力的、最有时间线性特征、最具活力的情感和生存观念，呈现出自得其乐、和谐美满的生存状态。民俗（包括原生态音乐）土生土长，极具活力，有直面外来文化的魄力，碰撞、交流、对接，同化一切，为我所用。它与共生的文化关系不仅仅是相连的，而且是至死缠绵的，这中间包含的审美深层价值，应该为我们所感所知。人们从民俗中，似乎能够感受到一种无形的民族文化精神的凝聚力。萧梅认为："（音乐）概念和语言作为人们对自身所处世界关系的组织和表达，是理解不同文化的导向标。"她又说："民族音乐学并非忽视音乐形态，而只关注文化背景。"② 可以说，民族音乐仍然具有以文化为第一性的本质意义，以文化成天下。应该说现今这些音乐逐渐淡出我们的视野，文化精神的久远回响渐渐稀淡，文化的根并不被我们所重视。这种文化之根的存在于何处彰显，将直接决定"洞房经"之类原生民歌的文化意义以及如何重唱"洞房经"以重塑地方文化精神。如：

拜堂傧相诗

凤求鸾配结成双，拜谢天地日月光。

---

① 转引自新浪城市吧《台州人：绿壳（土匪），海盗，还是台州狼？》，2005 年 10 月 17 日。
② 萧梅：《音乐的回响——音乐人类学笔记》，上海音乐学院出版社 2010 年版，第 7 页。

四亲万邻都降福，夫妻和合天地长。

夫妻双双拜神明，腾云驾雾上天庭。

王母千秋蟠桃会，回转龙宫保平安。

福德金炉在堂前，拜谢家堂福寿龙。

来年定生龙凤子，官高兵部在堂中。

宗祖积德有面光，轻择流芳传后代。

送洞房

脚踏楼梯步步高，

凤凰飞过采仙桃。

采来仙桃盘盘满，

金童玉女结良缘。

……

（选自温岭"洞房经"）

"脚踏楼梯步步高，凤凰飞过采仙桃"，不是意兴阑珊，而是意气昂扬，言笑晏晏。台州人信奉人生只有短暂的几十年，要好好享受自己的生命，自由奔放，随心所欲。官，是我所欲的，福，也是我所欲的，多子多福更是我所欲，集体的心理诉求内化为地方文化的精神，唱"洞房经"实质是抒发对地方文化精神重建的一种渴望，自由、超拔、勇往直前、横冲直撞、坚韧不拔，也可以是为达目的而不择手段。

经济和文化全球化打破了过去的一切，"洞房经"传统生存土壤不复存在，审美的平面化、碎片化、感官化、即时性，改变了过去的思维习惯，消费文化席卷一切，现今的一切都拿来即时消费，在消费声中"洞房经"渐渐枯萎了。灯红酒绿纸醉金迷的生活容易迷醉或迷惑一批人，无论年轻年长，既充满梦想，想要拥有眼前的一切，又觉得过于浮躁，心无归属，所以热望回归传统，过那种田园牧歌式的生活。抛却传统迎合时尚是他们前进的最大动力，但不堪喧嚣的尘世生活又让他们想创造一个世外桃源。所以西化婚礼仪式大行其道，偶有"洞房经"小唱，但毕竟无法形成潮流，"洞房经"最终还是上不了大台面。其实这种矛盾心态也印证了"洞房经"衰落的过程。台州人另辟蹊径，以自己特有的定力化解这一切。

他们可以拒绝"洞房经",可以重启"洞房经"。传唱"洞房经"的人大多老迈,唱不动了,年轻人的家乡土话也不再纯正,以方言为传唱基础的"洞房经"后继乏人。不过这一切都没关系,政府可以实行非遗保护,资助传承人,培养接班人,譬如台州的温岭市就培养成三个传人,还成立专业唱经公司,似乎有大干一场的味道。有些人出于对传统的留恋,或者要显示与众不同,所以"洞房经"时不时在一些乡村婚礼上重新响起,虽然没有了过去的繁华,但有一种星星之火可以燎原的态势,同时也表明它在民间还是有存在需求的。

其实台州人的定力凭的是两个功夫:一个是自信,一个是超脱。自信是相信自己没有做错什么,所言所行都是出于真实自我,既不拔高自己,也不妄自菲薄。超脱是能够站在台州之外俯瞰世事,能够站在当下之外回看时事,亦即跳出民俗看民俗。有了这样超脱的时间和空间视角,人自然能够超脱。既要超越传统,又要复兴传统。

台州人坚持人生的采蜜哲学,人生如花丛,我只是从中采撷一点点精华。

台州"洞房经"用一句直白的话说,就是把"发家致富、多子多福"奉为全民的精神支柱和全部生活理想,而这种理想是建立在遵守社会秩序、家族团结、有序、祥和的心态之上,实质上构成了台州文化性格的主干。台州民俗文化精深丰富,各种标识特征十分鲜明,他们强调用道德和社会生活规约的力量来建构社会秩序,并认为这胜于依赖法律,很多事情依靠民间力量解决即可,没有必要借助于政府和法律的力量,事实也是这样的。因此他们重视家庭和社会人际关系建设。

婚俗"洞房经"绵延几百甚至上千年,一直到改革开放之时,长盛不衰的历史原因就是"洞房经"培育了台州传统文化精神,婚俗所体现的不仅是社会生活的和谐秩序,更是人与人、人与自然的和谐关系。追求"天人合一"的生存境界,就是结合自然秩序而建构社会秩序,也因此孕育出敢冒天下之大不韪的横冲直撞品格。台州人在面对万物运动的变化差异和不可预期时,从不讲究"顺其自然""随遇而安",而是强调重塑文化性格,面对世间的不平,生活的不公奋起抵抗。从东晋孙恩农民大起义开始,台州农民风暴此起彼伏,一直到近代的方国珍、山大王金满,台州人民抗争了几千年，即便是失败，也能坦然面对，视死如归，这符合台州人的一贯精神和传统。他们的目的是不断重塑台州的文化传统。在"洞房经"中所表达的文化精神，最直接表现了台州人面对生存的各种问题所体现的生命态度，成为台州人民面对艰难困苦，顽强乐观、追求幸福生活的精神动力。人们通过对原生态"洞房经"的关注，聆听民间歌手唱原汁原味的民歌，体味它所传达的强烈的情感信息，思考民歌中反映的生活态度，的确能唤醒人们对精神家园重建的渴望。

跟越地文化区域相似，台州的文化系统构成中，既有精英文化，亦有草根文化（亦称民俗文化），草根文化影响大于精英文化。但随着历朝国家意识形态控制的不断强化，精英文化攻城略地，逐渐改变其在文化结构中的屡弱地位，变得强势起来。虽然进程缓慢，但也取得了成就，到现在起码与草根文化同顶一片天。与越地其他区域传统不同的是，尽管精英传统不断传入并日益影响、改变着文化传统，台州的草根文化（民俗）传统却始终坚守岗位，不甘让步，长时间居于文化的中枢地位。从本质上看，台州的文化传统有自己特色，性格构成中"横冲直撞""坚毅果敢""狭隘自私""独立自主"等并存，功利倾向鲜明，在气质上，表现为"硬气""大气""锐气""灵气"。这是台州"洞房经"所表现出的与众不同的意义。

第四章 "洞房经"

——仪式欢乐之美

"各美其美，美人之美，美美与共，天下大同。"每个地方都有其别致的美，显现其鲜明的地方色彩，地方性与民族文化多样性累加，构成丰富多彩的世界文化格局。既要保持自己的特点，同时又要认同别人的美，天下才能大同。各具特色的地方民俗风情万种，构成区域文化的多样化，也是民族多样性的集中体现。

婚礼的产生、延续与其社会功能是分不开的。婚礼具备四大作用，一是举行了结婚仪式，告知于天下，即取得社会认可，婚姻关系就神圣化、公开化和长期化了。二是产生一种强大的心理效应：它使新婚夫妇从此自觉感受到自身所承担的责任和义务、社会约束力和道德力量，能长期稳定婚姻关系。所谓"以德化俗"，就是通过礼仪教化来规范和约束人民的行为，孔子说："不学礼，无以立。"礼仪也是以德化俗的途径。三是婚礼后婚姻稳定了，一些重要的社会功能产生了，即通过婚姻关系的稳定，夫唱妇随，共同生产，促进社会的发展和安定团结。四是家庭机制一旦形成，婚姻关系的长期稳定，社会约定俗成的民俗力量大大增强，整个社会秩序井然有序，有利于社会更替和子孙繁衍。

在中国文化漫长的历史演变过程中，民俗以仪式为其生存的土壤，以文化为其传承的血脉，婚礼仪式更传导出欢乐的意象。盛大的婚礼、美轮美奂的仪式集中体现了某个集群的狂欢，载歌载舞，在欢乐中享受生活。在物质和精神生活都较为贫乏的过去，生活简单，只有遇上节庆，大家才能一起快乐，也是台州人在婚礼中能够做到的。"洞房经"所拥有的和谐、秩序、自由、理想的境界源源不断地随对歌洋溢，相似的歌词和内容显示了台州人文化的认同，而相同的婚礼仪式则显现出相同的美学价值。

第一节　婚俗美，美在形式

婚俗美，既美在内容又美在形式，内容上追求多子多孙，夫妻恩爱、家族和睦、家族兴旺发达，而日常生活观念、世俗生活方式、带有明显倾向的宗教精神构成婚俗美的外在形式。所谓生活观念就是对同样一件事情，由于族群不同，人们理解的文化观念审美心态是不同的，这些观念是一个民族共同生活经验的积淀和生活方式的知识呈现，对人们的审美认识有着直接的影响，这种情况在台州婚俗审美文化中也常有表现。过去，台州人结婚后，在前三年的正月初三至初六，小两口必须备好礼物到娘家，俗称"拜岁"。初三一般在娘家吃，初四一般到妻舅家吃，然后轮流去叔伯家吃，吃前须带礼物，包括一捆甘蔗、一袋荔枝和一包龙眼干，新郎照例不断分发香烟，这些日常生活的饮食，把抽象之美以实际生活予以实现。

婚俗美具有相对的稳定性，因为婚俗一经形成，就代代相传，形成一种约定俗成的规则，规约着民众的生活，并慢慢沉淀为一种生活习惯，被生活在其中的人所认同和接受，产生一种特殊的艺术教化功能。婚俗美的形式呈现于仪式，寄寓于信仰。在古代，婚礼仪式的繁复作为人类简单生活的补充，增添了激情和诗意。在婚礼上大家载歌载舞，表达对生活的一种向往。同时，由于古时生产力水平低下，人们无法直面现实中的许多问题，而不能解决的问题，常常以信仰来化解，家法、村规、族治等应运而生。婚俗之美在形式上具有仪式的庄严性、神圣性和崇高性，台州的婚姻仪式，是通过一系列的仪式规约程序来完成的，温岭市婚俗有47个仪式，临海市婚俗仪式也有40多个，"合八字""请期""亲迎"等仪式都体现了社会成员所承担的具体责任和义务，这是道德教化的一种功能。

过去，百姓不很在乎结婚是否合法，而是在乎有无得到人们的认可和尊重。只有举办过婚礼，求证过亲朋好友、左邻右舍，婚姻才被认可，在人民心中它才是合法的。婚俗具体的程序应该是功利性的，最起码人人要随喜，送人情，但是这些功利化的审美观念没有被人们所鄙视，反而被人们的集体情感一再提炼，螺旋式地上升，在审美的层次上达到了更高级别，成为庄严神圣崇高的一部分。

婚俗美的形式也包含在各种禁忌中。台州婚俗审美的最好表现形式，就是各种约定俗成的规约和禁忌。禁忌是人类普遍具有的文化现象，在农村，婚丧是非常讲究禁忌的，它是人们为自身的功利目的而从心理上、言行上采取的自卫措施。禁忌是民间的心理和情感倾向，在整个文化体系构成中属于较为低级的社会控制形式，主流文化中不被认同，所以被认为是迷信的东西。婚俗中的禁忌最简单的形态是生肖属相和生辰八字以及流传的观念化的意识。婚俗中的禁忌建立在共同的信仰之上，是族群因对自然现象心存忌惮而表现出来的自我抑制的集体意识，青年男女若要结婚，须将生辰八字请看命先生推算。如生肖相克，所谓"鸡狗不同窝""白马畏青牛""猪猴不到头""龙虎相斗，虾鳖遭殃"等则不能通婚。有相克也有相生，如"红蛇白猴满堂红，福寿双全多康宁""青兔黄狗古来有，万贯家财捉北斗"等，这些都是好姻缘。男女相差六岁者，谓之"六冲"或"六害"，忌通婚。迎亲路上忌与丧葬队伍相遇，如遇到，必摔物件或互换礼物，双方均取吉利。新婚之日忌穿白的妇女进屋，忌孕妇忌寡妇入洞房。规约禁忌不存在意志的强加和观念的强求，是约定俗成的，婚俗美的形式之一就蕴含在特定的禁忌中，这些禁忌有的被意识形态化，进而左右人民的言行，有的被观念化，有的被物化，深刻影响着大众的心理行为，但都有一个共同的审美指向，即婚姻合乎规约和禁忌的就是合规范的，就是美的；遵守民间禁忌规则的就是合传统的，也是美的；反之则是丑的。

第二节　美轮美奂、优雅的仪式美

台州婚礼整个仪式美轮美奂，优雅、热烈、红火，一种与中国其他地方有共性又有异质的仪式在美艳中展开。

安床（铺床）：婚礼当天，新娘嫁妆入门，亲友有为男方装饰新房的习俗，洞房的铺设尤其重要。铺床对铺床时间和铺床人都有严格的要求。时间一般在婚礼前就由"看日子"的专门人士确定，要严格遵守。铺床人一般要求是有儿有女有配偶的"全福"之人，以示对新人的良好祝愿。新房的一切布置都由女方购置，婚礼当日由男方派迎亲队伍先抬过来，再由"全福"之人进行专门布置，尤其是床的布置尤为壮观。嫁妆中被褥的条数很有讲究，女方一般会准备 10 条或者 12 条以上颜色各异、纹理不同的被子，一条条横叠在空的床上。这些被子都是由女方请"全人"（儿女双全或有女婿的妇女）在双月手工缝制，内里棉絮也专门弹制，有的会弹有"百年好合""早生贵子"等吉祥话。缝制时也会往被子里缝进一些花生、大米等吉祥果子。被面一般都选择"龙凤呈祥""富贵花开"等图案。床单一般都选择大红颜色，取其喜庆之意。被上和床单上撒满花生、红枣、桂圆、莲子等含吉祥寓意的各式喜果，俗称"撒帐"。"撒帐"时要唱"撒帐歌"。"撒帐歌"的内容多半是祝福新人早生贵子、家族人丁兴旺。

撒果子

果子撒眠床，老新生儿状元郎。

果子撒布帐，百年好合结鸳鸯。

果子撒新被，世世代代富到底。

果子撒衣橱，老新生儿当总理。

果子撒枕头，新娘爬过新郎头。

果子撒在箱上面，老新生儿顶快便。

果子撒落地，五世其昌万年贵。

多谢伴姑多谢郎，多谢伴姑牵拜堂。

天将晓天将亮，新人新郎要困紧（想睡觉）。

嫁妆：女方家为女儿准备的物品，是女方家庭对新娘的良好祝愿，也是女方家庭地位和财富的象征。嫁妆一般为日常用品和婚礼当天新娘的服饰，至于多寡视新娘家的经济条件而定。置办嫁妆所需的资金是在男方聘礼的基础上，由女方自行添置的，没有具体要求。嫁妆一般在婚礼当天早于新娘送至男方。送到后，由男方邀请的"全福"之人布置在新房。除了衣服饰品，大件家具如柜子、橱子、箱子之外，一些具有吉利象征意义的东西也成为婚礼嫁妆必不可少的物件，如：寓意子孙满堂的子孙桶；象征龙凤呈祥的龙凤被；寓意蝴蝶双飞、忠贞爱情的剪刀；寓意白头偕老的鞋；寓意花开富贵的花瓶；预示早生贵子、人丁兴旺的台灯等，五花八门、不一而足。男方的重头物件——香烟，意为香火旺盛。

上头：嫁娶之日，新娘的化妆打扮是非常隆重的。在古代，嫁娶意味着人生另一阶段的开始，梳头则是这一人生阶段开始的标志。因此，新娘临嫁之前的"上头"仪式至关重要。仪式一般由新娘的母亲主持，如果新娘没有母亲，就要请亲友中的"全福"女性来充当。仪式举行时，执梳人要拿起事前准备的梳子一面梳，一面要大声说：一梳梳到尾，二梳梳到白发齐眉，三梳梳到儿孙满地，四梳梳到四条银笋尽标齐。除了必备的梳子、簪子和各种头饰外，边上还要准备一些吉祥寓意的物品，如预示前程光明的"光明镜"、寓意子孙满堂、人丁兴旺的"子孙尺"等。

开脸：开脸与否是女子已婚还是未婚的标志之一。"全福之人"（妇女）在开脸的过程中，亦少不了说些吉祥话祝福新人。开脸之后才开始化妆，进行抹粉、搽脂、涂红、描眉、点唇等步骤。

撑红伞："伞"取其"开枝散叶"之意，新娘撑红伞意思就是到男方家后，就"开枝散叶"，助其家人丁兴旺。主要表现是迎亲的当天，由新娘的姊妹或伴娘在新娘头顶撑一把红伞，在娘家中堂露天的地方等待迎亲的队伍。到男方家门口时，还需要由专人向天空及伞顶撒米，取个好意头。

哭嫁：哭嫁是女子与家人离别时以唱歌或啼哭方式作别的传统婚姻习俗，体现了旧时代女子与自己无忧无虑、天真烂漫的少女时代诀别的复杂感情。据《礼记》记载"孔子曰：嫁女之家，三夜不熄烛，思相离也"。还有一种观点认为，哭嫁是源自古时妇女没有自由婚姻，是对封建家长制、包办婚姻的控诉。

酒筵：酒筵几乎是每对新婚夫妇行礼时必不可少的仪式，婚礼当天，各路亲朋齐聚，场面异常欢乐和隆重。婚宴不仅丰盛，更要让宾主尽欢，极尽喜庆之意。在坐席、菜式、敬酒上都也有讲究。宾客入席也有讲究，尤其是新娘的父亲所在的主席和设在新娘房中的次尊贵席，如果没有主人的指引，是不能主动去坐的。主席一般设在堂屋上方最中间的位置。排座位的原则是上尊下卑、左尊右卑。主席一般坐的都是辈分、地位、身份比较高的人。上座左首是新娘的父亲，右首新郎父亲或舅舅作陪。新娘桌除了"吉祥人"（全福之人）外，一般都由未婚年轻女性组成，这一是考虑到新娘初来乍到，二是暗示新娘的纯净。其他坐席相对宽松，宾客可根据自己的喜好，和熟悉的人坐在一起。席间，新娘新郎还需到各席去敬酒致谢，感谢宾朋的到来，宾客此时要道"恭喜"。另外上菜时，唱礼先生除了报菜名外，还要说吉利话，讨个好彩头。酒筵不论程序繁简、规模大小，首要的意义在于新人的婚姻得到了亲朋好友的承认，是新郎新娘组成家庭、开始新生活的一次宣告。

交杯酒：酒筵之后，宾客的活动场所就转移到了新房。合卺之礼是我国大部分地区婚礼中较为重要的一项仪式，此习俗的完成代表着夫妻自此结为永好，是新郎新娘关系确立的重要标志之一。新人喝交杯酒时，亲朋好友都会来围观打趣，交杯酒不仅有吉祥如意的祝福，也有让新娘新郎同甘共苦的深意，同时也拉开了婚礼高潮的序幕。

闹洞房：闹洞房是婚礼中的重头戏，是婚礼中一道靓丽的风景线。新婚之夜，亲戚朋友围坐房中，对新娘百般戏谑，称为"闹房""戏新娘"。民间有"新婚三日无大小""闹喜闹喜，越闹越喜"的说法，老人们认为"新人不闹不发，越闹越发"。闹的方式也多种多样，总的概括起来有文闹和武闹。闹洞房时，亲朋好友纷纷涌入新房，喜笑逗乐，花样百出。他们极尽所能，想出种种方式，或让新娘当众表演，或让新郎新娘共同完成一些游戏，逐渐将婚礼的喜庆和热闹推向高潮。闹洞房是新婚夫妇之间一种很好的沟通方式，通过第三者的介入，逐渐消除了新婚夫妇的距离感和陌生感，缓解彼此对未来生活的紧张，是旧时包办婚姻的方式得以延续的重要保障。

透过上述考察，台州婚俗文化的仪式美主要表现在婚礼仪式中体现出的对理想的展望和对生命高层次存在的致敬和礼赞，无论容貌的美丑，家庭的贫富，年龄的参差。以讴歌生命的灿烂花开为内容，所有的礼仪都可以归结为对人性本真的天然赞歌和对生命的高贵膜拜，婚俗各个层面呈现的审美都是人性求真向善崇高的诗学的文化表达。

第三节 众神狂欢
——群体性的盛宴

这里的众神是指与婚礼有关的一干人等。在婚礼中他们迎来了狂欢时节。文化的众神狂欢，使中心与边缘、精英与大众的界限被打破，一种多元、开放、传统、原生的文化正在生成、展开和传播。婚俗的大众化、享乐的大众化，群体性的文化盛宴，正在神话般地进行着文化重构。

一 家族的狂欢节

在台州，婚礼不仅是一个家庭的喜事，而是整个家族的洋洋盛宴，参加婚礼的人群也不局限于亲戚和朋友，左邻右舍不乏不邀自来的，他们既参与操办婚事、打打杂活，更主要的是在随喜过程中，找回自我，在寻求欢乐中理解欢乐。洞房歌贯穿于婚礼整个仪式过程，祝福新郎、新娘新婚快乐、生活美满、早生贵子。这种甜甜的祝福不是源于长辈或朋友的简单赠语，也不是随喜邻居的热闹参与和大厨飞舞的上肢表演，而是群体奏响的欢乐歌，这种歌原汁原味，音由心出，浑然天成。从婚礼的参与人数和热闹气氛可以看出一个家族的兴衰，排场越大，贺喜之人越多，这个家族越兴旺，如果再有高级别政商两界人士出席，将极大提升家族在乡村民众心目中的地位。本土出生的人一般视贺众多寡判断家境状况，外部迁入的居民因为缺少亲戚叔伯，婚礼显得较为冷清。但如果是一方大员入驻台州，那他的家庭结婚时，非但不会冷清，反而会超乎一般人家的热闹，亲戚不是很多，贺客特别多。还有些婚礼，成为一些人开展社交的场所，特别是显赫人家，吸引各路人马前来，贺喜是主要目的，沟通情感、认识新朋友则是捎带的愿望。无论如何，婚礼所体现的群体性欢庆的特征是非常明显的，仅靠几个人或少数闹客无法撑起庞大的场面，喜庆气氛也将荡然无存。以前是迎亲花轿跟随鞭炮声抬到新郎家，现在是一排轿车去迎亲，前面轿车或跑车开路，接着一辆最为华贵的轿车坐着新娘一干人，后面跟着二到五辆同一品牌的或有相当分量的车，鞭炮齐鸣，热闹非凡。筵宴开始，亲朋好友从不同地方集聚，一边祝福、一边落席，觥筹交错，杯盘狼藉。传统的婚宴，每个环节都以对歌完成，如"拜父母""望新娘""进洞房""唱暖碗""讨香烟""闹洞房""送洞房""出洞房""下楼梯"等，歌声袅袅，余音不绝，我方唱罢你登场，仪式的每一个环节以对唱完成。如宴席上菜，送菜的按顺序上一碗菜以菜名唱一段，有一个专门唱暖碗的歌手会唱：

唱暖碗

第一盆是肉参，肉参本是海中生。
东海肉参有名声，南海刺参称头名。
西海肉参无处寻，北海肉参乌丁丁。
前找跑马来成亲，正本要做粉玉镜。
后找要做孟丽君，万岁调戏他勿肯。
一心一意要与黄甫少华结成亲。
第二盆是泡胶，前找马超追曹操。
正本要演大红袍，后找加演华容道。
第三盆是猪肉，张兰头揭牢三木勺。
杀猪卖肉赵廷方，猪部担担上天堂。
前找桑园访妻何文秀，正本要演十美图。
后找刘备关公取成都。
第四盆是炖蹄，前找王官宝来脱衣。
正本五虎去平西，后找要演三盖衣。
我班朋友笑嘻嘻，金銮殿上伴玉帝。
君王有道民安乐，当朝赠我一盆肉。
肉皮盖肉是炖蹄，新郎新人滚开狮子被。
……
二十二盆是扁豆，扁豆汤拌糖霜。
上白糖霜味道好，前找要做铁弓缘。

正本要演打擂台，后找长工卖散碎。

（选自台州"洞房经"）

从清末唱九碗开始，到20世纪五六十年代唱二十二碗结束，言笑晏晏，欢乐无尽，婚礼实际上奉献出的是一出精美的群体狂欢喜剧。

但到了当下，台州的传统婚礼对歌形式逐渐被新时婚礼仪式所取代，或是因为过去太过烦琐，或是因为传唱之人已老，也可能是传唱的内生力消失，年轻一代既不会唱，又不想学，即便在农村，唱"洞房经"也几近销声匿迹，偶尔听到有人唱"洞房经"的，那也是集中在送洞房时，大家齐声呐喊，集聚众人之声，以壮声势，助添喜庆气氛，已经不是在"唱"，而是用台州土话在"念"，前面大声"念经"，每念一句后面一群人齐声"和声"，此为显著特征。

婚宴过半巡，新人敬酒，此时是宾客"敲竹杠"最佳时刻，众人各出奇招，出"节目"难住新人，然后讨要喜烟、喜糖。一桌挨一桌，是一轮接一轮的讨价还价，过不了关的，一般出中华牌香烟摆平，俗话叫："拿廊柱"（形似）过来，有些要价太高，协调不成相持不下，伴随着德高望重的亲友出来打和场，折中，然后新人依次过关。敬酒，肯定要喝酒，有新郎凭海量过关，也有新郎早作准备，找几个喝酒的"拼命三郎"紧随，贺客敬酒一应接下。和众宾团贺的火爆场面一样，送洞房的喜庆氛围也是靠众人摇旗呐喊出来的。这就决定了"洞房经"展演的群体性。就主次地位而言，展演者包括主唱、陪唱、行为观众以及吟咏对象——新婚夫妇。蔡海燕考证过台州临海婚礼上唱"铜盘"的情形，记载如下：闹新房、送洞房通常备有装满果品的铜盘（木质，红色），内有桔子、花生、红枣、桂圆、红鸡子、水果糖等物，俗称"铜盘子"。这些果品各有吉祥寓意，桔取"酸"，暗指新娘即将怀孕生子；红鸡子、红枣、花生谐音为"早生"；桂圆、水果糖含"圆满""甜蜜"之意；红鸡子一般放五个，称"五子登科"。蔡海燕对临海吟唱"铜盘子"时有过较为生动的记述，在送洞房前，整理新床，主唱者往往辅以"摄"的动作，还经常挑一个已生过儿子的媳妇做配角，以图口彩（有时也让新婚夫妇做口彩配角）。比如主角儿（主唱者）捡起铜盘里的花生往新床上扔，拉大嗓门唱："花生！"口彩配角应声道："生！"其余配角就喊："生！"再如主角儿唱："桂圆！"口彩配角道："圆！"大伙儿喊："圆圆满满！"依此类推。还有一种常见的方式，如主唱者捡起花生剥，唱："一颗！"大伙喊："生！"主唱者再剥一颗，唱："两颗！"大伙喊："生！"照此，"三颗！"—"生！""四颗！"—"生！""五！"—"生！""五子登科！"—"生！"末了，众人又是一阵齐喊："生！生！生！"到后来，摇旗呐喊的就不是几个人，而是在场的所有人了。就这样，吟唱声此伏彼起，一唱众和，热闹非凡。在祝福的表达传递中，融入了群体的宣泄情绪，展演者所庆贺的不仅是新婚夫妇这一对象，而且扩大至自己的身心放纵、身心愉悦了。这种愉悦在群体间传递，沟通，使人们几近回到了孩童时代。①

二 现实与理想之美

"洞房经"在台州婚俗的起源、发展、交流、演变的过程体现出独特的"功能"，一直不被世人所知，但从一个民俗具有的社会意义而言，"洞房经"集物质与精神、现实与理想、情感与理智、实用与审美于一体，"洞房经"主体不单是婚礼仪式的热闹和色彩缤纷，更是台州地区关于土地、习俗、礼节、祈福、民谣、祝愿等民俗事象提炼、升华而成的审美意象，是婚俗代代相传强大的动力源泉。这种民俗功能意义指的是民俗在社会生活与文化系统中的位置，它与其他社会文化因素之间的关系以及它所发挥的作用。概括地讲，民俗具有教化、规范、维系、调节作用。

在兴旺发家的心理驱动下，大多数新婚之家都存在着既苦于众亲友之闹，又乐于让其闹的双重心理。只有大闹特闹，喜庆才有市场。闹房的另一有趣场面是取"嫁妆"，就是新娘花钱从迎亲队伍中取回被抢走的草席、枕头、三字蜡台等送洞房的物品，新娘一方（新娘是不能出面的，出面谈判的是新娘随从人员）和抢亲一方像做生意一样讨价还价，当双方愿望距离太大时，还会有新郎家的年长之人加入，最后达成和解。闹房可以使双方的亲友们熟悉起来，显示家庭宾朋满座，兴旺发达，增进亲友间的沟通

---

① 蔡海燕：《从口语艺术角度看临海洞房歌的艺术魅力》，《台州师专学报》2000 年第 4 期。

与感情以及邻里间的和睦。

热闹是中国人生活的美学理想，闹洞房正是臻于此境的手段。热闹了才能形成喜事喜庆的氛围，闹是一种现实的快乐场景，是欢腾与兴旺发达的象征，大开财路，大兴人丁，高官厚禄，这才是终极理想。婚姻就这样体现出现实和理想之美。

通过唱"洞房经"释放出集体意识的幸福生活愿景和对快乐生活的现实把握，具有更为广泛的跨区域审美意义和价值。

三 和谐之美

《孟子·梁惠王下》曰："独乐乐，与人乐乐，孰乐？"曰："不若与人。"曰："与少乐乐，与众乐乐，孰乐？"曰："不若与众。"一个人活着总不能只想着自己乐，只有你乐我乐大家乐，才能拥有真正的快乐。"洞房经"不单是一个家庭之事，同时也是家族的大事，更是左邻右舍和睦友好协作的见证。新娘进洞房坐定后，来看新娘的络绎不绝，其中不乏不属于亲属的邻居，操办婚事受邀前来帮忙的同样有许多邻居。邻居和亲友汇聚在一起，体现出一种和谐之美。

台州人幽默，说话喜欢倒过来说，如民谣："一觉困到九更九，只见外面贼咬狗，连紧端墙布梯望，只见冬瓜背贼走。瞎眼人相着，聋彭（耳）人听着，蹩脚连紧追，赤脚绊柴株，仰转一跌跤，黄泥捺肚脐。""洞房经"顺着唱，倒着唱，一个意思可以来回唱几个十几个回合，既是仪式需要，也与台州喜欢说笑话、讲白搭有关，台州的地方童谣和民谣就很多。即兴创作的"洞房经"从本义上讲其实就是民谣，一种"白搭"，唯一的区别是"洞房经"表意指向是集中明确的。

和谐理念的核心和本质是"和合"二字："和"即和谐、和平、祥和、太和，"合"即结合、合作、融合、保合，其内涵可以用"和谐、融合、绿色、公平"八个字来概括。

"和谐之美"是稳定的和谐、变革的和谐、发展的和谐，是历史进程、社会变迁、人事流动过程中人与人、人与自然、人与社会的和谐。从历史的角度考察，"洞房经"和谐之美思想主要包括两方面，一方面是人与社会的和谐。这种思想所体现的和谐社会理想具有以安定有序为核心的和谐美。儒家主张人应该达则兼济天下，人对自然应有所作为，遵从伦理纲常，道德教化，认可一切文化人的思想，与社会和谐相处，与世上万物融为一体。另一方面是人与人之间的和谐，儒家思想认为人是和谐社会的主体，"以和为贵""和气生财""家和万事兴""天时不如地利，地利不如人和"，主张人伦的和谐、人文生存环境的和谐以及社会成员身心的和谐，也是人际关系的和谐。人心和善，家庭和睦，社会和谐，世界和平，是相互关联的整体。"洞房经"所追求的和谐美大体意义在此。如温岭"洞房经"：

拜堂歌

喜花本来人人爱，亲手戴花更相亲。

天又高，地又高，八仙过海浪滔滔。

王母娘娘亲赐酒，一杯好酒献蟠桃。

银壶倒酒满金杯，岳舅台上会神仙。

酒到胸前不可推，请上还有第二杯。

大道通国酒三杯，夫妻恩爱上莲台。

荣华发达同偕老，请上还有第三杯。

八仙跨过大海，王母娘娘下凡，都来祝福新婚夫妇恩爱美满，其背后隐藏的就是人与人之间的和谐幸福。"洞房经"唱出真正的和谐，我们知道，人与人之间不仅有利益的和谐，更有精神的和谐。利益和谐是基础，精神和谐是根本，可以是共同理想，可以是共同信仰，要同舟共济，互惠双胜，利益关联，方可达致和谐。

四　社会秩序之美

社会文明由每个人的具体行为汇聚而成，公共秩序代表了社会群体的共同利益诉求，关系到社会的整体形象，是社会文明的标志。古希腊哲学家亚里士多德曾说："美的最高形式是秩序、对称和确定性。"① 同时，他

---

① 《亚里士多德全集》第 7 卷，苗力田译，中国人民大学出版社 1991 年版，第 296 页。

又指出"美产生于大小和秩序",这是亚里士多德美学思想的一个重要命题。而"洞房经"仪式和内容中体现出来的社会舆论、文化意识、共同价值观、宗族组织等社会力量,能够有效维系家庭的稳定,构建婚姻秩序。"婚姻正,则人类绵延不绝,民族生命不断,文化发达,社会繁荣;婚姻不正,则社会之伦理乱;伦理乱,则文化衰;文化衰,则民族弱;民族弱,则人种亡。其关系之重大,较物质生活之衣食住行,尤有过之。"①"洞房经"婚俗体现的社会秩序之美,集中在台州的道德教化功能和"和合"精神。从传统的婚俗礼仪和结构布置分析,台州的婚俗体现出台州本土的区域文化精神,在兼容并蓄了汉民族婚俗文化外,台州"洞房经"更突显出一种特有的"和合精神",亦即和合美满、百年好合之意,非常符合维护社会秩序的需要。中国哲学可以解决人的方方面面的精神需求,儒家讲"拿得起",道家讲"想得开",佛家言"放得下",三者互补,成就和合心态。台州文化为儒释道三教合一,和谐共生,恰是和合的精神呈现。

能够被官方称为圣人的历史上大概只此"和合"二人,作为台州文化精髓的"和合精神"便以政治的力量稳固下来,逐渐成为台州人精神结构中的主要元素,构成台州社会集体潜意识的主流倾向。从此,台州文化以和合名义进入史家的视野。在传统的婚俗中更强调祈求多子多福的愿望。

冯书成先生在博客《礼记·昏义》中认为:"古圣先贤阐明婚姻之意义,以树立伦常之基础,而以礼为本。礼者,自婚姻意义之中以订婚姻制度与仪式也。婚姻有礼,则为文明;婚姻无礼,则为野蛮。文野之分,即肇于此。"同时他又说:"咸者感也,青年男女异性相感而相合。然异性相感相合,必须继之以恒。夫妇之关系恒定,然后感情恒久,民族生命永恒不绝也。故婚姻必须男女配偶负起组织家庭,承先启后,绵延人种,增强下代之体力与智慧德行,推进文明之大责,乃谓之婚姻也。夫妻相亲相爱互助互敬同负人生责任,此乃圣贤之教,天地间之正义也。"

① 冯书成:《〈礼记·昏义〉义理正解》,新浪博客,http://blog.sina.com.cn/s/blog_a11cdf1e0101edef.html。

第四节　汉民族婚俗的一扇独一无二的诗意窗口

结婚是两条溪水流到一起来了，不是你覆盖了她，也不是她覆盖了你，而是自自然然地融合。而后，歌声就响亮起来了，不是简单的唱歌而是对歌，汉民族仅存的独一无二的对歌。在这浓浓的诗意中，所有人都相信，新婚的两个人脚步也快了，脚下的路也长了！在一片祝贺声中他们心中涌起豪情，无论多么曲折，手牵手都能一跃而过，而后还能看见海。

一　婚俗中家族的概念外延扩大与缩小

婚俗中家族的概念有广义和狭义之分，广义的家族可以延至国家，如古代君王的婚礼可以举国欢庆，也可以是诸侯，或者官员与民同乐；狭义的家族泛指有血缘关系的亲属组合，但台州"洞房经"的家族概念外延有扩大与缩小之嫌，颇显与众不同。

"洞房经"记述了台州传统社会理想的未来生活的模型，历史上台州虽然物质生活是贫乏的，但是丰富的民俗生活支撑着他们丰富的精神世界，对新婚幸福生活的热望，对家庭（族）美好愿景的叙述，对后代子孙繁衍兴旺的歌颂，使他们永远保持着为明天奋斗的活力。"洞房经"是台州人民长期生命活动的文化符号，连接了过去和现在并有可能指向未来，在非遗保护下的当代"洞房经"融合了传统与现代的新生力量。"洞房经"将通过现代技术的包装，走上市场和商业化道路，重新焕发璀璨的光芒来凸显台州的生命精神，并且可以超越时空的限制，为人类的诗意生存建造一所美好家园。但这一切还任重道远，不是只有满腔热情就能一蹴而就，其中包含着古老的"洞房经"如何能够与时俱进，从单纯的颂歌逐渐走向市场，让市场去检验、去滋养没落的古老婚俗对歌，让它重回我们的日常生活，在日趋隔膜的钢筋水泥森林的世界里让我们的生活更有诗意。

真正的"洞房经"应该向一切时代开放，随着时代的变迁不断变换内容。李泽厚曾经说过："……艺术意义的联系性正在于它们是心理本体的不断创造和丰富，从而它才不是主观的，也不只是经验的，而具有整体生活的和总体历史的本体性质，对艺术的个人体验是从属于又构造着这本体。……所谓的生命力就不只是生物性的原始力量，而是积淀了社会历史的情感，这也就是人类的心理本体的情感部分。它是'人是值得活着的'的强有力的确证。"① 以颂唱为美的"洞房经"说唱艺术集中地方民俗的一种诗意状态，他们依靠民族性和地方文化精神把整个家族团结起来并一直延续下去。他们的生活方式不是个体式的幸福生活的展演而是家族甚至包含更广范围的集群式生活的模型，台州的家族式生活一直保持着自己的特色，既不同于费孝通所说的族群概念，也不等同于社会学上概括的家族概念，它是介于两者之间的表意所在，亲朋好友，左右邻居都可以在"洞房经"的氛围下自然地聚合在一起，自成一格成就广义的家族含义，比广义的家族概念狭窄，比狭义的家族概念又要大些。如：

大团圆

天圆圆地圆圆，新人新郎大团圆。

天配一对好姻缘，众班朋友结成缘。

度细小叔姑娘缘，邻舍叔伯大团圆。

十五十六月团圆，千年万年太阳圆。

四世同堂永团圆，四亲六眷大团圆。

大团圆大团圆，新人生儿有太子。

不单是新人新郎、亲戚（四亲六眷）、度细（大小之意）小叔、朋友，甚至邻舍叔伯，共同构成一个较为宽泛的家族含义。台州人民在自然环境极其艰难的条件下顽强地生存延续，繁衍发展，虽然处于物质生活极度贫困的境地，却展示了人类合理的生活方式，强大的生命力和以歌颂为主的浪漫生活演绎着人类理想生活的神话。这在汉民族婚俗中是独具一格的，为我们打开了一扇独一无二的诗意之窗。现代颓废、破碎的即时消费性生活方式和浅表的物质欲望更凸显了这类传统民间艺术的精神含量和审

① 李泽厚：《美学三书》，安徽文艺出版社 1999 年版，第 590 页。

美韵味。社会主义文化建设积极地吸收借鉴地方传统文化的精粹，把传统的精神融进现代，达到内容与形式的统一。

二　"洞房经"是群众创造的富含审美经验的诗意状态

"洞房经"为现代人展示了一种理想的社会生存模式。"……通过研究非工业化社会的文化以及这种文化的思维方式和表征机制，发现原始文化貌似蒙昧的文化表征方式却异常有效地保持着个体与社会、情感体验与历史过程之间的整体性和完整性。因此，对于痛失精神家园和情感支撑的现代人来说，异质文化就成为想象力的——一个具有乌托邦色彩的世界。对于中心文化和主位文化来说，前工业文明成为一个具有两面性的镜子，成为历史进步摆脱不掉的'阴影'。"①"洞房经"的美学思想基础即和谐共生的集体式生活方式为后现代文化困境打通了一条可能的精神通道，"洞房经"的复兴在于寻回失去的记忆。同时，对于参与婚礼的年轻人而言，"洞房经"是"青春期所得到的宝贵文化滋养之一"。

"洞房经"是民间文学的奇葩，但表意上与民间文学又有很大不同。

民间文学（故事）的口头讲述习惯经常表现为用"善有善报""恶有恶报"对比相反的人格类型，引导民众一心向善，弃恶从善，以暗示和隐约的指向鼓励人们积善行善，勿以善小而不为，并对人民作出相对肯定的预示——有好报。当然，与此同时，不会忘记以强烈的态度去警示百姓切勿以恶小而为之，行恶遭到报应是必然的，甚至有杀身之祸。民间文学（故事）的大多数情节中，总有鲜明对比的两种类型人物形象供俗民们借鉴，从中找到学习的榜样或鞭挞的对象。故事中最常见的人格类型对比有：善恶对比、正邪对比、真假对比、美丑对比、勤懒对比、奉献与贪婪的对比、勇敢与怯懦的对比等。这些人格类型对比的形象，在民众的生活中约定俗成为风俗诚信的价值判断标准，用鲜明的主人公形象作比喻，形成民间俗信中道德品格系列的取向，从而对照自身或他人的行为进行自律或警戒，是劳动人民在生活中创造的富含审美经验的诗意状态。

"洞房经"虽是民间文学的一朵奇葩，但情节呈现给我们的是单向

---

① 王杰：《审美幻象研究》，广西师范大学出版社2002年版，第43页。

的精神颂歌，而非一般民歌和民间文学所包含的善恶二元对立状态，所以也很少存在民间推崇的道德教诲和训诫作用，"洞房经"的价值判断标准仅限于借助于叙事歌唱完成仪式的过程，让原本烦琐的仪式赋予一种跳跃性的活力，唱中做、唱中吃、唱中闹、唱出喜庆、唱出欢乐、唱出期望。如：

看妆奁

春夏秋冬四季天，洞房花烛喜连连。
老新妆奁多得很，十担十扛加铺陈。
朋友是班白目人，妆奁名称讲勿清。
细木老师武艺高，做起金桌三尺高。
大红金桌设阆前，新娘生儿中状元。
梳妆台，着衣镜，毛蓝细布凑好拼。
大橱小橱镜八扇，虎腿炕床四面开。
大锁匙，开红箱，柜桄前门装铰链。
盆碗盏，凑成双，烛台镴壶有名堂。
纱帽椅，骨牌凳，漆漆茶盘边镶金。
象牙床，亮晶晶，龙凤被面鸳鸯枕。
印花布帐红茵茵，金打帐钩两边分。
琴棋书画样样有，五世其昌百年兴。
八仙桌在中堂里，配上八张红木椅。
面桶脚桶广条箍，浴桶水桶出温州。
妆奁名称说勿完，我班朋友寻倒霉。
相请百客多原谅，晚头还要望新娘。

（选自温岭"洞房经"）

　　这首"看妆奁"整齐而富于变化，既是叙事，又是抒情，是对仗工整的现代诗。新娘的嫁妆"十担十扛加铺陈"，而"细木老师武艺高，做起金桌三尺高。"更是对木匠师傅绝妙工艺的礼赞，"大橱小橱镜八扇，虎腿炕床四面开。大锁匙，开红箱，柜桄前门装铰链。盆碗盏，凑成双，烛台镴壶有名堂。纱帽椅，骨牌凳，漆漆茶盘边镶金。象牙床，亮晶晶，龙凤被面鸳鸯枕。印花布帐红茵茵，金打帐钩两边分"。极尽铺陈描写之能事，充分体现了劳动人民的智慧。这不单单是颂唱新娘的嫁妆，而是诗意地叙述劳动及生活，快意之感油然而生。

科技理性扫荡了一切，昔日自发的集体协作的婚俗生产方式被打破，独立生活成为常态，工业文明和城市化的钢筋水泥森林冲断了人类情感的纽带，四合院式的生活远离了我们的视野。紧张感紧紧依附在每个人身上，过去集体团结的形式被打破后，个体处于孤立无助的境地，即便是同楼同单元也是相见不相识，现代性最大的原罪是造成了人与人、人与社会的隔膜和孤立，后现代性更致使人的精神统一世界被碎片化。面对冷冰冰的物质世界，人不知所措，以至于情感无处安放，虚拟空间就成为年轻人的首要去处，信息工具大行其道，更因为网络技术的迅疾发展，手机、Ipad、电脑等成为生活的最爱，在虚拟的空间里人类获得精神满足，在现实世界里却无法获得有效交流，形成情感的断裂。远离了劳动和生活，人类情感的诗意被放逐。如何找寻失去的精神家园，让我们能诗意栖居？恰恰是"洞房经"这类保留了集体式生产方式的民歌能让我们重温这一切，那里面散发出的审美要素，可以很好地在生活中创造富含审美经验的诗意状态。

第五章 "洞房经"
——歌词韵律之美

一定的社会关系和生产关系产生了在某些音乐模式和民族美学中表现出来的社会心理学，"洞房经"仪式再现了某种艺术哲学，借以表明美学原则提供的一个表达手段，正像《诗经》创作原旨"老者歌其事、饥者歌其食"一样，"洞房经"在婚礼之时矢口寄兴、直抒胸臆，留下了当时人们所见、所闻、所思、所叹、所颂，一直为台州人传唱。很多人以为"洞房经"只是村夫俗唱，难登大雅之堂，然而，谁也难以保证，数百年甚至几千年以后，"洞房经"或许以复兴的姿态重列经典，被人们诵唱，留下浓重记忆的痕迹，被一些人从历史中打捞出来，从中发现江南婚俗的诗性之美以及超拔、奔放、自由的精神品质。

艺术的雅和俗并不是决定其价值的根本因素，俗中也闪烁着某种不可捉摸的精神之光，包含着某些不可企及的美。"洞房经"不仅是中国民间文学的奇葩，而且它本身歌词韵律所体现的表意、节奏、韵律、词曲之美，也是地方文化的巍然之作。没有作家能刻意创作出如此精美的、即时的、合韵的、能随口吟唱的由方言铺就的婚歌，更不能即兴创作出合意合景有着深刻明畅的词句和跌宕起伏旋律的婚礼对歌。作为群体性狂欢的盛宴，"洞房经"意义指向明朗，土话构筑的歌词韵律优美意境深广而平实，是台州民俗、人文和精神三位一体内涵丰富的思想结晶。

第一节 "洞房经"是民间文学中的一朵奇葩

"洞房经"的传唱之境是一片山海之地，台州三面环山，一面靠海。

大海广垠无边，波涛汹涌，神奇壮阔，群山连绵不断，绿荫葱葱。置身碧水青山，小桥流水之中，仿佛就在海上仙子国，是典型的江南水乡。硬朗的群山，温婉的河水，含蓄的大海塑造出台州与众不同的自然景观；它俊秀、婉约、节奏明快而又蕴藏着深沉；它清俊、潇洒、坚毅而又深藏着刚强、沉郁。如果说，环境具有人格力量的话，那么俊秀、婉约、坚毅、灵动就是江南台州的特殊"个性"。千百年来，它以自己独特的个性潜移默化地影响着台州人的生活习性，"硬气"伴随着浙东绵绵的群山和苍茫的大海，铸就台州人的性格内涵。台州文化精神的四个要素："务实、兼容、和合、创新"① 和台州文化性格的"四气"："硬气、灵气、和气、锐气"②，其源头既来源于台州的自然山水，又来源于台州积淀的人文文化。特有的审美情趣、自强不息的奋斗精神孕育了一代又一代的台州人，制约着他们的文化选择并最终完成台州文化的塑造。它既异于苍茫、恢宏、悲壮、沉郁的黄土高原文化，又不同于同是丘陵、湖泊、水乡大海的南方文化，在台州各类民间音乐中最直接最集中体现江南水乡文化个性的，非"洞房经"莫属。

"洞房经"不限句式，随手拈来，节奏简约、明快、紧凑、短促。句句押韵，一韵到底，韵律和谐、铿锵、激越。如临海市"闹洞房"歌：

闹洞房

手托金盘圆又圆，嫁子嫁孙嫁状元，

嫁得子孙千千万，子孙兴旺万万年。

王母娘娘蟠桃会，月下老人来做媒，

太上老君炼仙丹，观音大士送子来。

他们大事来嘱托，托我到你府上来。

这种节奏和韵律体现了"洞房经"的原始音乐美，也非常自然地适应了台州人祈求多子多福的愿望，活泼、热闹、愉快的婚俗习气及生活。

---

① 引自台州市委宣传处《关于发掘台州和合文化，丰富台州人文精神的调研报告》，2007 年 9 月。

② 杨供法：《文化的精神价值——以台州为例》，中央编译出版社 2012 年版，第 19 页。

这些歌词，对仗工整，韵脚相押，平仄协调，亦诗亦谣，用当地土话、吴歌韵律颂唱起来朗朗上口，一唱一和的起承转合自然天成，其内容或为祈福祝福、生活掌故，或为当地俚语俗言，或为神话传说、历史故事，既独具意韵，又生动活泼，极富文学价值。"洞房经"是台州独特的自然生态环境和人文环境的产物，既是汉民族留存于世的仅有的对歌形式的地域婚俗文化，又是民间文学的一朵奇葩，也是造就台州文学繁荣的基础。

一　源头——民间文学

鲁迅先生认为文学起源于民间："歌、诗、词、曲，我以为原是民间物，文人取为己有。"他还说，民间口头文学"偶有一点为文人所见，往往感到吃惊，吸入自己的作品作为新的养料，旧文学衰退时，因为摄取民间文学或外国文学而起一个新的转变，这例子是常见于文学史的"。[①]

从本质上讲民歌诞生于原始人类之初，是最古老的文学形式。世世代代口耳相传的民歌在文学发展史上具有无可替代的作用，是民族文学研究最为宝贵的资料，同时民歌也是民族文学的重要组成部分。从某种意义上来说，它甚至可以作为民族文学的代表。所以，从文学发展的渊源上看，民间文化是文学的源头之一。台州民间口头文学较为流行，歌谣、俚语、说唱等比比皆是，越地歌谣、童谣家喻户晓。一些童谣如"斗斗虫""月亮亮光光""燕啊燕""炒炒豆""点点斑斑"等为人们耳熟能详，特别是"斗斗虫"既是台州农村逗小孩的童谣，还是一种启发小孩智力和协调能力的小游戏，一般会一边念叨，一边教小孩两手食指相斗，据说是可以开发左右脑，提高小孩的平衡、协调能力，每个大人孩子都会哼几句。不论是读书人，还是三教九流，都会随口吟唱。有些民间传唱的歌谣至今仍为人所称道，像被列为国家非遗名录的"台州乱弹""临海词调"等，由此孕育出如现代许杰、陆蠡等杰出的文学名家。童谣与生活紧密联系，从社会中来，到生活中去。如黄岩民谣：

---

①　鲁迅：《鲁迅书信集》，人民文学出版社 1976 年版，第 492 页。

莫学赌博

　　千学万学，莫学赌博。

　　学了赌博，苦头吃足。

　　先卖天地，后卖房屋。

　　无衣上身，无米落锅。

　　东借西讨，债台高筑。

　　老婆转嫁，儿囡啼哭。

　　先做小偷，后做绿壳。

　　无处安身，祠堂庙角。

　　送进班房，作茧自缚。

　　"洞房经"其实就是台州民间流传的口头文学，它涉及生活的方方面面，曲调韵律深受民谣特别是童谣的影响，临海市收集的民间歌谣中，"洞房经"就是其中一部分。"洞房经"是台州人民在生活中创造的诗意栖居的生存状态，是农村农闲时的生活寄托，为现代人展示了一种理想的社会审美模式。

　　王杰认为："……通过研究非工业化社会的文化以及这种文化的思维方式和表征机制，发现原始文化貌似蒙昧的文化表征方式却异常有效地保持着个体与社会、情感体验与历史过程之间的整体性和完整性。因此，对于痛失精神家园和情感支撑的现代人来说，异质文化就成为想象力的———一个具有乌托邦色彩的世界。对于中心文化和主位文化来说，前工业文明成为一个具有两面性的镜子，成为历史进步摆脱不掉的'阴影'。"①

　　民歌的美学思想基础即和谐共生的集体生活方式，为摆脱后现代文化困境打通了一条可能的精神通道，用来寻回失去的记忆。

　　"洞房经"作为民歌的一种，是地道的大众文化、口传文化，依赖于地方方言韵律音调加工的民歌音调，不仅为"洞房经"贴上了地域的标签，还是不同地域文化传播、交融以及生活变迁的真实历史写照。"洞房

---

① 王杰：《审美幻象研究》，广西师范大学出版社 2002 年版，第 43 页。

经"很好地反映了生命与文化的同步延续性。存活在人们的日常行为之中，存活在民俗仪式的细节中，而且人们根据生存发展的需要决定着婚俗文化价值取舍，"洞房经"历经漫长演变，总在逐步舍弃，或者说自然遗忘一些迂腐、陈旧或过时的与时代不相吻合的东西。"洞房经"与民众生活演进保持着密切关系，保留了台州人民生存过程最基本最精练的信息，这些信息成为本土文明延续生长的最基本精神要素。"洞房经"能够全面反映人们生活的综合信息，我们虽然不能说"洞房经"是台州本土文化唯一的生长之根，却可以说，它是台州人民繁衍生存之树最为主要的根茎之一。

流行于临海市杜桥一带的歌谣"做糕点"被"洞房经"歌唱者照搬照抄：

做糕点

糕点师傅本领高，做起糕点式样巧，

五谷打粉小麦好，红料白料加香料，

碱水酵头拌均匀，揉起粉来纠扎韧，

七十二变化手段巧，样样吃来滋味好。

鸡蛋糕，用火烤。

油柱油圆用油包，五色豆糕用颜料。

薄荷酥糕最味道。

蕉豆糕，用香蕉，四四方方芝酥糕。

杏仁糕，酥头好；

八仙糕上印着车马炮；

桂花糕，大名声；馒头糕，高沉沉；

绿豆糕，做糕用绿豆粉；

九香糕，吃到嘴里香喷喷；

云片糕，片加片；

连环糕，两头连；

酸梅糕，两头尖，吃到嘴里酸又甜；

桔红糕，红艳艳；

杏花麻片圆累累。

"洞房经"富含地方文化精神即民族的生命力和对美好生活的向往，可以集中体现区域文化的特色。因此，"洞房经"需要发掘区域文化本质的东西。随着温岭"洞房经"亮相全国婚博会，"洞房经"的视频开始流传于媒体网络，许多受感召者就是奔着真正的民歌魅力来到浙江，来到台州，想亲身领略民族艺术的歌的海洋。

我们从各种民族传统文化包括原生态民歌在内发现的是对中华大家庭民族情感的认同，是对几千年文化遗产的认同。

二 素材——戏文和话本

20 世纪 80 年代前，台州人很喜欢看戏和听大书，夏天时经常有外地说书人在街角一个较为空旷之地高挂汽灯，开讲历史和民间流传的故事，讲到精彩之处暂停卖梨膏糖；而集镇、村落、街头往往搭起戏台出资请外地戏班演戏，有温州南戏，绍兴、嵊县的小百花等。一些著名剧种的故事和人物广为人知遍为流传，这就导致台州"洞房经"产生了另外一个特点，即歌词引用的素材，深受戏文和民间说话故事的影响，歌词中引用的古代名人无一例外都是经典戏曲和民间故事（说书人口传）中的主人公，这些人物在民间影响特别大，几乎家喻户晓，像薛仁贵征东、薛丁山征西、西游记故事、梁山好汉、三国故事、戏曲《孟丽君》《盘夫索夫》《梁山伯与祝英台》《贵妃醉酒》等。

戏曲音乐元素以高度完整的程式性、民族性和地域性特征得到了广泛的运用，体现出浓郁的民族风格，并显示出中国传统音乐文化的深邃底蕴，"洞房经"音乐中有很多新创作融入了民族戏曲因素，歌词方面是直接对戏曲的借鉴，其人物和故事纷纷进入"洞房经"，经过人民的再创作，变成大家熟唱的婚俗歌词，深受现代观众的青睐。

中国的戏曲起源于原始社会的歌舞，是一种历史悠久的综合舞台艺术样式。经过汉、唐到宋、金形成比较完整的艺术形式，它主要是由民间歌舞、说唱和滑稽戏三种不同艺术形式综合而成，所以戏曲不是以真实反映史实为目标，而是向观众叙述故事，这些戏曲故事往往不是从古代经典文学文本取材的。戏曲题材和传统说唱文学的关系紧密，深受史传文学、志怪小说、唐宋传奇和宋元话本的影响，流传于民间的传奇演义、民间传说、鼓词等都是戏曲题材的重要来源。这些说唱文学使中国戏曲具有引人入胜的剧情、新颖深刻的立意，能产生强烈的艺术感染力。

戏曲文学有它的自律性，经过长期发展具有宏大故事体系。从传统故事的产生看，经传史书类是"精通刀笔"的官吏写的；演义小说类是职业文人做的；说唱词话类是民间艺人口传的……传统故事演绎多样化，不同类型的故事表述方式各具特色彼此影响。它们适用在不同的场合，在人们的生活中相互补充。明末清初到民国的作品多是写人民群众心中的英雄，在百姓心底驻扎已久，口口相传，如穆桂英、陶三春、薛仁贵、赵匡胤、孙悟空、杨家将、水浒英雄、八仙故事等。台州人特喜欢看戏，农闲时几乎村村搭戏台，请本土或外地剧团驻地演出，一演就是好几天，老百姓从这村看到那村，这种传统一直保留至今。据浙江省文化市场统计，台州民间演艺团体有200多家，兴旺年份达250家以上，一年演出数千场，在全省遥遥领先，老百姓每一个生活细胞都浸透了戏曲的元素，民间说唱深受戏文影响，"洞房经"取材于戏曲故事，这是显而易见的。

戏曲和民间说唱中这些"非真实"的故事，将人类的情感世界渲染得瑰丽多姿、无比灿烂！

唱碗头

第一碗送进是泡胶，蔡状元要造洛阳桥。

马超追曹操，正本要做大红袍，后早要做捉曹操。

第二碗送进是猪肉，张兰头三木族。

前早要做双玉镯，正本要做龙凤阁。

杀猪屠行赵定方，三分水来七分汤，推起乌猪白如霜。

第三碗送进是猪肝，猪肝黑紫紫。

正本要做三国志，后早要做五虎来平西。

正宫娘娘去游西，全副銮驾后拨棋。

第四碗送进是黄鱼，黄鱼黄晶晶，前早要做跑马来成亲。

正本要做粉玉镜，后早要做孟丽君。

万岁调戏我不肯，要与皇甫小华结成婚。

第五碗送进是黄虾，黄虾好酒配。

正本要做大堂会，后早还要做武松，十字坡头打黑店。

第六碗送进是猪肚，张松献地图。

正本要做九美图，后早要做刘备取成都。

第七碗送进是鲤鱼，鲤鱼跳龙门。

河边钓鱼姜太公，前早要做西游记，正本要做玉如意，后早要做西厢记。

第八碗送进是田蟹，田蟹落汤满堂红。

前早要做刘备赵子龙，正本要做司马来逼宫，后早要做周伦大刀显威风。

第九碗送进是扁豆，扁豆种在河千岸，粒粒剥起多周圆，扁豆吞皮糖霜配。

前早要做鸳鸯屏，正本要做玉蜻蜓，后早要做水满金山闹盈盈。

第十碗送进是只鸡，王小姐脱宝衣，前早要做蜜蜂记。正本要做西厢记，后早加演连环计。

十一碗是只鸭，天上七姑来下凡。正本要做碧玉簪，后早要做山伯把英台送下山。

十二碗送进是小蛏，小蛏本当泥涂进。洛阳才子文必正，相公勿做做家人，要与霍府小姐定终身。正本要做十三太子林逢春，后早要做小方卿。

十三碗是花蚶，花蚶东涂来。前早要做花亭会，正本要做情义缘，后早要做七星剑。

十四碗是墨鱼，墨鱼头上一蓬缨。前早要做樊梨花，后早要做野猪林。

十五碗是带鱼，带鱼头尖游东海，好像水中活神仙。前早要做选九美，正本要做三盗九龙杯，后早要做薛平贵。

十六碗送进是猪腰，猪腰像元宝。厨官爷，手段好，开起腰花望味道。前早要做捉汉曹，正本要做黄鹤楼，后早要做子龙抱阿斗。

十抱金盘

一抱金盘进洞房，观音大士来出现，

金童玉女立两边，后有刘海钓金蟾。

二抱金盘是盘花，丁山招亲樊梨花，
梨花仙法神通大，保得唐朝江山在。
三抱金盘笑呵呵，郎才女貌配鸳鸯，
东都才子闻名广，南国佳人世称美。
四抱金盘喜洋洋，五湖四海配鸳鸯，
今日洞房花烛夜，早生贵子做宰相。
五抱金盘镶金边，一对鸳鸯共枕眠，
夫妻百年同到老，有福有寿享安康。
六抱金盘红又圆，金银财宝滚进来，
新人好比是财神，夫唱妇随掌金银。
七抱金盘七秋凉，月里嫦娥下凡来，
洛阳富贵百家村，百草山上菜花名。
八抱金盘红日升，盘夫索夫严兰贞，
曾荣本是忠良后，饮酒误事露真情。
九抱金盘格外鲜，山东义士是宋江，
梁山好汉来请他，头把交椅显威风。
十抱金盘圆又圆，十全十美大团圆，
千里姻缘一线牵，早生贵子中状元。

拜堂傧相诗

……

一扇大门开过东，日出东方一点红。
日出东方红现现，新人坐在金銮殿。
二扇大门开过南，房屋坐落九龙山。
九龙山上兴发地，荣华富贵富到底。
三扇大门开过西，刘备骑马遇张飞。
可比桃园三结义，孔明一到就登基。

……

（选自温岭"洞房经"）

整个"洞房经"的歌词内容与戏文和说书内容关联深广，这些历史和传说的故事和人物在民间广泛流传，人人耳熟能详，歌唱时随思随用，信手拈来，水到渠成，一个仪式的对歌约有十几个回合。如果不是在他们头脑和生活中固有的，那么他们的创造力就会受到极大的禁锢，无法即时即用，即兴创作无从发挥，对歌也就没几个回合，创新、活泼的内容和形式不能呈现于世人的视野，"洞房经"就成为无新鲜活水的老古董。

三　娱乐——游戏成分的附着

台州婚俗非常讲究人数的呈现和对比，如果在大婚之日，贺客人丁稀少，歌儿唱得不响亮，左邻右舍亲朋好友只是照例客套几句，那是大跌面子之事。俗话讲，台州人死要面子，没面子之事打死也不做。因此，结婚之日要人多，热闹，歌声、笑闹声喧天，婚礼才够味、体面，才幸福。从结婚日前三天开始喝"杀猪酒"，叔伯家庭都是老少齐到，笑闹不停，一直吃到结婚后的第二天。假如洞房中只有烛光、灯光、大红"喜"字和一个陪姑作陪，无人来看新娘、来闹房，小孩子也没有来争抢喜糖、红鸡子，新娘会觉得乏味透顶。新郎虽不在新房，但楼上清冷的感觉会迅速传递到楼下，感染到新郎，不仅新婚夫妇索然无味，家庭也因此脸上无光。所以，家贫家富只不过闹的方法不一样，来的宾客有多寡，不变的是集体娱乐。从闹和欢庆角度看，闹喜宴时人人献技让新郎新娘敬酒，闹洞房博得阵阵嬉笑，更多的是一种游戏娱乐的行为。其实"洞房经"的展演既是一种个体性行为，更是一种群体性行为。个体行为只有落实在群体行为中才会得到价值体现，况且群体参与本身就是一种游戏行为，无论是洞房客和厨下倌的唱和，还是表兄弟们送洞房时的呐喊，都是娱乐功能的铺展。过去，结婚常选冬季的好日子，这恰是农闲之时，人们有余闲参与婚礼，忙完了累人的夏收夏种和秋收的人们，难得有休闲找乐的日子。遇上婚娶，自然凑乐。婚礼是一个娱乐他人同时娱乐自己的场合，集中体现在酒宴上、洞房中，此时，不再有人羞涩难为情，不谙世事的年轻男女可能还放不开手脚，只是跟着瞎起哄，经过情事的男女甩开情怀，言语无忌，平时不便启齿的一些话题，直白或含沙射影地一起射向新人，如果能让新娘两颊艳红，新郎嘿嘿傻笑，就会引起群观效应。台州"闹洞房"整个仪式都有游戏娱乐成分，譬如“抢新鞋”。在临海、三门、天台等地，流行着抢新娘鞋子这一风俗，洞房中脱得新娘的鞋子，可以“取上榜”（俗话称赢得花红），本来新娘在椅子上坐着，慢慢有人借故凑上去，突然抱起新娘的双脚，另一人马上上去脱鞋，分工明确配合默契。有时，两个力壮的男子会凌空提起新娘的身子，有人去脱鞋子，人一多场面混乱，少不得有人趁乱揩油，鞋子没了，大冬天，脚下寒气直冒，又被人揩了油，很委屈，有的新娘暗暗流眼泪，有的噘着嘴，但最后还是笑靥如花。有见过世面的新娘，为了躲避这一“灾难”，老早把鞋脱了放一旁任人抢走。闹房的人一般不管新娘的表现，依然自得其乐。有人配合这一行动还会唱“看新娘”，抢走鞋子的人最后取得的红利不能独吞，须得见者有份，皆大欢喜，红包照例由新娘出。婚礼就像游戏，其喜剧情调得以淋漓尽致地抒发，不仅新婚夫妇感到身心愉悦，而且所有参与者均获得了一种快感，这就是游戏的快乐效应。婚礼仪式的游戏成分带给贺客身心的极大快乐，是婚俗得以兴盛的重要原因，“仪式传播也是存在于乡村社会的一种特殊传播方式，是增进情感、强化亲缘关系、维系社会和传承文化的重要渠道”。①

四　创新——即兴创作与传统套式的融合

“洞房经”在台州民间流传了千百年，虽然准确年代不可考，但千百年来却演绎出一种套式。唱词内容、土话清唱、押韵，几乎都是程式化，洞房歌的格式较为固定，从哪入调，先唱什么，再唱什么，大体是一样的，但其中诸多花样和细节多是即兴创作的，譬如，“讨××”就是应景而作，可以是讨凳子、酱油、茶碗、香烟等，往往你唱我应，多个回合才能达到目的。押韵、句式、修辞，唱经人心中有底。一般歌唱行云流水、合辙合韵。可惜的是，即兴创作的歌唱没有完整地记录下来，但从流传至今不多的歌唱和曲调中，我们依然会惊讶地发现，底层群众巨大的创造力，随时随地、锅碗瓢盆、酱油醋酒、斟酒上菜、新娘上楼梯、闹房、下楼梯等，甚至出门小便（望潮水）都能进入吟唱之中，更想象不到有点生

---

① 崔国春：《对黄梅县孔垄镇婚礼仪式的研究》，硕士学位论文，华中农业大学，2013年。

硬不那么好听的方言土语，能够口语化夹在半文不白的唱词中被吟咏出来，声声入耳，洋洋大观。流传千百年，成为一抹亮丽的风景线，这其中蕴含的文化意味，确实值得我们探究。歌词修饰，既土且洋，让人忍俊不禁，比如："稀奇稀奇真稀奇，外面骨头里面皮。鸡子黄圆累累，鸡子青包外面"；"满堂贵客都谢完，谢谢新娘送我状元包一铜盘，满堂贵客都谢遍，不要笑我行堂没脸面，不要背后议论来取笑，喜席之上讲讲蛮蛮都需要。"（"累累"字在当地念来来，"蛮蛮"意为戏耍。）"洞房经"不是一成不变，而是随时代演变而变化，歌唱者还会随时创作出有时代气息的新歌词，比如民国以前的唱词中有一句"左手关门右手闭，新郎新娘在做戏，生个小儿做皇帝"，新中国成立后改为"生个小儿当书记"，改革开放初又改成了"新妇娘生儿坐桑塔纳"，近来改为"新乌娘生儿做院长"。新郎家如果在法院，叫法院院长，在医院工作叫医院院长，有的干脆唱成"新乌娘生儿当总书记"。与时俱进使得"洞房经"的语言长期保持鲜活性。因为是群体的狂欢，也因为快乐情感的宣泄，自由奔放的文化放纵，洞房歌在成长的土地上肆意蔓延，呈现出妙趣横生的艺术效果。

台州传统婚俗中吟唱的洞房歌可唱可对，以对歌形式出现，这在汉民族婚俗仪式上是独一无二的，有别于纯口头文学，它既要借助民间流传的歌词曲调吟唱，还要不断地创新，赋予歌词新的内涵，体现时代对社会和生活的影响，在吟唱时虽随口吟唱但又讲究音调、速度、韵律、和声、即时、修辞、戏剧性与一般性表演技巧等。此外，"洞房经"在传唱过程中注重移步入境，可以"望新娘""十斟酒""十饮酒""唱小碟""唱暖碗""闹洞房""出洞房"，一直唱到亲朋好友送完洞房下楼梯为止。除了唱词，其他一些非语言的因素，比如氛围烘托、协作进程、场景姿态、喜庆表情、动作以及表达传递过程中所有参加者包括唱者、讲者、助手、听众的各种互动反应行为都被歌者注入吟唱过程中，这与纯口头文学是不一致的，因此，可以把洞房歌划归演唱和口语表达艺术，整个仪式中诵唱表达过程亦可称展演过程。送洞房时的对唱和洪亮的和声是闹洞房的压轴戏，一个主唱，一个应答，还有一班朋友齐声应和。如：同是"洞房歌"，临海和温岭就唱得不一样：

临海市"送洞房"时唱

新乌娘一分状元红一定高升好不好——好！

（唱经人唱一句，新娘往床上抛喜蛋，一般每次成双；后边一众人齐声和音。下同）

新乌娘二分状元红吉吉利利好不好……好！！！（"好"均为众人呼应）

……（有十分状元红）

温岭市唱"大团圆"

天圆圆地圆圆，新人新郎大团圆。

天配一对好姻缘，众班朋友结成缘。

度细小叔姑娘缘，邻舍叔伯大团圆。

十五十六月团圆，千年万年太阳圆。

四世同堂永团圆，四亲六眷大团圆。

大团圆大团圆，新人生儿有太子。

每唱一句都有人齐声唱和。

台州婚礼仪式具有悠长的历史发展过程，书写与口传资料并存，音乐曲目丰富，风格形态简单而结构规范严谨。"洞房经"提倡即兴创作，它产生于台州人民的劳动实践和社会生活。人们在婚俗实践中所产生的思想感情就是"洞房经"所表现的主要内容，生活实践的需要就是"洞房经"的重要原则，独特的生活条件又为"洞房经"规定了具体的形式特征，浓郁的地方文化生活气息一直是其活力的源泉。台州婚礼对歌即兴创作分为固定套式、自由式、衍展式三种类型。固定套式指的是按照仪式的程序来完成创作演唱；自由式是指临场机变，受某一行为的激发而创作，打乱固有的仪式进程，自由演唱新的仪式歌；衍展式指的是由传统的唱本衍化或创造新歌词，与时代接轨，含有与时俱进的强烈意味。此创作过程概括为"传承、变易、创新"三个阶段，"传承是基础，变易是动力，创新是目标与结果"，即兴创作是在仪式表演过程中所进行的音乐创作，是"表演与创作、创造性行为和成品同时发生的过程。即兴创作具有三个特征：偶发性、非乐谱性、音乐表演行为与音乐成品呈现的同时性"①。还有五大特点：一由地方方言合韵演唱，无法演变为普通话模式，很多歌词也无法用拼音准确标识，如果用普通话演唱，其蕴含的节奏韵味将荡然无存；二是创作方式较具随意性，仿佛信手拈来浑然天成，但仔细推敲，有一些文本缺乏深思熟虑，具有"不规范"的特点；三是由于即兴创作发生的偶发性、即时性、瞬间性特点，其创作需依靠生活积累和临场感应触发的灵感完成；四是即兴创作依靠少数几个人完成，主要是主唱的"洞房客"创作，一般贺客较少有能力完成此类工作；五是由于即兴创作是在仪式演进过程中的创作，即兴创作是口头表演的范畴，属于变奏的一种音乐发展手法。总的说来，传统套式是根本，即兴创作是继承和创新，即兴创作与传统套式的融合，"洞房经"才有了变化和发展，才具有强大的生命力。

就其地方特色而言，吟唱者采用当地方言吟唱，把婚礼仪式中话语表达转换成对歌形式，表意生动活泼，讲究韵律、对仗，每一个版本的"洞房经"就像是一首抒情性的叙事长诗。"洞房经"内容多是关于对郎才女貌的赞叹，对新房及新房摆设的描绘，仪式进行过程中相关事项的对歌、对句有象征甜美富足、繁衍子嗣、步步高升等意味，这些对于台州民间文学和吴歌的整理与研究具有重要的学术价值。

文学创作不是一般性的简单劳动，而是一种与时代同呼吸、与人民共命运的精神行为，作家必须不断提高自己的创作水平和对社会的感悟能力。对自己的知识和经验做大的清理和更新，不断从人民群众的丰富生活和时代发展土壤中挖掘和吸取营养，认认真真写作，而非随心所欲地码字，方能"众里寻他千百度，蓦然回首，那人却在灯火阑珊处"。

"洞房经"主题在汉民族婚史上源远流长，在民间家喻户晓，然而现在大多数人对其表现形式并不熟悉。现在唱"洞房经"的热闹场面已不多见，但在最简短的仪式中，仍会发现洞房歌即便简单的合唱依然魅力十足，单纯的形式包含多重主题让"洞房经"这样的口语艺术呈现出非同寻常的魅力。

---

① 郭小利：《中国传统音乐即兴创作教育研究》，博士学位论文，福建师范大学，2009 年，第 31 页。

第二节　韵律

——"洞房经"的永恒魅力

韵，本义是和谐悦耳的声音，本身就是一种美好的事物。律，是古代校正音乐的标准，比如我们常听到的"黄钟大吕"，"黄钟"也称"律本"，即古代音乐的十二律由此而始。此外，"律"还有规范、规则的意思，那么"韵律"便可以理解为能够将文字排列得更加和谐美好的规范。

这种"规范"在历代诗人词人的创作中属于基本功。他们通过经年累月的学习和时代良好氛围的熏陶让韵律成为诗词创作的习惯和根本，需要的时候信手拈来。韵律不会成为让他们束手束脚的镣铐，运用得好便能成为结合文字和思想最完美的纽带，让一首诗或一首词在抑扬顿挫的语感中带给人无限美的享受。在"没有文化"的山区人们唱山歌时都会无意识地押韵，我们随口就能哼出来的孩提时代的儿歌也是押韵而有节奏的，比如台州童谣"月亮亮光光，贼来偷丈缸。聋耳朵听见忙起床，喔佬［哑巴］连忙叫。老摆追落咳，拳手阿勒［也来］帮。一手抓住头发，原来是个和尚"。由此可见，韵律的表达是一种本能，是发乎本心的，是自然而然的，并非全是人工雕琢。

也许旋律之美，才是"洞房经"作品之魂。无论什么片段，"洞房经"的语句都极为入韵，大部分唱段都能一韵到底。每一句以七字为主，也有的唱段为五字，少数段落字数长短不一、错落有致，既井然有序又富于变化，民间高手能随时随景驾驭唱词和旋律，唱出悠扬富有激情的民间喜庆的灿烂颂歌。回环、顶针、对偶、排比、复沓等手法的反复使用，大量使用同韵字、叠音字甚至以重复词语来提挈一大段歌词，例如"撒（念'za'）炒米"歌：

撒炒米

炒米瓜子撒龙床（唱），老新生儿状元郎（应）。

炒米瓜子撒布帐，百年和好结鸳鸯。

炒米瓜子撒絮被，世世代代富到底。

炒米瓜子撒衣橱，老新生儿当总理。

炒米瓜子撒金桌，老新生儿做总督。

果子叠子撒枕头，老新爬过新郎头。

炒米撒在箱上面，老新生儿顶快便。

炒米撒落地，五世昌盛万年贵。

这段歌词音节、节拍整齐划一，旋律错落有致。每句押韵，如"床"与"郎"，"帐"与"鸯"，"被"与"底"等，重复的词语有"炒米瓜子""老新""老""炒米"等，"炒米"一词在八句话中用了七次。叠韵叠音的运用，使语音产生叠三重四、环环相扣、重鼓敲击的鼓乐效果。前五句都用"炒米瓜子"起句，第六句突然转势，用"果子叠子"起句，第七八句回到"炒米"，像广袤无垠的沙漠中突然出现的一行骆驼，在昏黄的天幕上留下一道亮丽的风景线，给人以活力和张力，浑然一体，丝毫没有突兀或生硬的感觉，使句式在齐整中有变化，产生穿梭织布、潮涨潮落般的弦乐效果。"洞房经"的歌词可唱可说，大量是吟咏式的，或者说是被唱出来的，你唱罢，我应答，有些不唱或不会唱，也必须应景说几句。蔡海燕曾经研究过临海的"洞房经"，她认为唱和说的区别在于："唱是声音的延伸，可借此营造较大的时空领域，这种时空领域可以将语词延伸得更加透辟，将情感延伸得更加尽致，同时还能延伸出一种情趣；而念白就显得过于斩截，它所构建的领域较吟唱有限得多。"① 也是因为如此，一场看似简简单单的结婚仪式，一个火红的洞房花烛便可表达出丰富的文化意蕴。"洞房经"的歌唱不是很婉转悠扬，倒很像演唱一首首韵文。其技巧颇具变化，或拖或放，或升或降，或活泼轻快，或急速缓慢，或婉转起伏，总体张弛有度，语调夸张，吟唱俏皮。它没有严格的声乐讲究，随意性极强。洞房歌的韵律有约定俗成的成分，但不是所有的唱词都经过事先勾略完成，很多是即兴所致。这种唱虽只是一种即兴的随意吟唱，旁观者也可轻易参与，随着韵律适时创作几句应景附和，但到底体现

---

① 蔡海燕：《从口语艺术角度看临海洞房歌的艺术魅力》，《台州师专学报》2000 年第 4 期。

了台州人民巨大的创造力。歌唱者兴之所至地唱出不同曲调、不同韵律、不同节拍,自然别有一番风味,自然淳朴,刚健有力,流动放达,像清泉汩汩流于石上,像久睡之人欣欣然张开了双眼,看看春光明媚的原野山坡。"洞房经"在民间流行,虽说难登大雅之堂,但其实光是韵律的错落有致平仄相见,歌唱的起落富有秩序,轻灵厚重皆传神,就已经可以和经典的民歌类似了。当然,"洞房经"里荤话、笑话、俚语等随处可见,让外人只识韵而不知文,未见其"雅"。"俗"到醋处,"俗"也便成了"雅",成就另一种韵味。有学者认为:"韵律之美的范畴自然不只局限于音乐。"

歌唱的起点,是古老朴素的形式,是城乡的理想主义时代,是爱与歌颂、热闹与愿景的情感世界。在期盼幸福延伸出的"洞房经"里,吟唱者一直很在乎自己的音符。他们是来自民间的诗人,散发着生活的气息。对原生态民歌的展示,不仅仅是艺术表演,也是展示台州人民生活的实际状态,从歌词中不难一窥"洞房经"的创作风格。"洞房经"最大限度地结合了民歌的韵律美和诗歌的抒情性、反思性,以一种原生态创作模式,还原了音乐最初的纯净,并用言简意赅的叙事及抒情笔触,做到了乐中有诗、诗中有乐。

"洞房经"有和谐的韵律。它既可一首首地念诵,又能一首首地演唱,本来就是诗的歌唱。用台州土话来说,歌是"心头上的声音(唱心头)"。一首好的"洞房经",既要有心头话的感情和生活的内容,又要通过艺术形象来表达。"洞房经"的韵律便是这种艺术形象表现形式必不可少的重要因素。因此,台州民间(特别是歌师们)进行诗歌创作时,用韵是颇严格的。恰似民间广为流传的顺口溜,老少咸宜,既易于上口吟咏,也便于传颂。人们常说:"没有图案不成苏锦,没有韵律不成'洞房经'。""洞房经"较少存在用韵不当的问题,如果出现用韵不当,在传颂过程中会被传唱者自然修正,那种"唱歌没有味,炒菜没有盐"的缺少韵味的"洞房经"是不会流传的。韵律用得好的"洞房经"才好唱,好听,好记,好传。

音乐的审美属性,不是靠音乐的样式,也不是靠风格流派,而主要靠听众的感知,邓丽君最火的时候,我们大陆有人认为是"靡靡之音",消磨人的意志，不能流行和学唱。但邓丽君依然是邓丽君，她的歌不会因为特别时代的偶然因素就消失了光芒，反而随着时间的消逝，更让人想起忆起。真正好的音乐，只要让人听觉惬意，感官刺激，审美愉悦，心灵舒坦，精神放松，大众喜欢的音乐即为好的音乐，大俗即大雅，此为至理。这是"洞房经"所能体现出来的，也是已经体现出来的。

讨　茶

　　高山滴落清山水，谷雨茶芽放盏里。

　　相劳外间厨下叔，清水送到洞房里。

　　清清山水可烧茶，谷雨采来细茶芽。

　　谷雨茶芽出雁山，上白糖霜出台湾。

　　相劳外间厨下叔，清茶送进洞房间。

　　……

　　这样的诗句真正是一唱三叹，回味无穷。不止古诗，"洞房经"也极为注重句式之长短，语音之高低，念起来抑扬顿挫。孔子即使在向弟子阐述自己的志向时，一番话也是朗朗上口的："莫春者，春服既成，冠者五六人，童子六七人，浴乎沂，风乎舞雩，咏而归。"

　　押韵的目的是为了声韵的和谐。同一乐音在同一位置上的重复，就构成了声音回环的美。这就是诗词的韵律。

　　自古以来，人类从来没有停止过对"美"的追求。从对书法艺术、绘画艺术的鉴赏，对名山大川、老城古镇美景探寻的视觉享受，到欣赏音乐、聆听天籁的听觉享受，甚至到品尝美食的味觉享受，"美"都带着一种令人无法抗拒的魔力充盈在我们的生活中，虽然不能言表，但却可以在潜移默化中给人解忧消乏，给人以生活的希望与信心。

　　琳琅满目的众"美"之中，"洞房经"以它不可取代的情感魅力和美之集大成者的魄力巍然屹立着，尽管风雨飘摇，沉浮跌宕，但本质上却不曾倒过。

　　在一首首美轮美奂的"洞房经"作品中，我们可以通过用眼睛看来发现其文字美；可以通过用心感受来发现其情感美；可以通过积极的思考来发现其思想美，可以通过吟诵来发现其韵律美。

能经得起时间考验的文学语句，必不是轻浮随意的，虽不一定要深奥，但一定是严谨而经得起推敲，同时还具有美感的。从这一角度来看，音律在诗词中就起了很大的作用。

"洞房经"是一种全方位的艺术形式。它一方面通过听觉折射的声音表现出一定的意境、价值、韵味，来达到审美的要求，演唱方法的多元糅合，加上视觉的传统效果，给人以感官上的冲击。总之，"洞房经"具有视听的多重审美价值。

主要参考文献

一 著作

叶春生:《典藏民俗学丛书》,黑龙江人民出版社 2004 年版。

钟敬文:《民间文学概论》(第 2 版),《民俗学概论》(第 2 版),高等教育出版社 2010 年版。

陶立璠总主编:《中国民俗大系·浙江民俗》,甘肃人民出版社 2005 年版。

王仲伟总策划:《释江南丛书》(江南民俗、江南文化理论、江南文学与艺术),上海人民出版社 2010 年版。

陈华文、郑士有、宣炳善等:《浙江民俗史》,杭州出版社 2008 年版。

寿永明等:《越地民俗文化论》,人民出版社 2010 年版。

鲍宗豪:《婚俗文化:中国婚俗的轨迹》,上海人民出版社 1990 年版。

大中国上下五千年编委会:《中国婚俗文化》,外文出版社 2010 年版。

[德] 尼采:《希腊悲剧时代的哲学》,周国平译,译林出版社 2014 年版。

释源:《寺庙文化》,内蒙古人民出版社 2006 年版。

潘桂明、吴忠伟:《中华天台宗通史》,南京凤凰出版社 2008 年版。

刘士林:《江南文化理论》,上海人民出版社 2010 年版。

辜正坤:《中西文化比较导论》,北京大学出版社 2007 年版。

鲁迅:《鲁迅文集》,黑龙江人民出版社 1995 年版。

周作人:《知堂序跋》,岳麓书社 1987 年版。

周星主编:《民俗学的历史、理论与方法》,商务印书馆 2008 年版。

［美］阿兰·邓迪斯编:《世界民俗学》,陈建宪、彭海斌译,上海文艺出版社 1990 年版。

［英］理查德·约翰生:《究竟什么是文化研究》,陈永国译,见罗钢、刘象愚主编《文化研究读本》,中国社会科学出版社 2000 年版。

冯雷:《理解空间》,中央编译出版社 2008 年版。

［美］戴维·哈维:《后现代的状况》,阎嘉译,商务印书馆 2003 年版。

柯杨:《民间歌谣》,中国社会出版社 2011 年版。

［美］保罗·康纳顿:《社会如何记忆》,纳日碧力戈译,上海人民出版社 2000 年版。

《马克思恩格斯选集》,人民出版社 1984 年版。

［美］克利福德·吉尔兹:《地方性知识》,王海龙、张家宣译,中央编译出版社 2005 年版。

房宁主编:《草根经济和民主政治》,社会科学文献出版社 2008 年版。

钱穆:《中国文化史导论》,商务印书馆 2007 年版。

钱穆:《中国文化精神》,台北三民书局 1971 年版。

钱穆:《从中国历史来看中国国民性及中国文化》,香港中文大学出版社 1982 年版。

王继华:《家庭文化学》,人民出版社 2010 年版。

萧梅:《音乐的回响——音乐人类学笔记》,上海音乐学院出版社 2010 年版。

《亚里士多德全集》第 7 卷,苗力田译,中国人民大学出版社 1991 年版。

李泽厚:《美学三书》,安徽文艺出版社 1999 年版。

王杰:《审美幻象研究》,广西师范大学出版社 2002 年版。

杨供法:《文化的精神价值——以台州为例》,中央编译出版社 2012 年版。

(西晋)陈寿:《三国志·吴书·孙权传》,(宋)裴松之注,岳麓书社 2005 年版。

(明)王士性:《广志绎》,上海古籍出版社 2014 年版。

喻长霖等编:《台州府志》,上海古籍出版社 2015 年版。

临海市志编纂委员会:《临海县志》,浙江人民出版社 1989 年版。

浙江省温岭市地方志办公室整理:《太平县古志》,中华书局 1997 年版。

温岭市文广新局编:《温岭记忆》,西泠印社 2010 年版。

徐先学、张永生编著:《黄岩民俗大观》,中国文史出版社 2011 年版。

二　论文

陈华文:《洞房经:文化的神话——温黄平原"洞房经(歌)"习俗的思考》,《东南文化》1990 年第 4 期。

《一组古老的文化符号——汉民族婚礼对歌"洞房经"溯源》,《浙江师范大学学报》1990 年第 3 期。

高丙中:《中国人的生活世界:民俗学》,《民俗研究》2010 年第 3 期。

乌丙安:《21 世纪的民俗学开端:与非物质文化遗产的结缘》,《河南社会科学》2009 年第 5 期。

万建中:《民俗学的学术指向和前沿问题》,《神州民俗》2011 年第 5 期。

张崇根:《三国孙吴经营台湾考》,《安徽大学学报》1981 年第 1 期。

田兆元:《齐鲁文化与吴越文化关系研究》,《齐鲁文化研究》2005 年第 6 期。

殷国明:《东方之魅:理解西方思想学术发展的一面镜子》,《中华读书报》2012 年 9 月 26 日。

盖生:《文化研究批判:从辨析文化研究与文艺学的关系开始》,《文艺理论与批评》2003 年第 4 期。

黄永林、韩成艳:《民俗学的当代性建构》,《华中师范大学学报》(人文社会科学版)2011 年第 3 期。

姜会敏:《从新民歌的发展看民族声乐多元化的构建》,硕士学位论文,云南艺术学院,2012 年。

陈春丽、强东红:《民歌的发展对社会主义文化建设的积极意义——以南宁国际民歌艺术节为例》,《广西民族研究》2004 年第 4 期。

石恪、邱峰:《黔中苗族婚俗审美的文化阐释》,《贵阳学院学报》(社会科学版)2013 年第 2 期。

邢璇:《略论方言与民俗》,《青年文学家》2009 年第 6 期。

路文彬:《救救文学批评——让文学批评回到文学》,《文艺争鸣》1998 年第 1 期。

蔡海燕:《从口语艺术角度看临海洞房歌的艺术魅力》,《台州师专学报》2000 年第 4 期。

附　录

台州"洞房经"①节选

向父母讨行礼

上面座位是双亲，要拜爹娘养育恩。

父母恩劳如天大，不可忘情一片心。

十月怀胎娘辛苦，三年吃奶海样深。

今日良缘成亲时，礼拜双亲八百春。

向厨倌厨下讨行礼

众朋友踏进厨房里，眼看厨倌厨下都在底。

我班朋友多是新子弟，四书五经未读熟。

向你厨倌厨下讨行礼，洞房里面关照几。

碗头碗尾休封起，我班朋友谢大礼。

上楼梯

外间朋友笑连连，我班朋友上楼台。

外间朋友笑嘻嘻，我班朋友上楼梯。

木匠老师武艺精，做起扶梯格格升。

一格楼梯一格高，金鸡凤凰结鸾交。

今夜才子佳人会，陪伴新郎上楼台。

---

① 这是台州"洞房经"的较为经典文本，普遍流行。

二格楼梯二格高，王母娘娘献蟠桃。

王母娘娘蟠桃会，八仙庆寿闹喧天。

三格楼梯三格高，凤凰飞来采仙桃。

采来仙桃是八宝，今日八仙就来到。

四格楼梯四格高，手扶栏杆上金桥。

天官赐福金钿树，八仙过海乐逍遥。

五格楼梯五格高，五虎上将算马超。

马超本是忠良将，潼关之上逞英豪。

六格楼梯六格高，财神老爷送元宝。

手捧元宝笑嘻嘻，金童玉女配夫妻。

七格楼梯七格高，仙女下凡把亲招。

土地老爷做大媒，要与董永成婚配。

八格楼梯八格高，八洞神仙过仙桥。

手托金盘圆又圆，八洞神仙过桥来。

九格楼梯九格高，八洞神仙齐到来。

新人新郎成婚配，夫妻和合万万年。

十格楼梯十格高，刘备东吴把亲招。

神机妙算是孔明，刘备招来孙夫人。

十一格楼梯十一格高，仁宗皇帝登太宝。

铁面无私包公到，迎接太后转回朝。

十二格楼梯十二格高，孔明军师策略好。

魏国反进司马懿，伏龙摆起空城计。

十三格楼梯十三格高，关公千里送皇嫂。

子龙南阳抱阿斗，张飞大喊退曹操。

十四格楼梯十四格高，新郎今日要上朝。

万岁金口封新郎，封官受禄伴君王。

十五格楼梯十五格高，文武百官都来到。

新人好比穆桂英，新郎好比杨宗保。

赤胆忠心定乾坤，为国为民立功劳。

十六格楼梯十六格高，王三姐把彩球抛。

彩楼搭起三丈三，彩球抛进平贵篮。

十七格楼梯十七格高，平贵西凉把亲招。

平贵西凉回家转，两国封王呵呵笑。

十八格楼梯十八格高，纯阳大仙云头飘。

一飘飘到杭州城，要渡牡丹上天庭。

一张楼梯走完成，要进洞房贺新人。

小八仙

春夏秋冬四季天，桃红柳绿各争辉。

和合门两边开，夫妻和合万万年。

今日八仙齐来到，王母娘娘把手招。

请问众仙何处去，祝贺新婚结鸾交。

洞房花烛乐陶陶，八洞神仙齐来到。

钟离老祖道法高，铁拐李老祖乐逍遥。

纯阳肩背青锋剑，湘子云头吹玉箫。

蓝采和摆起长寿酒，何仙姑手提花篮摇。

八仙来大门前，洞房花烛送进来。

大八仙

天宫赐福下凡来，八洞神仙立两边。

左边螳螂来不蟾，右边刘海洒金钿。

东方老朔蟠桃会，八仙庆寿闹喧天。

钟离老祖道法高，青峰山上去修道。

山上有个紫阳洞，紫阳洞中修得道。

头戴方巾双飘带，身穿蓝衫紫龙袍。

腰系八宝盘龙带，脚穿乌靴上九桥。

上九桥下九桥，三步一拜四步摇。

铁拐李道法高，金鸡山上去修道。

上上有个凤凰洞，凤凰洞中修得道。

狮子相对洛伽山，看清前面普陀山。

普陀山上去采药，采来一副神仙丹。

来到湖广长沙府，招来徒弟蓝采和。

蓝采和年纪少，年轻岁少道法高。

园林上上去修道，手提花篮呵呵笑。

游山游水并游府，四大名山都游过。

游到天官赐福府，看到福禄寿三星。

湘子年轻岁又少，年轻岁少道法高。

洞庭上上去修道，站在云头吹玉箫。

曹国舅道法高，万重山上去修道。

万重山上宝仙洞，宝仙洞里修得道。

头戴一顶乌纱帽，身穿一件紫黄袍。

手拿一副云阳板，腾云驾雾的笃敲。

张果老年纪高，昆仑山上去修道。

山上有个玉壶洞，玉壶洞中修得道。

白发苍苍随风飘，倒骑驴子呵呵笑。

挂着渔鼓不离腰，凡间红尘一脚抛。

吕洞宾人貌好，终南山上去修道。

山上有个上八洞，上八洞里修得道。

青锋宝剑随风飘，一飘飘到杭州城。

手点石块化金银，要度凡人上天庭。

何仙姑人貌好，牡丹亭上操洋琴。

弹起洋琴声音好，王母娘娘献蟠桃。

王母娘娘蟠桃会，八仙庆寿闹喧天。

开　锁

外间朋友实啰嗦，要我开门先开锁。

天门天锁地门地锁，海门附近莨芷锁。

大间直进舣环锁，台州府大桥锁。

新河四门四关锁，镶肚脐山仰天锁。

寺前桥桥五锁，麻车桥对琅舣锁。

河头直进松门锁，石仓舣里铁金锁。

横山头街黄金锁，太平县里县城锁。

大橱小橱箱笼锁，新人嫁来是肉锁。

新人是金锁，新郎是玉锁。

好年好月开金锁，我班朋友要开洞房锁。

开 门

开了锁再开门，南走南天门。

北走北天门，石塘对松门。

清港对楚门，玉环对坎门。

道士冠直进黄礁门，淋川直落苍山门。

葭芷对海门，石板殿对九洞门。

乌岩咀对横门，毛山下红岩门。

温西马公神童门，新人好年好月出娘门。

过了一门又一门，我班朋友要进洞房门。

四处大门都开进，我班朋友望新人。

进洞房

老新屋里老实撑，门前挂起珠帘帐。

我班朋友站一站等一等，要看珠帘帐里纱花名。

众班朋友见识少不聪明，说不出啥花名。

八仙进头门，夫唱妇随百年春。

八仙踏进第二门，子孙兴旺福满门。

进三门喜连连，彭祖寿高八百年。

陈抟老祖寿千年，手托金盘送进来。

手托金盘四角方，陪伴新郎进洞房。

众朋友左脚进洞房，老新生儿状元郎。

右脚进洞房，魁星点笔做文章。

八仙来大门开，洞房花烛送进来。

洞房花烛放豪光，赛过万年题金榜。

眼看洞房里新被新眠床，明年生儿状元郎。

一枝喜花喜团圆，二枝喜花实周全。

三枝喜花麒麟送子来，四枝喜花五子登科中状元。

众朋友笑连连，洞房花烛歇落来。

脚踏洞房笑盈盈，夫妻和合万年春。

歇落盘

手抱金盘圆又圆，陪伴新郎进房来。

天上七星对北斗，地上金鸡配凤凰。

新郎好比状元郎，喜气洋洋好风光。

状元夫人比新人，同保江山保万民。

抱盘之人手托酸，金盘慢慢歇落来。

十字调

一字南山一朵云，新人本是富家女。

新人出身富家女，富家出身好门庭。

二字写落加二分，新人手段果然精。

绣龙描凤件件能，绣起活龙活虎活麒麟。

三字写来像个川，新婚夫妻百年全。

夫妻百年动偕老，天配良缘结成双。

四字写来像纱窗，新人要助金钱和嫁妆。

要助嫁妆现代化，要助金钱满屋藏。

五字写来像观音，新人好比文曲星。

秀才举人连科达，连科及第状元郎。

七字头上挂玉琴，好比天上玉麒麟。

明年天赐玉麒麟，成人长大跳龙门。

八字眉毛两边分，金銮殿上结成亲。

生儿七岁高官做，生女凤冠霞帔送进门。

九字黄花抱金柱，新人家庭胜过年有记。

十八学士三尚书，十八学士匾额送进门。

十字一横一竖直中心，新人品貌有名声。

麒麟阁上生贵子，子孙兴旺掌朝廷。

插金花

太阳上山似盘花，凤凰飞过万岁家。

正宫娘娘生太子，新人新郎插金花。

男插东来女插西，天配一对好夫妻。

夫妻好比鸳鸯鸟，金花对齐无高低。

抬金桌

洞房好像魁星阁，新人新郎抬金桌。

新人新郎对头骑，要把金桌来抬起。

金桌设在朝东并朝西，连科及第做尚书。

金桌设在朝南并朝北，连科及第做总督。

金桌设在金銮殿，金花蜡烛歇落来。

分蜡烛

洞房花烛喜连天，两支蜡烛成双对。

打蜡老师武艺高，打起蜡台四角翘。

上面要打旗杆斗，中央打起老寿星。

蜡台上面点红灯，叫你新人新郎两边分。

两只蜡台成双成，两只蜡烛插上面。

蜡烛点起红艳艳，好比万岁金銮殿。

讨凳头

我班朋友真慌忙，未带凳头到洞房。

相劳朋友帮帮忙，请送凳头到洞房。

今夜八仙都到齐，蟠桃会上缺少金龙椅。

各位厨下脚头勤，龙椅金凳送进洞房门。

我班朋友糊涂人，慌慌忙忙就起身。

家里凳头多得很，如今富贵不随身。

相劳厨下帮帮忙，凳头送到洞房里。

我班朋友勿识礼，凳子椅子未带齐。

双脚站得酸几几，怪来怪去怪自己。

相劳厨下帮忙几，凳头送来洞房里。

我班朋友全白目，四书五经未曾读。

不识礼来不识仪，请外间朋友原谅几。

相劳外间厨下叔，把金凳送进洞房里。

大大树木温州进，小小树木出山林。

木匠老师武艺精，做起凳头送进洞房里。

我班朋友来多时，站着实在无样子。

外间朋友望勿过，请送凳头来帮助。

高山树木黑沉沉，做起凳头好坐人。

主人家凳头多得很，相劳外间朋友送凳来。

坐落位

外间朋友真有情，已把凳头送进门。

头位要坐新郎官，对位新人眼睬睬。

众班朋友分两边，按照顺序坐落起。

分　灯

造灯工人真聪明，造起奇巧玻璃灯。

雪白明亮玻璃灯，新人把灯两边分。

讨　茶

高山滴落清山水，谷雨茶芽放盏里。

相劳外间厨下叔，清水送到洞房里。

清山水可烧茶，谷雨采来细茶芽。

谷雨茶芽出雁山，上白糖霜出台湾。

相劳外间厨下叔，清茶送进洞房间。

毛竹扁担软扭扭，笃漆水桶广条箍。

厨下挑担到井边，担来清水下茶壶。

眼看辛苦老姑婆，忙忙碌碌烧开水。

茶壶里面打千秋，相劳外间厨下叔。

清茶动到洞房来，要请新人赐茶贺新郎。

分茶杯

五色茶泡黑沉沉，老新面前停一停。

老新勿用呆一呆，随手茶杯发出来。

头杯要发是新郎，二杯要发新人凑成双。

众朋友勿争先，按照顺序分落下。

众朋友笑连连，感谢厨下送茶来。

收茶盏

我班朋友实在懒，度头苍蝇飞到眼。

有手也懒得去赶，相劳新人收茶盏。

讨酒壶

江西瓷器有名声，造起酒杯亮晶晶。

主人家有本钿，酒杯备来多得显。

金桌上面无酒杯，请把酒杯送进来。

拆酒杯

酒杯出产景德镇，丝线扎起红茵茵。

月下老人来引线，要向老新来借线。

老新爽直不用推，解下八宝盘里荷花线。

讨筷子

四处地方出宝贝，非洲象牙统广赛。

象牙筷子虽然好，路远迢迢难买到。

土产竹筷价便宜，请把竹筷送到洞房里。

拆筷子

象牙筷子亮晶晶，毛竹筷子本钿轻。

筷子本是成双用，新人解绳又拆封。

讨羹瓢

一头大来一头小，远望好像长颈鸟。

舀汤羹瓢少不了，请你厨下送羹瓢。

拆羹瓢封

好笑好笑真好笑，完全有权拆封条。

晚头老新官职高，封起羹瓢不能舀。

讨酱醋碟

烧菜必须油带路，调味需要酱油醋。

酱油醋碟成双对，相劳厨下送进来。

拆酱醋碟

洞房花烛红艳艳，王母娘娘蟠桃会。

今晚新郎登龙位，万民百姓都喜爱。

我班朋友来作陪，请我喝酒又吃菜。

太白金星出主见，请把酱醋碟来拆开。

分酒杯

洞房好比蟠桃会，请你老新分酒杯。

先分新郎第一杯，挨到老新第二杯。

再分我班众朋友，按照次序分下来。

分筷子

象牙做箸成双对，放到盆里可接菜。

柯着好像笔写字，老新快快来分箸。

第一双分新郎，第二双老新头前放。

再分我班众朋友，挨次每人分一双。

分羹瓢

八仙过海很热闹，洞房花烛乐陶陶。

分羹瓢次序不用教，老新早早已学好。

请你老新快动手，快把羹瓢来分好。

斟　酒

一对酒壶像鸳鸯，双壶斟酒桂花香。

新人品貌妙堂堂，高杯喜酒贺新郎。

新人斟酒不用推，要斟新郎第一杯。

要斟新人第二杯，我班朋友挨次来。

十斟酒

第一斟酒斟新郎，姜太公八十三岁遇文王。

第二斟酒斟老新，穆桂英大破天门阵。

第三斟酒竹叶青，唐僧西天去取经。

第四斟酒百花放，小甘罗十二岁丞相当。

第五斟酒五龙驹，彭祖寿高八百岁。

第六斟酒七罗亭，超度牡丹上天庭。

第八斟酒八团圆，早生贵子中状元。

第九斟酒九天飞，出外航行坐飞机。

第十斟酒十完全，荣华富贵万万年。

十饮酒

第一饮酒真有趣，唐朝出个薛仁贵。

薛仁贵去征东，全靠军师徐茂公。

第二饮酒凑成双，辕门斩子杨六郎。

宗保饮酒去招亲，穆柯寨上穆桂英。

第三饮酒桃花红，百万军中赵子龙。

文武双全关云长，连环巧计是庞统。

第四饮酒算孔明，四门大开操洋琴。

叫你小张来把门，司马懿立即来退兵。

第五饮酒五端阳，许仙敬酒白素贞。

为了一点夫妻情，连吃三杯现原形。

第六饮酒荷花放，凤姐摆酒贺皇上。

正德万岁去游嘻，封你正宫李凤姐。

第七饮酒七秋凉，平贵封王在西凉。

平贵西凉回朝转，回转大朝封娘娘。

第八饮酒八牡丹，饮酒还须薛丁山。

酒喝醉来都造反，打落依原第一反。

第九饮酒十完全，福建出个蔡状元。

蔡状元造起洛阳桥，万民百姓都称好。

唱小碟

金弹小桔黄又黄，独占花魁卖油郎。

蜜桔剥皮碎糟糟，关公把守华容道。

店里荸荠三根葱，文王遇见姜太公。

糖梗上碟齐加齐，九代同居张公仪。

四个水果已说清，再将干果说分明。

冰糖上碟硬丁碰，劈山救母小沉香。

圆圆橄榄两头尖，女娲拣石去补天。

蒸糕上碟红艳艳，西天佛祖是如来。

细夹花生出山东，彩娥赠塔小方卿。

水果干果派完成，接着再来派冷荤。

田蟹上碟脚钳多，云头下凡何仙姑。

皮蛋切片来摆碟，湘子度妻去上天。

猪肝上碟黑塔塔，吓退曹兵张翼德。

花蚶剥边红西西，南宋忠臣是岳飞。

十二小碟说分明，再讲暖碗几十盆。

唱暖碗

第一盆是肉参，肉参本是海中生。

东海肉参有名声，南海刺参称头名。

西海肉参无处寻，北海肉参乌丁丁。

前找跑马来成亲，正本要做粉玉镜。

后找要做孟丽君，万岁调戏她勿肯。

一心一意要与黄甫少华结成亲。

第二盆是泡胶，前找马超追曹操。

正本要演大红袍，后找加演华容道。

第三盆是猪肉，张兰头揭牢三木勺。

杀猪卖肉赵廷方，猪部担担上天堂。

前找桑园访妻何文秀，正本要演十美图。

后找刘备关公取成都。

第四盆是炖蹄，前找王官宝来脱衣。

正本五虎去平西，后找要演三盖衣。

我班朋友笑嘻嘻，金銮殿上伴玉帝。

君王有道民安乐，当朝赠我一盆肉。

肉皮盖肉是炖蹄，新郎新人滚开狮子被。

第五盆是猪肚，前找要演龙凤锁。

正本孔明来点兵，后找要演唐僧取经到西天。

第六盆是黄鱼，黄鱼成对结伴侣。

黄鱼头戴将军帽，身穿金甲黄金袄。

前找结义刘关张，正本千里送嫂关云长。

后找三请诸葛亮，刘备要请孔明作主张。

第七盆是猪肝，前找孔明来借箭。

周瑜期限只三天，要求孔明造出十万箭。

大雾茫茫水连天，孔明邀请鲁肃来作陪。

柴草满船驶过来，曹操中计借出来。

正本要演龙凤配，后找武松打黑店。

第八盆是金针，前找要做桂花亭。

正本要演程咬金，后找加演鸳鸯屏。

第九盆是猪腰，前找许褚斗曹操。

正本要演樊梨花，后找刘海来砍柴。

第十盆是黄虾，要谢厨官和厨下。

黄虾弯弯像把弓，河畔钓鱼姜太公。

正本司马来逼供，后找段龙大严嵩。

十一盆是肉鸭，长长嘴巴扁搭搭。

前找要演玉连环，正本要演珍珠塔。

十二盆是胶蟹，胶蟹胶圆又圆。

后找要演孙庞来斗法。

前找要演罗汉钱，正本要演小金钿。

后找要做仙女下凡天仙配。

十三盆是只鸡，金鸡报晓喔喔啼。

前找要做铁公鸡，正本要演西厢记。

后找要做五虎去平西。

十四盆是贡菜，红山贡采有名气。

前找要做空城计，正本要做洪武帝。

后找要九世同居张公仪。

十五盆是木耳，木耳种在树林里。

前找要做王三姐，正本要做西游记。

后找要做九斤姑娘箍桶记。

十六盆是鲳鱼，鲳鱼体扁像白银。

前找要做宝莲灯，正本要做玉麒麟。

后找要做孔明城头操洋琴。

十七盆是肉圆，天上玉帝差我来。

前找要做狄青长生在，襄阳公主上楼台。

正本要做乾隆游江南，后找元宰去游庵。

十八盆是枇杷，糖水枇杷圆又甜。

前找要做楼台会，正本要做水浒传。

后找要做十五贯。

十九盆是小蛏，小蛏出产东海滨。

前找要做文必正，送花上楼定终身。

正本要做林逢春，后找要做小方卿。

彩娥赠塔助夫君，邱贼抢塔起黑心。

后来方卿状元中，姑妈家中唱道情。

二十盆是牛肉，牛肉切片香喷喷。

前找要做许仙送伞结成亲，正本要做血手印。

后找要做三堂会审玉堂春。

二十一盆是目鱼，目鱼切花齿加齿。

前找要做打金枝，正本三笑成姻缘。

后找要做送凤冠。

二十二盆是扁豆，扁豆汤拌糖霜。

上白糖霜味道好，前找要做铁弓缘。

正本要演打擂台，后找长工卖散碎。

十贺酒

自从盘古天地分，五湖四海水相通。

大海无水潮不涨，江河无水船难行。

天下万物都靠水，五谷落田靠水生。

米饭落缸来造酒，造酒无水不能酿。

杜康造酒到如今，十大名酒天下闻。

自古以来人爱酒，桃园结义酒风流。

杜康造酒红娘卖，李白吃酒挂酒牌。

楼上饮酒汉高祖，楼下饮酒是文王。

东楼饮酒赵匡胤，西楼饮酒陈子明。

太平有个李凤姐，凤姐摆酒贺万岁。

洞房花烛小登科，热热闹闹贺喜酒。

第一贺酒贺新郎，魁星点笔做文章。

文武双全关夫子，子子孙孙状元郎。

第二贺酒贺新妇，夫妻恩爱家庭和。

黄道吉日结鸾交，百年和合同到老。

第三贺酒贺相好，胜如王母献蟠桃。

八仙庆贺呵呵笑，相好心中乐陶陶。

第四贺酒生百福，福来东海水长流。

衣边生着一口田，子孝孙贤福无边。

第五贺酒福寿高，寿比南山松柏老。

彭祖寿高八百岁，勿够陈抟睡一觉。

第六贺酒富贵到，荣华富贵人人要。

发财致富走正道，家财巨万有人傲。

第七贺酒喜洋洋，桃园结义刘关张。

有情有义真朋友，学习三国刘关张。

第八贺酒甜滋滋，凤凰飞来生贵子。

小皇有日登龙位，不忘相好吃喜酒。

第九贺酒笑眯眯，一对鸳鸯齐齐飞。

鸳鸯戏水无穷乐，并蒂花开连理枝。

第十贺酒十完全，金杯里面酒加满。

饮酒一杯又一杯，祝贺大家都团圆。

谢　厨

洞房喜事实在忙，辛苦劳累在厨房。

我班朋友不懂理，全靠厨倌厨下关照几。

厨倌厨下真费心，莫嫌谢厨礼物轻。

礼物虽少情不少，表表心意谢谢到。

我班朋友无道理，盆盆碗碗到自嘴。

厨倌厨下走忙忙，没有暖碗动厨房。

厨倌厨下多关照，样样事情办周到。

小量盆头表心意，请你收下休客气。

厨倌厨下费心机，照理应该谢大礼。

我班朋友勿懂礼，未见世面有小气。

小小纸包作谢礼，请你不必来客气。
休嫌我们礼物轻，多少总算谢恩情。

望潮水

金清潮水涨八分，朝阳轮船要起身。
不打电话不寄信，相劳老新费费心。
等到潮水涨八分，便要回转自家门。
我班朋友望牢准，轮船不会来等人。

分香烟

烟草本是南洋来，香烟公司到处开。
香烟名目多得显，我班朋友都喜爱。
香烟好歹由你便，老新照顾分下来。

点香烟

春分播种谷雨栽，夏至摘叶晒起来。
老新客气分香烟，各位朋友都分来。

发南货

无告启口，南星北斗。讲谈西川，拔树造船。造只大洋船，九枝桅。哪里造？眠床里面造。哪里来开船？阳沟窟里来开船。七百桨年甭讲起，八百伙计买柴又买米。小人望望顶有趣，切劳一泡尿把只大洋船推到东海底。积谷山舵拖泥。洋奇搁小水，船头要驶三尺龙喷水，船后帽要驶三尺穿稍泥。要驶何处过？石塘呇里钓浜过，要驶哪里进，石塘门口进。要驶何处近水埠？松门河头近水埠。河头近水埠，河头闸非常狭，河头路十分浓。扛格扛来挟格挟，推格推来拨格拨。一拨拨到埠，老新打起跳板发南货。

摆碟头货

花儿红叶儿青，新人摆出好花名。
正月梅花趁早开，彭祖寿高八百年。
二月兰花样样齐，武则天娘娘做皇帝。
三月桃花开清明，方卿到了九松亭。
四月青梅节节高，宋朝有个杨宗保。
五月菖蒲喷喷香，捉曹放曹关云长。

六月荷花水上开，姜太公独坐钓鱼台。

七月凤仙其秋凉，貂蝉拜月喜洋洋。

八月桂花是黄金，出国和番王昭君。

九月菊花是重阳，西施美女做娘娘。

十月芙蓉小阳春，贵妃酒醉艳香庭。

十一月水仙花儿开，张仙送子到门庭。

十二月蜡梅开过年，新人新郎大团圆。

十二样花名是宝贝，请你老新摆起来。

再摆鲤鱼来兜水，又摆凤凰树来盘根。

三月三开花，九月九结子。

还有一盆节节生，要摆新人对肚膨。

分状元红

状元红红冬冬，洞房花烛结鸾凤。

甜甜蜜桔到处种，老新请分状元红。

剥状元红

黄岩蜜桔吃味好，文旦红栾更味道。

剥去皮来夹加夹，老新剥桔有窍法。

回金桌

洞房间新艳阁，新人新郎抬金桌。

金桌抬回老原窝，世代荣华又富贵。

讨早子

稀奇稀奇真稀奇，外面骨头里面皮。

鸡子黄圆累累，鸡子青包外面。

我班朋友都喜爱，老新早子都分遍。

还早子

新人头上五凤朝阳，早子放在新人手中央。

一还贵子，二还富子。

三还福禄寿星子，四还子龙抱太子。

五还五子登科连环子，六还吹箫作乐韩湘子。

七还凤凰生贵子，八还蟠桃长生子。

九还麒麟送仙子，十还贵子十完全。

老新生儿送状元。

扎麻糍按

灯花结彩红又红，张仙送子到房中。

张仙送来富贵子，叫我相好吃麻糍。

红头绳有一卷，请你老新摘摘断。

不用尺量分均匀，挂在我们胸头前。

抱龙灯

娶亲门前不少灯，洞房里面红绿灯。

相请新人抱龙灯，一抱灯二抱灯三抱灯。

三三得九九连灯，九九八十一盏状元灯。

大团圆

天圆圆地圆圆，新人新郎大团圆。

天配一对好姻缘，众班朋友结成缘。

度细小叔姑娘缘，邻舍叔伯大团圆。

十五十六月团圆，千年万年太阳圆。

四世同堂永团圆，四亲六眷大团圆。

大团圆大团圆，新人生儿有太子。

撒炒米

炒米瓜子撒龙床，老新生儿状元郎。

炒米瓜子撒布帐，百年和好结鸳鸯。

炒米瓜子撒絮被，世世代代富到底。

炒米瓜子撒衣橱，老新生儿当总理。

炒米瓜子撒金桌，老新生儿做总督。

果子叠子撒枕头，老娘爬过新郎头。

炒米撒在箱上面，老新生儿顶快便。

炒米撒落地，五世其昌万年贵。

出洞房

金鸡报晓天要明，新人新郎要睡紧。

我班朋友要关心，齐齐退出洞房门。

三尺金地洞房间，新人新郎把门关。

关了门落了栓，鸳鸯枕上笑连连。

同心同德勤生产，荣华富贵万万年。

下楼梯

脚踏楼梯一步低，配来一对好夫妻。

脚踏楼梯二步低，二星和合笑嘻嘻。

脚踏楼梯三步低，三台华盖临门喜。

脚踏楼梯四步低，四海龙王呵潮水。

脚踏楼梯五步低，五子登科万年贵。

脚踏楼梯六步低，洛阳桥边状元第。

脚踏楼梯七步低，七星王母笑嘻嘻。

脚踏楼梯八步低，八仙过海铁拐李。

脚踏楼梯九步低，天上九龙来抢珠。

脚踏楼梯十步低，手提宝剑汉钟离。

脚踏楼梯十一步低，蓝采和手中花篮提。

脚踏楼梯十二步低，何仙姑在云头飞。

脚踏楼梯十三步低，大海洒钿笑嘻嘻。

脚踏楼梯十四步低，湘子云头吹玉箫。

脚踏楼梯十五步低，柳毅龙女配夫妻。

脚踏楼梯十六步低，三元及第做尚书。

脚踏楼梯十七步低，新郎明年做爹爹。

脚踏楼梯十八步低，众班朋友下楼梯。

五福临门步步移，四亲六眷都贺喜。

临海"洞房经"①节选

一

新乌娘上楼梯

今日今夜送洞房，一对鸳鸯凑成双，

手捧金盘上楼台，新郎新娘心花开。

木匠老师手艺好，做起楼梯格格升。

一格楼梯一格高，金鸡凤凰结鸾交，

今夜才子佳人会，陪伴新郎上楼台。

二格楼梯二格高，王母娘娘献蟠桃，

王母娘娘蟠桃会，八仙庆寿闹喧天。

三格楼梯三格高，凤凰飞来采仙桃，

采来仙桃是八宝，今日八仙就来到。

四格楼梯四格高，手扶栏杆上金桥，

天官赐福金钿树，八仙过海乐逍遥。

五格楼梯五格高，五虎上将算马超，

马超本是忠良将，潼关之上逞英豪。

六格楼梯六格高，财神老爷送元宝，

手捧元宝笑嘻嘻，金童玉女配夫妻。

七格楼梯七格高，仙女下凡把亲招，

土地老爷做大媒，要与董永成婚配。

八格楼梯八格高，八洞神仙过仙桥，

手托金盘圆又圆，八洞神仙过桥来。

九格楼梯九格高，八洞神仙齐到来，

新人新郎成婚配，夫妻和合万万年。

十格楼梯十格高，刘备东吴把亲招，

神机妙算是孔明，刘备招来孙夫人。

---

① 在临海市较为流行，杂合而成。

十一格楼梯十一格高，仁宗皇帝登太宝，
铁面无私包公到，迎接太后转回朝。

十二格楼梯十二格高，孔明军师策略好，
魏国反进司马懿，伏龙摆起空城计。

十三格楼梯十三格高，关公千里送皇嫂，
子龙南阳抱阿斗，张飞大喊退曹操。

十四格楼梯十四格高，新郎今日要上朝，
万岁金口封新郎，封官受禄伴君王。

十五格楼梯十五格高，文武百官都来到，
新人好比穆桂英，新郎好比杨宗保，
赤胆忠心定乾坤，为国为民立功劳。

十六格楼梯十六格高，王三姐把彩球抛，
彩楼搭起三丈三，彩球抛进平贵篮。

十七格楼梯十七格高，平贵西凉把亲招，
平贵西凉回家转，两国封王呵呵笑。

十八格楼梯十八格高，纯阳大仙云头飘，
一飘飘到杭州城，要渡牡丹上天庭，
一张楼梯走完成，要进洞房贺新人。

春夏秋冬四季天，桃红柳绿各争辉。

和合门两边开，夫妻和合万万年。

今日八仙齐来到，王母娘娘把手招。

请问众仙何处去，祝贺新婚结鸾交。

洞房花烛乐陶陶，八洞神仙齐来到。

钟离老祖道法高，铁拐李老祖乐逍遥，
纯阳肩背青锋剑，湘子云头吹玉箫，
蓝彩和摆起长寿酒，何仙姑手提花篮摇。

八仙来门前，洞房花烛送过来。

开门先开锁

天门天锁地门地锁，海门附近葭芷锁，
台州府大桥锁。

大橱小橱箱笼锁，新人嫁来是肉锁，

新人是金锁，新郎是玉锁，

好年好月开金锁，我班朋友要开洞房锁，

开了锁再开门，南走南天门，

北走北天门，石塘对松门，

玉环对坎门，葭芷对海门，

平桥马公神童门，新人好年好月出娘门。

过了一门又一门，我班朋友要进洞房门。

八仙进头门，夫唱妇随百年春。

八仙踏进第二门，子孙兴旺福满门。

进三门喜连连，彭祖寿高八百年，

陈抟老祖寿千年，手托金盘送进来，

手托金盘四角方，陪伴新郎进洞房。

各位朋友左脚进洞房，老新生儿状元郎。

右脚进洞房，魁星点笔做文章。

八仙来大门开，洞房花烛送进来。

洞房花烛放豪光，赛过万岁金銮殿。

眼看洞房里新被新眠床，明年生儿状元郎。

天上七星对北斗，地上金鸡配凤凰。

新郎好比状元郎，喜气洋洋好风光。

状元夫人比新人，同保江山保万民。

抱盘之人手托酸，金盘慢慢歇落来。

脚踏洞房笑盈盈，夫妻和合万年春。

太阳上山似盘花，凤凰飞过万岁家。

正宫娘娘生太子，新人新郎插喜花。

男插东来女插西，天配一对好夫妻。

夫妻好比鸳鸯鸟，喜花对齐无高低。

一枝喜花喜团圆，

二枝喜花实周全。

三枝喜花麒麟送子来，

四枝喜花五子登科中状元（喜花）。

分状元红

状元红红冬冬，洞房花烛结鸾凤。

甜甜蜜桔到处种，老新请分状元红。

新乌娘一分状元红一定高升好不好，

（新娘分往床上抛喜蛋，一般每次成双）

新乌娘一分状元红一定高升好不好。……好！！！（"好"均为众人呼应）

新乌娘二分状元红吉吉利利好不好。……好！！！（"好"均为众人呼应）

新乌娘三分状元红紫微星高照好不好。……好！！！（"好"均为众人呼应）

新乌娘四分状元红四季同春好不好。……好！！！（"好"均为众人呼应）

新乌娘五分状元红五子早登科好不好。……好！！！（"好"均为众人呼应）

新乌娘六分状元红六六大顺好不好。……好！！！（"好"均为众人呼应）

新乌娘七分状元红七子富贵好不好。……好！！！（"好"均为众人呼应）

新乌娘八分状元红八仙过海好不好。……好！！！（"好"均为众人呼应）

新乌娘九分状元红久久好长圆好不好。……好！！！（"好"均为众人呼应）

新乌娘十分状元红十全十美大富大贵。……好！！！（"好"均为众人呼应）

斟 酒

一对酒壶像鸳鸯，双壶斟酒桂花香。

新人品貌妙堂堂，高杯喜酒贺新郎。

大麦造酒黑沉沉，桂花老酒贺新人。

新人斟酒不用推，要斟新郎第一杯。

要斟新人第二杯，我班朋友挨次来。

一杯喜酒敬新娘，

红色新人持家勤，

喜开红梅多结子，

桃红柳绿又生孙。

二杯喜酒敬新郎，

新郎吃酒心放开，

全家老少要敬重，

五世姻缘多结昌。

三杯喜酒敬伴姑，

擦亮眼睛找丈夫，

找来丈夫多才华，

情投意合结成家，

四杯喜酒敬弟兄。

从小结拜难言穷，

桃园结义刘关张，

我班朋友学榜样。

向父母讨行礼

上面座位是双亲，要拜爹娘养育恩。

父母恩劳如天大，不可忘情一片心。

十月怀胎娘辛苦，三年吃奶海样深。

今日良缘成亲时，礼拜双亲八百春。

登楼梯

脚踏楼梯步步高，凤凰飞过采仙桃。

采来仙桃盘盘满，早生贵子中状元。

中了状元敬爹娘，孝顺美德传四乡。

传四乡，传四乡，一门忠孝美名扬。

入洞房

洞房里面静悄悄，新郎新娘笑弯腰。

新娘笑靥娇似花，新郎紧张一团麻。

今夜我俩入洞房，相爱地老与天荒。

梳妆台前笑画眉，从此比翼两双飞。

叠　被

绸缎锦被四角方，二人相扶上绣床。

被头转向外，钞票日夜赚。

被头朝向里，小康家庭人人喜。

最后祝福新郎新娘新婚喜，同甘共苦走到底。

一步金，二步银，三步四步进房门；

一对蜡烛亮堂堂，照着漂亮的小新娘；

×××四角方，养个晓喔（儿子）走四方；

……

一步金，二步银，三步四步出房门。

临海"洞房经"①节选

二

九重门

各位宾客让让开，我班朋友要进来；

我今来到第一门，迎接百官接关亭；

文官来到先下轿，武馆到此落马行。

我今来到第二门，看见旗杆左右分，

两边旗杆高沉沉，得中状元第一名。

我今来到第三门，大门上面画门神，

唐伯虎先师武艺精，画起五虎活飞禽。

我今来到第四门，两边墙壁画麒麟，

---

① 大部分引自临海市民间文学集成办公室编《中国民间文学集成·临海市歌谣谚语卷——婚礼仪式歌》1992年。

麒麟脚踏金钱轮，送子送宝到门庭。
我今来到第五门，八角道地大名声，
石板地，淌淌平，蜊灰漂白白如银。
我今来到第六门，左右厢房两边分，
花坛里面种百花，百花开来香喷喷。
我今来到第七门，乌砖铺地地相平，
青石磉子雕花纹，廊柱上面缠金龙。
我今来到第八门，门柱笃漆亮晶晶，
一品当朝在京城，原是楼客大官厅。
我今来到第九门，九重门里坐新人，
今日原是黄道日，挂灯结彩闹盈盈。

婚礼歌

燕子儿飞来双对双，牵牛阿哥讨嫂嫂唷，
哩嘟哩，哩嘟哩唷，
要问嫂嫂哪一个唷，采茶阿妹王阿娇唷，
哩嘟哩，阿喂哩嘟哩唷，哩嘟哩唷。
门前呀，喜鹊喳喳叫，大红对子挂两旁唷，
哩嘟哩，哩嘟哩唷，
花瓶蜡烛堂前照唷，新娘新郎来拜堂唷，
哩嘟哩，阿喂哩嘟哩唷，哩哩的嘟哩唷。

宴席经

喜见红梅花蕾开，满面笑颜迎春来，
迎来亲友四方客，太公叔公和表伯。
大表哥，小表弟，
上下年纪表兄弟，只是听听难插嘴。
大表姐，小表妹，太婆表嫂都在内。
相事容易难做事，百客人前开口难，
只有请坐没有请骑，只有帮助没有装扮。
喜见红梅多结子，笑看绿竹又生孙。
新郎新娘今夜来结婚，大摆宴席满堂中，

堂中满座众贵客，贵客饮酒笑眯眯，

行堂手捧羊头撑花利。

一看羊角尖尖，新娘可比活神仙；

二看羊角喇铃钉，新娘貌比活观音；

三看羊头角个角，新娘好男好女生一桌；

四看羊嘴部圆圆，新娘生儿中状元。

请新娘送我状元包一铜盘。

新娘送我状元包，一盘满出铜盘外，

我代满堂贵客来多谢，

多谢你公婆喜事办得好大方，

多谢新娘多谢郎，

多谢陪姑牵拜堂；

多谢行堂走忙忙，

多谢厨师好羹汤，

多谢大姑小叔好帮手，

多谢四亲九眷送喜酒，

多谢礼物重重娘姨丈，

多谢你娘舅送喜羊，

多谢此夕喜事办得好，

多谢邻舍伯叔送纸包，

满堂贵客都谢完，谢谢新娘送我状元包一铜盘，

满堂贵客都谢遍，不要笑我行堂没脸面，

不要背后议论来取笑，喜席之上讲讲蛮蛮都需要。

十杯酒（洞房歌）

里间朋友真客气，欢迎我们走进洞房里，

一杯酒，贺新郎，早生贵子福满堂。

二杯酒，贺新妇，勤俭持家家庭富。

三杯酒，贺相好，幸福生活乐陶陶。

四杯酒，四角方，猪羊成群谷满仓。

五杯酒，五福门，勤俭好比聚宝盆。

六杯酒，乐洋洋，勤男俭女配鸳鸯。

七杯酒，七颗星，夫妻相爱心连心。

八杯酒，八宝盘，万事如意春满园。

九杯酒，九重阳，夫妻恩爱敬爹娘。

十杯酒，十完全，新郎新人大团圆。

盆碗盏

盆碗盏，散碎货，派派总讲无其数。

印花盆碗亮晶晶，出产江西景德镇。

头号叫做装菜碗，二号客来接力碗。

三号当作吃饭碗，四号名叫汤饭碗。

头号大盆装西菜，二号中盆好叠圆。

三号当作菜蔬盆，小号可当酱醋碟。

金边羹瓢金边杯，金边酒盅圆累累。

金边闷碗高高盖，画上花纹真鲜艳。

酱油醋碟成双对，金杯放在金盘内。

蜡打酒壶七寸长，绍兴老酒桂花香。

象牙筷子是宝贝，蜡壶铜壶加蜡台。

圆圆累累铜火炉，盖上小洞无其数。

蜡打暖锅暖洋洋，请客放在桌中央。

里面小菜七八样，可当八碗可当羹。

做糕点

糕点师傅本领高，做起糕点式样巧，

五谷打粉小麦好，红料白料加香料，

碱水酵头拌均匀，揉起粉来纠扎韧，

七十二变化手段巧，样样吃来滋味好。

鸡蛋糕，用火烤。

油柱油圆用油包。五色豆糕用颜料。

薄荷酥糕最味道。

蕉豆糕，用香蕉。四四方方芝酥糕。

杏仁糕，酥头好；

八仙糕上印着车马炮；

桂花糕，大名声；馒头糕高沉沉；

绿豆糕，做糕用绿豆粉；

九香糕，吃到嘴里香喷喷；

云片糕，片加片；

连环糕，两头连；

酸梅糕，两头尖，吃到嘴里酸又甜；

桔红糕，红艳艳；

杏花麻片圆累累。

讨利时果

出口成诗开金锁，开得七只锁，

大家朋友弟兄走进望新妇；

开勿得七只锁，大家朋友弟兄回转自家门。

新湖新湖锁，岙湾岙湾锁，

福建茄表锁，海门对进是前所。

新郎官金锁，新妇娘玉锁。

有锁必有门，玉皇大帝是天门，

万岁殿前紫金门，午朝门外跳龙门，

前所对进陈岙门，新郎官对进房间门，

新妇娘对进仓谷门，俩人相对七双门。

大麦本是小麦齐，望眉眼，眉眼弯弯像鸳鸯；

要望新人金丁香，金打丁香双脚对；

胭脂花粉露头面，露也露得匀；

望嘴唇，嘴唇勿露牙；

望下巴，尖细下巴连头颈；

要望新妇花口领，花口领谁人做？

裁缝老师做。

裁缝老师有赏，新妇娘喜果放出两磅。

喜果放出好喜欢，要望新人蟒袍前后面。

前面小盘花，后面围阁带，望阁带三寸阔。

要望新人五爪乾龙胭脂甲，十指尖尖伸出白如笋。

要望新人袖头什么滚？

大红尼、小红尼，大缎布滚落三寸阔。

要望新人花肚裙，花肚裙怎样望得着？

有办法。

今年望新妇，明年望大肚，

大肚大得快，生个小乖乖，

亦会吃奶奶，亦会叫爸爸，

亦会坐地，亦会叫姨，

亦会骑壁，亦会叫婶，

婶坐地枕槛，对落是沿阶，

上沿阶望着下沿阶，新姨拔出吃奶奶，

白翎肚裙露出一朵金杏花，金杏开花圆又圆，

新妇娘喜果放出一铜盘。

再望新人红绸裤。

红绸裤怎样望得着？

但等三日过，解了八幅罗裙露出一条裤，

红绸裤，散花做。

要望新人鞋拔布，

鞋头尖，鞋后坤圆，

新妇喜果放出一铜盘。

送洞房（一）

千丈岩头出株好牡丹，根深叶茂不可攀。

太阳上山是盘花，凤凰飞过万岁家，

正宫娘娘生太子，新人新房解公花，

公花木眠床，新郎早生儿子状元郎。

男站东来女站西，天开一对好夫妻。

杉树本是合地有，大树长挡出西州，

出在西州阳朝阳，半个温岭小江洋，

路桥泽国立道街，街不街，富不富，

杉树做板上梁平，柏树做柱四角灵。

细木老师手段好，雕起花名和花草，

金银花，平人花，达富罗裙就地拉，

玉手端起玉茶盘，红糖泡茶黑沉沉，

白糖泡茶白茵茵，绿茶泡茶绿茵茵。

送洞房（二）

今日今夜送洞房，一对鸳鸯凑成双。

送进洞房喜连连，天黑里头走上前。

福禄寿喜中堂坐，麒麟送来凤凰星。

说牡丹来话牡丹，百客人前开口难。

新郎请进来，新娘心花开。

杨柳成行平屋里，百年团贺好夫妻。

眼看里面好家当，四块金砖定脚边。

两只黄龙来床角，眼在两头看凤凰。

八仙桌上四角方，里面好像府大堂。

大堂里面好鸳鸯，百年到头夫妻好。

利市香烟配成双，亲友点起香烟红满堂。

齐赞洞府好情郎，好比姜太公七十三岁遇文王。

房间还有新媳妇，天上降下何仙姑。

新娘听了笑一声，就地出黄金。

前面造个金銮殿，后面造个粮食仓。

多谢新娘谢新郎，新娘端出桶盘亮堂堂。

多谢四亲九眷来探望，福禄寿喜每人尝。

一公子荣华富贵，二公子得中状元郎，

三公子探花，四公子榜眼，

五公子登科，六公子丞相，

七公子保安康，八仙上寿，

九世同居，十完全。

好话讲勿完，红鸡子一桶盘。

桶盘团圆圆，好比十五十六月团圆。

黄岩蜜桔两三手，新娘摆粮好名声。

各色粮果香又甜，我抛果子来周全。

果子抛大橱，儿子中尚书。

果子抛嫁妆，儿子得中状元郎。

果子抛布帐，儿子做丞相。

果子落被絮，新郎新娘舞狮子。

天将晓，天将亮，亲朋好友退出门，

外关门，里关门，生个小儿文曲星。

送洞房（三）

今日今夜送洞房，一对鸳鸯凑成双，

手捧金盘上楼台，新郎新娘心花开，

脚踏楼梯步步高，凤凰飞过采仙桃，

采来仙桃盘盘满，八扇大门开，新郎新娘请进来，

说牡丹来话牡丹，客人面前开口难。

一脚踏进洞房地，洞房里面亮堂堂，

中间一双寿字台，寿字台上起红光，

一对红烛亮堂堂，一对亲人进新房。

床在东来被在西，迎来一对好夫妻，

夫妻恩爱在新房，中间一张百子床，

两条黄龙盘上框，金丝稿毡龙须席，龙须席上一对好夫妻，

日进金来夜进银，荣华富贵度光阴。

龙凤被，鸳鸯枕，鸳鸯枕头配成双，

杨柳成行平屋里，百年团贺好夫妻。

眼看里面好家当，四块金砖定脚边。

两只黄龙来床角，眼在两头看凤凰。

八仙桌上四角方，里面好像府大堂。

大堂里面好鸳鸯，百年到头夫妻好。

利市香烟配成双，亲友点起香烟红满堂。

房间还有新媳妇，天上降下何仙姑。

新娘听了笑一声，就地出黄金。

前面造个金銮殿，后面造个粮食仓。

多谢新娘谢新郎，新娘端出桶盘亮堂堂。

多谢四亲九眷来探望，福禄寿喜每人尝，

高升又高升，新妇娘生儿掌千金。

被角拉拉直，生儿生不息，

国家有国策，新妇娘生儿百个百。

好话讲不完，新郎新娘红鸡子香烟快发来，

一对金烛床中照，两朵桂花荡两边，

金蟾折桂中状元，十五十六月儿圆。

高升又高升，新妇娘生儿掌千金，

各色粮果香又甜，我抛果子来周全。

果子抛大橱，儿子中尚书。

果子抛嫁妆，儿子得中状元郎。

果子抛布帐，儿子做丞相。

果子落被絮，新郎新娘舞狮子。

多谢伴姑多谢郎，多谢伴姑牵拜堂。

天将晓天将亮，亲朋好友退出堂，

左手关门右手闭，新妇娘生儿要当总书记。

闹洞房

手托金盘圆又圆，嫁子嫁孙嫁状元，

嫁得子孙千千万，子孙兴旺万万年。

皇母娘娘蟠桃会，月下老人来做媒，

太上老君炼仙丹，观音大士送子来。

他们大事来嘱托，托我到你府上来。

金脚踏金府，到你府上望新妇。

一来望新妇，

二来望陪姑，

三来望眠床，

四来望嫁妆，

五来望新郎，

六来望新房，

七来望花堂，

八望琴棋书画挂两旁，

九望福禄寿星贴正房，

十望新郎新娘美满姻缘凑成双。

成双夫妻天然配，配拢鸳鸯凑成对。

新婚夫妻今夜入洞房，

明年出贵子，后年得中状元郎。

我先请新娘送我红鸡子、桔子和小糖。

新娘先拿出红鸡子一只，我对上红鸡子一对，

红鸡子又不圆来又不长，红鸡子百乐四样生，

里面衣，外面壳，外面白里面黄，

新娘生儿得中状元郎。

新娘拿出桔子一对，我对上桔子一对，

桔子出在黄岩雪里糖，不打霜雪自会黄，

外面皮里面筋，新娘生儿当总兵。

新娘拿出花生一把，我对上花生一对，

花生出在上洋下菱，上开花下结菱，

生起花生祠个祠，新娘先生儿后生因。

新娘再拿出荸荠，荸荠出在黄岩十里铺，

风霜雨雪都见过，生得荸荠滚滚圆，

新娘生儿中状元。

新娘再拿出小糖一把，红粉小糖甜又香，

出在临海食品厂，食品厂中生产忙，

新娘拿出小糖分大家。

开　锁

众朋友十八省来走过，走过杭州苏州府，上海宁波算长途。

有人告知开金锁，若开洞房八仙锁，要进洞房望新妇，

上开上四锁，下开下四锁，

中央还有连环锁，下涨直进东门锁，

宁波城里七十二锁，西乡岙三十六关无名锁，

万岁发落紫金锁，白峰岙里浦口锁，

大吕直进连环锁，

高丽锁，弹子锁，新妇嫁进三箱四笼锁，

新郎官是金良锁，新妇娘是玉心锁，

众朋友拿出万能锁，

洞房里面都开通，要看新妇容貌如芙蓉。

望新妇

脚踏贵府，闻知府上娶新妇，到你府上望新妇，

"客人居名何处？"

"我老祖基福建下师府！新桃基果子下栅府。

闻知府上娶新妇，到你府上望新妇。"

"客人开得几关锁？要请进望新妇，

开勿几关锁，回转自家府。"

"来者勿呆，呆者勿来，到你府上要倒楣。"

细开开勿来，只有粗开。

一开岙环锁，又开玉环锁，

太平直落青荷锁，海门对前所（谐音锁），

要开本地台门锁，要开本家中堂锁，要开新娘新郎洞房锁，

当当几关锁，要到里面望新妇，

"客人！有锁必有门，开得几双门？

客人请进望新人，开勿几双门，客人请回自家门。"

"啰哩啰唆多得显，到你府上要倒霉。"

细开开勿来，只有粗开，

一开紫禁城里紫桥门，前面直落是双门，

太平直落新荷门，要开台州府地新石门，

要开本地是台门，要开本家中堂门，要开新娘新郎洞房门，

当当几双门，我要到里面望新人，

客人开了锁，开了门，请进望新人。

闻知府上娶新妇，要到你府上望新妇，

脚踏粮仓船，看你新妇小金莲，

脚踏粮仓间，看你新妇好纱衫，

脚踏粮仓里，新人骑一骑，

新人勿骑起，难怪客人走进无道理。

啊挤啊挤，好比杭州城里，

前客让后客，各位人客两边瓣。

后头带来许许多多的客人。

有礼无礼，大家望起，大家勿望，我来望。

新娘头上香起珠冠亮茵茵。

要兴望前厅，要发望后榻。

后榻望来蓝衣衣，拼来一对好夫妻，

大红枕头成双对，好男好女有几个，

好男出富家，好女配成双，

新妇娘，两字分繫像举人，

举人前面要插旗罗伞，要看新人造凤眼，邻叔伯要分油。

望你新妇造鼻头，前堂对落亮茵茵，

要望新人造凤根，双脸下脖坞牙根，

嘴唇薄添添，铜盘面，瓜子脸，

金打丁香荡两边，仔细望来人貌勿吞显。

新妇娘，大红纱衫穿起一点红，

要望新人红绸裙，红绸裤，青纱对，

要望新人红绸裤，

红绸裤，扬州麻，苏州锦，绸绫缎匹滚边。

十无嫌，要看新人小金莲，金莲望来三寸八，

要望新人花肚褡，今夜难望新人花肚褡，只望新妇青发丝。

新妇娘，今夜做新妇，随接它大肚，

生出一个小娃娃，捧出外面吃奶奶，

坐在地枕槛，露出肚褡眼，

待我客人打这经过仔仔细细相一眼。

相你新妇娘，肚褡荷花心，

四角方，早生贵子得中状元郎。

贺喜酒

洞房间，红艳艳，好像万岁金銮殿；

桌上摆满酒肉菜，王母娘娘蟠桃会；

八洞神仙来相会，今朝新郎登龙位；

老老少少笑连连，欢天喜地笑颜开；

有酒应当人人醉，贺酒敬酒来猜拳；

外间朋友想进来，桂花老酒敬几杯；

里间朋友爱勿爱，要请你们先表态。

鸡子经

门前竖旗杆，中堂钉排匾；

走进大穿堂、小穿堂，

眼关三十六为弟兄在中堂里面走忙忙。

外场勿讲起，要望新人花堂里；

眼关八仙廊下抽，珠灯银角挂堂前；

东边要摆着衣镜，西边要摆孔雀屏；

手拿火囱银凳坐，缠龙桌凳摆廊下；（白：伙计嗳）

外场勿讲起，要望新人花堂里；

二脚踏进房间里，眼关男男女女，挨挨挤挤。

年老年少，年老叫公公，

年少叫弟弟，同年界界表兄表弟。

大家朋友兄弟，只所助言，让你朋友兄弟讲起。（伙计讲：让你讲起。）

让我讲，新娘拿出桂园干枣放在铜盘里，

朋友弟兄拆拆起。

有门必有锁，开了七关锁；

回转自家户。

来者勿呆，呆者勿来。

银环锁，玉环锁，新娘讲的是双并锁。

回转自家户，银龙玉璧大户富。

新郎官金锁，新娘子玉锁，

玉锁配金锁，问新娘要讨莲子果。

伙计嗳，有锁必有门，

开了七双门，快快回转自家门，

来者勿呆，呆者勿来，玉皇走出天庭。

齐带力王走出是龙门，小巧玲珑金雀门。

回转台州城，大人进出是后门，

新郎官房间门，新娘子被里门，

伙计嗳，有门必有闩。

还是上闩落，还是下闩上；

勿带斧头锯凿，拔拔直直，

勿用转折，拖拖套套，勿带和脚劳套。

还是上闩落，还是下闩上；

勿带斧头锯凿。

门闩长，门卜圆，

问新娘子鸡子要三铜盘。（白：鸡子送来讲，否则勿讲）

伙计嗳，少一个揩灯，（白：我给你揩）

揩灯之人本寻待，四方六县请你来，

害我走得满身是汗。

难为伙计讲得好，我给你揩灯揩到老。

新人红灯有七双，头戴珠凤凉荫荫，

银钗金钗头上插，大家都来望新人。

新人梳得匀，抹得匀，

家望新人好嘴唇，嘴唇勿露牙。

家望新人好下巴，下巴连头颈。

家望新人好条领，这条领什么做，

红衣做，做起花水裤，水裤折角斜。

家望新人好花底鞋，鞋口荷花放慢线。

鞋袜荷花勿疏勿密缝几针。

上望落，下望下，

家望新人好眉眼，眉眼弯弯像月亮。

家望新人好良相，梳得匀，抹得匀。

家望新娘好嘴唇，（新娘桔拿出来）

新娘嗳，这是什么，是桔。

桔剖出裥个裥，新娘喜欢生儿还是生囡。

问新娘鸡子要讨小脚罗担，（新娘东西拿出来讲，勿拿勿讲）

七早头，八早头，讨个十八顶毡帽头。

伙计嗳，这是什么？

是杏，

杏外红里青，新娘生儿做总兵。

总兵出游街，新娘鸡子放三只。

伙计嗳，这是什么？

是花生。

花生夏天勿落叶，冬天子连连，

新娘生儿做府台，府台去游街。

新娘鸡子放三天，

红是刘备，白是关公，缺少张飞赵子龙。（需三只鸡子）

第一吕洞宾，

第二何仙姑，

第三铁拐李，

第四汉钟离，

四位大仙四角坐，缺少四位大仙成双凑。（需八个鸡子）

黄岩十里铺，城西张家渡，

伙计嗳，朋友弟兄，男男女女，新娘鸡子要拆拆起。

（有的新娘大方地要问：小鸡爸叫什么？）

小鸡爸名叫李世鸡，小鸡娘名叫李麻鸡，

李世鸡啊李世鸡，从小鸡子壳里嬉，

李麻鸡啊李麻鸡，从小垃圾堆里嬉，

鸡子落孵三七二十一，

孵只雄鸡更更啼。

十抱金盘

一抱金盘进洞房，观音大士来出现，
金童玉女立两边，后有刘海钓金蟾。
二抱金盘是盘花，丁山招亲樊梨花，
梨花仙法神通大，保得唐朝江山在。
三抱金盘笑呵呵，郎才女貌配鸳鸯，
东都才子闻名广，南国佳人世称美。
四抱金盘喜洋洋，五湖四海配鸳鸯，
今日洞房花烛夜，早生贵子做宰相。
五抱金盘镶金边，一对鸳鸯共枕眠，
夫妻百年同到老，有福有寿享安康。
六抱金盘红又圆，金银财宝滚进来，
新人好比是财神，夫唱妇随掌金银。
七抱金盘七秋凉，月里嫦娥下凡来，
洛阳富贵百家村，百草山上菜花名。
八抱几盘红日升，盘夫索夫严兰贞，
曾荣本是忠良后，饮酒误事露真情。
九抱金盘格外鲜，山东义士是宋江，
梁山好汉来请他，头把交椅显威风。
十抱金盘圆又圆，十全十美大团圆，
千里姻缘一线牵，早生贵子中状元。

锦被艳

嫁妆好，好嫁妆，大小棉被满眠床，
金丝被面亮晶晶，绫罗绸缎派不尽，
湖州被面织锦缎，五颜六色色绚丽。
真像四季花儿鲜艳艳，
还有孔雀、凤凰、鸳鸯倚上面。
正月梅花五福开，
二月杏花兰花真秀丽，
三月桃花朵朵放，

四月蔷薇满园春，

五月石榴花如火，

六月荷莲水上鲜，

七月凤仙七秋凉，

八月桂花喷喷香，

九月菊花开上顶，

十月芙蓉小阳春，

十一月水仙花儿开，

十二月蜡梅迎春来。

春色满园百花放，早生贵子状元郎，

棉被叠起高高盖，每个棉絮十斤半。

闹洞房

手捧金盘圆又圆，脚踏云梯步步高。

一对红烛亮堂堂，一对亲人进新房。

今日半夜送洞房，一对鸳鸯凑成双，

床在东来被在西，迎来一对好夫妻，

夫妻恩爱在新房，两对摆旗遥相望，

草元百子好嫁妆，中间摆起一张百子床，

四块金砖垫床脚，两条黄龙上床帐。

龙凤被，鸳鸯毯，

妇盖夫，夫垫妇，鸳鸯毯上一对好夫妻，

日进金来夜进银，荣华富贵度光阴。

高升又高升，新妇娘生儿掌千金。

被角拉拉直，生儿生不息，

国家有国策，新妇娘生儿百个百。

大儿郎当朝一品做丞相，二儿郎当在两广做都堂，

三儿郎要到河南做布政使，四儿郎要到外国去风光，

五儿郎要到东京开钱庄，六儿郎要到台州做知府，

七儿郎要（看夫单位，若是财政的，就说将来做财政局长，若是
医院的，就说是卫生厅长）

八儿郎要（看妻单位，说法同上）

九儿郎三十六事件件好，十儿郎在边照顾父母。

高升又高升，新妇娘生儿掌千金，

一对金烛床中照，两朵桂花荡两边，

三元及第登金榜，四个今科状元郎，

五子登科福禄寿，逐个尽孝扶上先，

七星八斗悬空挂，八面进贡到尽前，

九子同安拜过面，金蟾折桂中状元。

十二拜堂为丞相，十五十六月儿圆。

高升又高升，新妇娘生儿掌千金，

新妇娘一分状元红一定高升好不好——好！

多谢伴姑多谢郎，多谢伴姑牵拜堂。

天将晓天将亮，亲朋好友退出堂。

左手关门右手闭，新妇娘生儿做皇帝。

果子撒被丝，新郎新娘滚狮子。

果子撒门床，早生贵子状元郎。

果子撒地，万年富贵。

温岭"洞房经"①节选

拜堂傧相诗（一）

天开地红福寿长，铜锣启鼓喜洋洋。

堂前击起龙凤鼓，万岁登殿掌号角。

近日傧相喜宠崇，我做傧相小喉咙。

别人傧相推我做，我做傧相说勿通。

我在深山学道仙，修仙悟道几千年。

中堂缺少成赞礼，步步高升到堂前。

百丈岩头一株碎，树大枝高不可攀。

---

① 温岭"洞房经"全部文字由温岭非遗中心提供。

堂前多少男和女，百客人前起口难。
大登科金榜题名，小登科洞房花烛。
洞房花烛结彩虹，孔雀屏中喜崇崇。
一对陪姑貌如花，胭脂花粉八角钗。
自定终身喜洋洋，陪姑配夫状元郎。
吹箫作乐闹喧天，今请新人出堂前。
两斑玉女来引路，可比仙女下凡来。
一对陪姑面上红，胭脂花粉白蓬蓬。
一对陪姑同打扮，人才美貌一样同。
一对陪姑样样长，穿红着绿是漂亮。
三寸金钿来引路，陪姑配夫状元郎。
三请三调不出来，三人合意倒我霉。
我做傧相重赞礼，傧相赞礼要粗言。

桃花开来三月天，洞房里面闹得显。
洞房里面听不明，叫声客官传一声。
三请三调不出来，谅必新人带胎来。
生落小娃慢慢洗，梳妆打扮拜堂启。
过重山头又重山，重重叠叠落西山。
不是傧相催得急，红日滚滚落西山。
三请新人貌双容，其实傧相在堂中。
不比吹箫并作乐，请拜花烛满堂红。
刘成院朝入宫宫，遇见仙姑在园中。
二人要把姻缘配，好景良辰结善缘。
今日陪姑不出堂，必定度肚怕人讲。
肚内本是有双身，三日头前甭答应。
要请新人出花堂，宿在花阁配成双。
郎见新人呵呵笑，新人带笑出花堂。
我做傧相无肚才，腰头马笼挂起来。
腰头马笼都挂边，螺丝少顶吞两盖。

一对陪姑真聪明，买来蛳灰斗五升。

杭州花粉本钿大，淡淡胭脂擦嘴唇。

三透房屋九明堂，请出新人又个郎。

新人不失夫家路，陪姑带路出中堂。

先传新人后请郎，新郎一算到花堂。

老师不怕树生争，新人不怕郎面生。

四亲六眷来帮忙，贺喜亲人满堂红。

一扇大门开过东，日出东方一点红。

日出东方红艳艳，新人坐在金銮殿。

二扇大门开过南，房屋坐落九龙山。

九龙山上兴发地，荣华富贵富到底。

三扇大门开过西，刘备骑马遇张飞。

可比桃园三结义，孔明一到就登基。

四扇大门开过北，新人坐在好房屋。

百日夫妻成双对，荣华富贵万万年。

一对画眉同一笼，一只雌来一只雄。

雄格飞来呵呵笑，雌格飞来赖老公。

遇朝造棋白蓬蓬，早生贵子陈基龙。

基龙在朝做官大，要请新人出堂中。

我请新人出花堂，银烛高照贺时光。

人人都说好才郎，快顶出头望新郎。

三请好像如川起，今日一对好夫妻。

万年夫妻同偕老，万事如意大团圆。

新人脚踏二盘金，明年天赐玉麒麟。

天送麒麟来送子，麒麟送子做公卿。

一对陪姑年纪轻，搭粉带花劲脚手。

杭州花粉本钿大，蛳灰搭面本钿轻。

脚踏云梯步步高，凤凰飞过采仙桃。

仙桃本是新人采，早生贵子中状元。

今日陪姑不出门，宿在房间赖老公。

今日打扮出花堂，另日许配好才郎。

今日新人出花堂，洞房里面放豪光。

放出豪光红艳艳，好比万岁金銮殿。

看见花堂闹茵茵，陪到花堂结成婚。

太阳上山一点红，可比立马赵子龙。

子龙表示年纪轻，要请新郎出堂中。

太白金星云头现，新人坐在百鸟台。

百鸟台上生九子，新郎一到就登台。

一对陪郎同梳妆，梳妆只见好才郎。

新人一到心欢喜，陪伴新郎出花堂。

我请新郎出花堂，吹箫作乐配成双。

总是喧天多闹日，我今赞礼少才郎。

东边一株芙蓉开，西边一株芙蓉开。

一对芙蓉成双对，陪伴新郎到堂前。

（杨云录民国三十六年抄本，蔡六梅提供）

拜堂傧相诗（二）

拜天地、拜老爷、拜家堂、拜祖宗，

新郎着要到花堂，只见陪郎未梳妆。

新郎打扮千日花，陪郎打扮一日长。

今日新郎出花堂，银烛高照好时光。

新人等等还且可，陪姑等等面皮黄。

凤求鸾配结成双，拜谢天地日月光。

四亲万邻都降福，夫妻和合天地长。

夫妻双双拜神明，腾云驾雾上天庭。

王母千秋蟠桃会，回转龙宫保平安。

福德金炉在堂前，拜谢家堂福寿龙。

来年定生龙凤子，官高兵部在堂中。

宗祖积德有面光，轻择流芳传后代。

积德春秋千载成，但愿夫妻万年春。

夫妻对拜、还拜、交杯酒

杜康造酒桂花酒，造成银杯定阴阳。

伯公伯婆来接拜，铜钿钞票随身带。

拜二伯公二伯婆

荷花开来多结好，二伯公二伯婆走来迟。

二伯公二伯婆快顶（点）来接拜，接拜钿拿出快。

拜叔公叔婆

夫妻双双拜叔公，叔公叔婆福寿隆。

今日夫妻和合拜，接拜钿，随身带。

拜二叔公二叔婆

一株梅花同树开，要请二叔公二叔婆到堂前。

二叔公二叔婆不用推，侄妇拜拜理应该。

拜外太公外太婆

新人新郎喜洋洋，要拜外太公外太婆福寿长。

两老不用推三并推四，八幅四裙度来置。

拜太舅公太妗婆

新人新郎笑嘻嘻，两老福气多少好。

寿比南山松不老，福如东海水长流。

拜舅公妗婆

新人新郎笑连连，舅公妗婆请堂前。

舅公妗婆不用推，钞票拿出两桶盘。

拜二舅公二妗婆

红梅早春多结子，新郎新人早生子。

舅公妗婆笑哈哈，接拜铜钿随身带。

金杯玉盏和同酒，夫妻吃酒福寿长。

吃一杯来交一杯，中堂两尊好花开。

天开过酒如相连，盘古分天万万年。

新人新郎对头骑（站），为何拜堂要推迟。

不是傧相新行利，盘古分天四拜齐。

拜父母、整位

鼓乐喧天闹盈盈，走步上前拜双亲。

二人就拜位来正，正好龙位拜双亲。

太极造书开一禄，周公义礼启三千。

千般礼钿行不成，中堂座位拜双亲。

拜太公太婆

新人新郎喜洋洋，太公太婆福寿长。

寿比南山松不老，福如东海浪滔滔。

拜度伯公度伯婆

荷花插在金屏内，伯公伯婆不用推。

着衣戴帽到堂前，侄妇四拜理当前。

拜姨公姨

凤凰飞过笑连连，姨公姨婆请出来。

姨公姨婆来接拜，接拜钿，拿出快。

拜表伯公表伯婆

桃花开来三月天，请表伯公表伯婆到堂前。

表伯公表伯婆不用推，接拜钿，拿出来。

拜表叔公表叔婆

四月菊花叶里红，表叔公表叔婆年纪轻。

表叔公表叔婆来接拜，银行钞票随身带。

拜媒人

夏至落雨天做媒，雨打桃园百花开。

百花园中生九子，连生九子中状元。

拜厨倌、厨下

新妇相嫁娘爷客气显，三日头前厨倌爷请进来。

要做厨倌日夜忙，新人新郎拜谢理应当。

一班厨下笼来拜，三厨吃饭赌三快。

洗菜担水佳上佳，新人新郎应当拜。

新人陪姑进洞房，淡淡花阁配成双。

洞房好比金銮殿，早生贵子中状元。

（杨云录民国三十六年抄本，蔡六梅提供）

拜堂傧相诗（三）

1. 开场白

天开黄道福寿长，香烟渺渺喜洋洋。

东西拷打龙凤鼓，鸣锣起鼓奏乐响。

百丈岩头鲜枣用，树高叶大不可攀。

中堂面前呐噪喊，百客面前起口难。

地方傧相多多显，我做傧相要倒霉。

大大螺蛳拷拷碎，小小螺蛳吞落开。

我做傧相少肚才，中堂百客笑连连。

中堂点灯放豪光，多少男女望拜堂。

中堂男女多多显，长辈之人做头前。

先头捉拾见面钿，慢慢接拜勿倒霉。

中堂之上闹盈盈，琴棋书画两边分。

男在东来女在西，拼来一对好夫妻。

2. 请新人

中堂点灯放豪光，男女老少望拜堂。

中堂挂灯并结彩，相请新人出堂来。

中堂挂灯并结彩，新人脚踏荷花台。

陪姑脚踏荷花地，金童玉女两边骑。

新人美貌十周全，刘海下凡系金铖。

赠你金兔心欢喜，欢欢喜喜出堂来。

3. 请新郎

春夏秋冬四季天，桃红柳绿谷增鲜。

吹哨作乐配凤凰，先请新人后新郎。

一对陪郎样样长，打打扮扮好后生。

当前一品为臣相，九门提督在朝中。

新人新郎都到齐，拼得一对好夫妻。

五百年前来生定，今朝好日结成亲。

4. 拜天地

夫妻双双到花堂，凤配凰，凑成双。

四品万利皆洪福，永茂夫妻天地长。

5. 拜龙皇

新人梳妆实在忙，龙皇择日到花堂。

来年早生龙凤子，夫妻双双拜龙皇。

6. 拜家堂

福得香火在家堂，夫妻双双拜家堂。

来年早生龙凤子，高官并做在朝中。

7. 拜财神

加官进禄喜洋洋，招财进宝万年长。

日日生财凑富贵，五子登科状元郎。

8. 拜土地爷

天又高来地又高，土地老爷实在好。

拜得土地中堂坐，夫妻和合百年春。

中堂面前呐噪喊，百客面前起口难。

地方傧相多多显，我做傧相要倒霉。

大大螺蛳捣捣碎，小小螺蛳吞落开。

我做傧相少肚才，中堂百客笑连连。

9. 拜祖宗

祖宗接来福寿长，丰衣足食代代昌。

佛点春秋千年祥，天地夫妻万年春。

10. 拔鲜花

新人头上一枝花，赛过江南第一家。

鲜花拔来新郎带（戴），来年早生小娃娃。

11. 还鲜花

新人鲜花传新郎，新郎带（戴）花好风光。

左手拔来右手转，开花结籽中状元。

12. 新人交杯酒

中堂之上闹喧天，新人斟酒喜连连。

一对陪姑勿用推，及理及时拿交杯。

13. 新郎交杯酒

天又高来地又高，八仙过海浪涛涛。
一对陪郎勿用推，欢欢喜喜拿交杯。

14. 新人整位

新人整位喜连连，整起度位在堂中。
公婆头前行一礼，可比周公礼义通。

15. 新郎整位

新郎整位笑连连，整起度位在中堂。
爷娘头前行一礼，永茂夫妻万年长。

16. 对头拜

新人新郎对头拜，中堂百客笑哈哈。
及理及时勿用推，陪姑陪郎调转开。

17. 拜双亲

堂前男女拜双亲，盼人长大定婚姻。
夫妻双双齐齐拜，礼拜父母福寿长。

18. 拜太公太婆

福禄西湖世上无，要拜太公并太婆。
年高积德难行走，邻房叔伯两边扶。

19. 拜舅公妗婆

花开结籽六月天，舅公妗婆请来到。
欢欢喜喜来接拜，细花洋钿随身带。

20. 拜伯公伯婆

黄道吉日喜连连，伯公伯婆请出来。
欢欢喜喜来接拜，新人新郎拜落来。

21. 拜叔公叔婆

六月荷花水上开，叔公叔婆请出来。
侄儿今朝娶到妇，侄妇礼拜理应该。

22. 拜媒人

春夏秋冬四季天，雨打桃花百花开。

百花开来生九子，五子登科勿忘媒。

23. 拜四亲六眷

糠筛米筛在堂前，四亲六眷拢拢来。

四亲六眷都来拜，省得日后说闲话。

24. 拜厨倌

新人梳妆配新郎，劳力厨倌其实忙。

夫妻双双齐上拜，拜得厨倌三日忙。

25. 拜厨下

金杏花开开到头，新人新郎拜厨下。

厨下叔本当请来，及理及时不用推。

26. 送龙皇

夫妻双双送龙王，腾云驾雾上天堂。

送得龙王归庙转，龙皇回转保四方。

27. 进洞房

状元请进保君王，顺阳大仙保四方。

厨下叔一来放炮，鸣锣响鼓进洞房。

（新河镇陈菊生提供）

"洞房经"（一）

1. 打八仙

天气晴明乐逍遥，八仙过海浪涛涛。

钟离老祖道法高，清风山上去修道。

头戴方青双飘带，身穿兰衫紫龙袍。

腰系八宝盘龙带，脚踏朝靴上九朝。

三步一拜四步摇，修仙悟道乐逍遥。

铁拐吕老祖道法高，金鸡山上去修道。

金鸡山有座凤凰山，凤凰山上去修道。

蓝采和年又轻来岁又小，年轻岁小道法高。

韩湘子年轻岁又小，园林山上去修道。

曹国舅手拿阴阳板，修行吃素多少难。

张果老年纪老，要到黑龙山上去修道。

吕洞宾，爱逍遥，昆仑山上去修道。

肩背龙泉宝昌剑，如风飘一飘。

一飘飘到杭州城，点石化金变凡人。

何仙姑美貌十二分，坐在云头操洋琴。

手操洋琴声音好，王母娘娘献蟠桃。

王母娘娘蟠桃会，八仙过海下凡来。

2. 开锁

天门天锁，地门地锁。

上走上四锁，下走下四锁。

福建厦南无其锁，志高铁场连环锁。

大吕直进岙环锁，葭芷前锁并后锁。

新河四门四关锁，下蒋直进东门锁。

虹桥头直进南门锁，南鉴直进西门锁。

陶家直进北门锁，十字街吵吵闹闹连环锁。

虹桥头有关半腰锁，锅肚脐山有关仰天锁。

新人是玉锁，新郎是金锁。

新人好年好月开金锁，中班朋友开了你洞房锁。

3. 开门

有锁必有门，先开锁后开门。

天门共拖门，南起南头门。

北起北头门，上走铁场门。

下走度江门，葭芷对海门。

乃庵对松门，石塘对坎门。

玉环对楚门，南边有个苍山门。

舟山有个沈家门，临海斫柴牛头门。

新人好年好月出娘门，中班朋友开了洞房门。

4. 讨行礼

全国人民爱国旅，中班朋友所爱讨行礼。

新人行礼复一复，生儿有寿并有福。

新郎行礼三鞠躬，生儿必是状元公。

5. 插金花

太阳上山是盘花,新人新郎插金花。

男插东来女插西,并来一对好夫妻。

6. 分蜡台

打镴老师武艺能,打起镴台亮晶晶。

下面要打寿字坤,中央要打凤凰心。

上面要打旗杆斗,旗杆斗上点红灯。

新人一对镴台两边分,夫妻恩爱百年春。

7. 分蜡烛

百样花木算我奇,开花结籽脱宝衣。

去了壳脱了衣,点起蜡烛脱红衣。

放在金桌样样齐,新人分到两边去。

8. 点蜡烛

白蜡淋来红蜡套,八仙桌上摆逍遥。

灯花结彩闹崇崇,要请新人点起一对满堂红。

9. 吹龙灯

苏州发来状元红,门市蜡烛有名声。

点在灯笼里面亮晶晶,中班朋友吹了红灯两边分。

10. 坐龙床

中班朋友站在洞房里,眼看老新什么被。

我看老新五凤被,红白驼绒斗纹呢做夹里。

十字花衣做枕头,虎脚虎床温州造。

草席本当岩山进,中班朋友望望实所爱。

直得新人龙床带,可比八洞神仙下凡来。

中班朋友双脚酸又酸,向请龙床坐一坐来眠一眠。

11. 讨凳头

自从盘古天地分,少年后先讲蛮都作新。

里间朋友骑(站)满人,向你外间朋友讲相吞。

晚头事情难为情,相劳外间厨下叔粗糙凳头送进洞房门。

昔日有个吕蒙正,时运未来寒窑读诗文。

鸡有两翼不及鸟，马有四蹄不及人。

我班朋友站在洞房里，相劳厨下叔凳头送到老新洞房里。

青田树木砍落无其数，撑我江厦埠头过。

锯板老司叫来做，做起凳头无其数。

厨下叔有道理，四条长凳送进洞房里。

12. 坐落位

前清有个李自成，出兵打仗乱纷纷。

东打西来西打东，打得明朝影无踪。

古人有话传与我，说道李闯打天下。

顺治皇帝现成坐，我班朋友不贪骑（站）。

上面要坐是新郎，对面要坐新人凑成双。

中班朋友不用推，前后顺序坐落来。

13. 讨茶、分茶、收茶盏、谢茶

讨茶：

漂树扁担软扭扭，釉漆水桶广条抽。

一担担到水井边，上面水皮洋洋开，中央水又担了来。

老姑婆，右手拿铜壶，左手扇风炉。

生得最红水又滚，且（倒）起茶来满澄澄，相请厨下叔送进洞房门。

分茶：

眼关新人呆一呆，眼关新郎笑连连，叫你老新十指尖尖分茶杯，第一要分新郎是面前，第二要分自己凑成对，中班朋友照顺分着遍。

收茶盏：

中班朋友懒又懒，苍蝇百到眼，有手懒得拦，一起呐吵喊，想请你老新收茶盏。

谢茶：

山又高来水又清，高山流水望连清。

岩山茶，龙鼻水，多谢厨下叔送茶到洞房里。

14. 讨筷、讨酒壶、讨酒盅、讨酱油醋碟

四处码头出宝贝，非洲象牙筷子对打对，摆在金桌上面接散碎。

蜡打酒壶七寸长，绍兴老酒桂花香。

上等酒壶江西来，景德镇酱油醋碟统广赛。

外地来路路太远，本地土货好代代。

相劳外间厨下叔送进洞房来。

老新给我酒壶、酒盅、筷子、酱油醋碟都分分开。

15. 斟酒

金打酒壶亮晶晶，银打酒壶起光明。

铜打酒壶黄楞楞，铁打酒壶黑沉沉。

蜡打酒壶便像银，摆在八仙桌上贺新人。

左手抱来是金壶，右手抱来是银壶，

抱来一对鸳鸯壶，银打酒壶如白玉，老新斟酒双双落。

第一斟落是新郎，可比姜太公八十三岁遇文王。

第二斟落是新妇，可比天上神仙妇。

第三斟落是弟兄，可比桃园结义刘关张。

新人要斟三遍酒，子孙兴旺福满堂，早出贵子状元郎。

16. 碗头

第一碗送进是泡胶，蔡状元要造洛阳桥。

马超追曹操，正本要做大红袍，后早要做捉曹操。

第二碗送进是猪肉，张兰头三木族。

前早要做双玉镯，正本要做龙凤阁。

杀猪屠行赵定方，三分水来七分汤，推起乌猪白如霜。

第三碗送进是猪肝，猪肝黑紫紫。

正本要做三国志，后早要做五虎来平西。

正官娘娘去游西，全副銮驾后拨棋。

第四碗送进是黄鱼，黄鱼黄晶晶，前早要做跑马来成亲。

正本要做粉玉镜，后早要做孟丽君。

万岁调戏我不肯，要与皇甫小华结成婚。

第五碗送进是黄虾，黄虾好酒配。

正本要做大堂会，后早还要做武松，十字坡头打黑店。

第六碗是猪肚，张松献地图。

正本要做九美图，后早要做刘备取成都。

第七碗送进是鲤鱼，鲤鱼跳龙门。

河边钓鱼姜太公，前早要做西游记，

正本要做玉如意，后早要做西厢记。

第八碗送进是田蟹，田蟹落汤满堂红。

前早要做刘备赵子龙，正本要做司马来逼宫，后早要做周伦大刀显威风。

第九碗送进是扁豆，扁豆种在河千岸，粒粒剥起多周圆，扁豆吞皮糖霜配。

前早要做鸳鸯屏，正本要做玉蜻蜓，后早要做水没金山闹盈盈。

第十碗送进是只鸡，王小姐脱宝衣，前早要做蜜蜂记。正本要做西厢记，后早加演连环计。

十一碗是只鸭，天上七姑来下凡。正本要做碧玉簪，后早要做山伯把英台送下山。

十二碗送进是小蛏，小蛏本当泥涂进。洛阳才子文必正，相公勿做做家人，要与霍府小姐定终身。正本要做十三太子林逢春，后早要做小方青。

十三碗是花蚶，花蚶东涂来。前早要做花亭会，正本要做情义缘，后早要做七星剑。

十四碗是墨鱼，墨鱼头上一蓬缨。前早要做樊梨花，后早要做野猪林。

十五碗是带鱼，带鱼头尖游东海，好像水中活神仙。前早要做选九美，正本要做三盗九龙杯，后早要做薛平贵。

十六碗送进是猪腰，猪腰像元宝。厨官爷，手段好，开起腰花望味道。前早要做捉汉曹，正本要做黄鹤楼，后早要做子龙抱阿斗。

17. 碗头谢厨

春夏秋冬四季天，桃红柳绿各争先。

洞房喜事厨房忙，没有东西到厨房。

眼光厨倌笑盈盈，众班朋友到你厨房里面谢多情。

18. 卸碟头

众班朋友甭讲蛮，单讲鲁班来造船。

造起一对大洋船，摆在秧沟里来驶船。

三岁孩童无道理，"切劳"一泡尿，洋船推到东海里。

前锚抛在洋奇山，后锚要抛老新洞房间。

生意勿会做，要到福建厦门载南货。

老新勿用呆度度，打起挑板卸南货。

19. 摆碟头

菜花黄，菜叶青，老新手拿锁匙厨门开，里面端出果盆来。

众班朋友未读诗书白目人，不认果子名，只认小可讲两盆。

黄岩株红有名声，细夹花生出楚门。

红枣黑枣广东进，桂圆荔枝福建来。

瓜子大王出宁波，瓜糖冰糖出各府，红糖白糖本地货。

糕饼老师武艺能，做起茶食几百种。

鸡子打起鸡蛋糕，肉泡芝麻做火烧。

千层糕、又杏元，油柱、芝麻圆香喷喷。

九香糖、圆又圆，长长方方白糕干，芝麻做成芝麻片。

切糖烤糖糖饮做，绿豆做糕嵌黄边。

20. 回金桌

洞房花烛喜连连，新人新郎回金桌。金桌抬转原处，荣华富贵。

21. 麻糍按

新妇娘娘家豪富显，四处码头都跑遍。

带来红头绳卷加卷，叫你老新来扎麻糍按。

第一要扎是新郎，第二要扎老新自己拼成双。

众班朋友不用转，照顾扎着遍，下年来吃对周麻糍好照应。

22. 讨早子

稀奇稀奇真稀奇，外生骨头内生皮。

众班朋友勿肯开，每人早子分双来。

第一要分是新郎，第二要分自己凑成双，众班朋友照顾来。

23. 还早子

一还早子，

二还夫子，

三还贵子，

四还赵子龙抱太子，

五还五子登科连环子，

六还状元子，

七还吹哨作乐韩湘子，

八还张仙来送子，

九还九门提督子，

十还十完全，老新生儿中状元。

24. 抱龙灯

新郎娶亲时时新，洞房组头抱龙灯。

五凤楼上扎宝灯，五凤楼下宝珠灯。

中堂高挂福寿灯，台门接客是纱灯。

洞房要挂阁老灯，摇头摆尾狮子灯。

高跳龙门鲤鱼灯，来往相争斗鸡灯。

二扇门，蟛壳灯，四四方方走马灯。

嘻嘻哈哈小儿灯，真仙下凡刘海灯。

百鸟来朝凤凰灯，相劳老新抱龙灯。

（大溪赵加法提供）

"洞房经"（二）

1. 打八仙

天气晴朗乐逍遥，八仙过海浪滔滔。

汉离棕榈老祖道法高，要到青山去修道。

青风山上有个紫阳洞，紫阳洞修德道。

头戴方卿双飘带，身穿红衫紫龙袍。

腰边要素八宝飞龙布，脚穿乌靴上九桥。

上九桥三步一拜四步高……

2. 上楼梯

脚踏楼梯步步高，三王五帝结子早。

天王坐落无日夜，地王结应定乾坤。

人王坐落三兄弟，妹做进来，哥做主。天下人众多发起……

3. 开门开锁

开锁：上走上四锁，下走下四锁。

新郎肉锁，新人暗锁，陪姑姐胸前两掼锁。

寺前桥桥五锁，紫皋铁场连环锁。

河头直落松门锁，宁波府里江桥锁。

老江桥桥九锁，新江桥桥九锁。

台州府有掼菩提锁，南田之中有九锁。

上三门三锁，中三门三锁，下三门三锁。

石乔有掼铁其锁，林逢春有掼龙凤锁。

柳金花黑夜开了保箱锁，新林公子挈大壶全靠皇后皇印锁。

刘安玉四方四杯开了后围锁，薛宝钗胸前佩戴是金锁，大龙总兵佩戴阴阳锁。

金锁开银锁，银锁开铜锁，铜锁开箱锁。

箱锁开笼锁，我众班朋友开你老新洞房锁。

开门：

有锁必有门，头重门开是天门，二重门开是地门。

南走是松门，北走是海门。

孔明弹琴在南门，吕布射箭在辕门。

刘备招亲出东门，秦怀玉单枪匹马破四门。

程咬金张嘴滑落苏洋门，霸王摆酒在鸿门。

李六比武午朝门，花和尚五台山上闯三门。

周文斌扮作女子出娘门，苏小妹三请新郎洞房门。

孙悟空颠斗甩进南天门，唐僧西天取经四家门。

关公逃走麦城门，申贵新风流到庵堂门。

五子大闹东京门，桂英武名出在杨家门。

小方卿三唱道情到姑娘门，林冲雪夜进堂门。

梁红玉摆酒在水门，天上六妹私自下凡出北门。

严兰贞偷听消息到书房门，梁山伯告别英台回家门。

岳飞枪挑小梁王逃出高墙门。

鸬鹚游过淡水门，喜鹊飞过乌沙门。

夹蜢、蛤蟆蹿过上城门，南京北京午朝门。

杨屿山有个第八门，鱼风捉进小松门。

舟山买来沈家门，紫皋直落铁场门。

寺前桥、桥五门，新河锁、锁四门，到处大门都开门。

新人好年好月出娘门，众班朋友开你老新洞房门。

4. 进洞房

手托金盘圆又圆，陪陪新郎进房来。手托金盘四角方，陪陪新郎进洞房。洞房间红艳艳，可比万岁金銮殿。

5. 抬金桌

洞房间魁星阁，相劳新人新郎抬金桌。

金桌设中堂，早上贵子状元郎。

金桌抬抬好，老新生儿前中尚书后阁老。

6. 绑金花

太阳上山是盘花，凤凰飞过万岁家。

正宫娘娘生太子，相劳新人新娘绑金花。

男绑东来女绑西，天配一对好夫妻。

金花上良床，早生贵子状元郎。

7. 分烛台

上路老师武艺真，金打烛台亮晶晶。

下面要打六角坤，中央要打龙凤心。

上面要打旗杆斗，旗杆斗上扦红灯。

叫你老新十指尖尖蜡台两边分。

8. 换蜡烛

白蜡淋、红蜡套，八仙桌上摆逍遥。

灯花结彩闹盈盈，叫你新人新郎蜡烛换，换起一对满堂红。

9. 讨凳头

众班朋友慌忙实慌忙，未带凳头进洞房。

洞房喜事厨房忙，相劳厨下叔粗糙凳头端洞房。

大大树木温州进，小小树木出山林。

木匠老师武艺真，做起凳头四脚落地琅趄平，相劳厨下叔粗糙凳头送进洞房门。

10. 讨茶

竹扁担，软扭扭，笃漆水桶广条箍。

担水之人落大河，担来河水落茶壶。

请来外间老姑婆，"叽啦呱啦"扇风炉。

左手拿炭落风炉，右手舀水落铜壶。

炭火猛、茶快滚，相劳厨下叔八盏清茶送进洞房门。

11. 坐人位

前清有个李自成，出兵打仗乱纷纷。

东打西战西打东，打得明朝形无踪。

古人老话传给我，李闯打天下，顺治现成坐。

我班众朋友勿想骑只想坐。

上位要坐是新人，对位要坐新郎官，我班朋友坐两旁。

12. 讨八碗

第一碗肉皮是泡胶，前早要做马谡追曹操。

岳飞擒杨下本做，后早要做关爷捉放曹……

13. 卸碟头

造洋船、大洋盘，拔起九支桅。

囡咸横驶船？摆摆秋沟窟里来驶船。

三岁孩童吭道理，挈牢一地尿，洋船退到东海底。

积谷渡卡泥，小船搁洋奇。

前帽吊在浪矶山，后帽带在新郎洞房间。

勿载柴米和油盐，果子碟头做盘缠。

老新勿用呆，搁起挑板卸货来。

14. 还早子

一还早子，

二还富子，

三还三星子，

四还阳富子，

五还五子登科连环子，

六还赵子龙抱太子，

七还吹箫韩湘子，

八还八仙蟠桃长寿子，

九还张仙送来麒麟子，

十还贵子。

15. 讨谢"显"

众朋友勿肯开，向你老新讨谢显。

天有三十六显，地有一百零八显，叫你老新廿四档算盘自己算。

16. 扎麻糍按

众班朋友泽国走上海，带来红丝头绳一大卷，叫你老新来扎麻糍按。

勿用量，候你老新扎来麻糍按一万丈。

17. 讨子

黄岩桔，红叮咚，鸡子鸭子出海门。

细夹花生出出门，叫你老新红桔早子各人分。

第一双分新郎，众班朋友分两旁。

18. 抱笼灯

一抱二抱三抱灯，三三见九九连灯。

九连灯上八角灯，八角灯上宝莲灯，叫你老新抱抱两盏状元灯。

众朋友、实垒堆，叫你老新来打大头圆。

夫妻姻缘，荔枝、桂圆。

前门芥菜园，后门金竹园。

东边兆柱园，西边洋葱园。

叫你老新要找十七八个大头圆。

19. 出洞房

众班兄弟只咯退，一退退到午朝门外。

新郎好脱帽，老新骑马并坐轿。

婚俗歌

念傧相开场

太极图书一落开，周公礼仪启三千。

今日傧相推我做，百客面前口难开。

天开黄道福寿长，香烟渺渺喜洋洋。

东西吹打龙凤鼓，中军里面鼓号响。

百丈岩头绿牡丹，树大叶茂不可攀。

满堂多少众男女，百客面前启口难。

傧相同来人不同，各地自有各乡风。

少读诗书才学浅，我做傧相面通红。

春夏秋冬四季天，腰边马笼都挂遍。

大大螺丝吞勿来，小小螺丝吞两个。

小八仙

脚踏云头步步高，凤凰飞过采仙桃。

仙桃本是仙家宝，今日八仙就来到。

钟离老祖道法高，手拿宝剑怀修道。

青风山上去修道，修仙悟道乐逍遥。

铁拐子，声咆哮，黑面浓发足又跷。

肩背一个葫芦宝，坐在云头呵呵笑。

蓝采和大仙去修道，年又轻来岁又少。

存心修行勿怕苦，手提花篮过仙桥。

韩湘子大仙去修行，一心思想上山林。

后坤得来成正果，口吹玉箫笑盈盈。

张果老，年纪高，白发苍苍两边飘。

昆仑山上去修行，倒骑驴儿过仙桥。

吕洞宾大仙人貌好，肩背宝剑斩藤桥。

两脚踏在藤桥上，眼看世间乐陶陶。

何仙姑美貌十二分，牡丹亭上操洋琴。

操起洋琴声音好，王母娘娘献蟠桃。

八洞神仙下凡来，中堂之上摆香案。

香烟渺渺神光现，永保平安万万年。

请新人

一请新人出堂前，淡淡花烛现神仙。

莲步行到青云路，原得夫妻共百年。

刘备头上一点红，后坤得来赵子龙。

四弟史，成双对，要请新人出堂来。

诸葛孔明妙计高，算得关公放曹操。

捉曹放曹仁义重，又请新人到中堂。

一对喜鹊高高飞，外国反进司马懿。

天下军事算孔明，四门大开操洋琴。

花堂之上闹盈盈，皇叔东吴去招亲。

黄鹤楼上又响动，保驾全靠赵子龙。

插　曲

我做傧相装勿全，在你府上要倒霉。

各位朋友要插嘴，代我傧相念两句。

我请新人勿出堂，谅必陪姑少衣裳。

借东借西怕噜苏，不该今日做陪姑。

站在中堂口念燥，未见茶头茶送到。

不是傧相贪茶喝，你做茶头理应当。

笃漆茶盘江西产，谷雨茶芽出雁山。

厨下叔汇茶笑盈盈，今日傧相话多情。

关圣夫子情义重，桃园结义三弟兄。

大哥登基做皇帝，保驾要请三张飞。

东吴独坐孙权主，九门提督是周瑜。

周郎妙计定得准，得来江山有三分。

二位陪姑休推谁，陪陪新人到堂前。

今日风光天喜日，早来拜堂坐酒筵。

花堂百客笑嘻嘻，新人房中做月里。

娃娃落地慢慢洗，改换衣衫拜堂起。

唐朝天子李世民，军师要算徐先生。

薛家本是英雄将，张家一门两宰相。

花堂百客都来齐，勿用双眼亲几几。

不是傧相来多嘴，有凳有椅坐坐起。

厨下行堂实在忙，催得新人来拜堂。

贺喜百客两旁等，相劳厨下催新人。

杨戬气大法力高，沉香学法去修道。

后来都入蟠桃会，再请新人出堂来。

魁星点笔做高官，小仙刘海下金蟾。

和合双双共下山，相请新人出堂前。

谢送烟

屏开孔雀骑中堂，主人送烟实在忙。

百客听见笑连连，多谢新郎送香烟。

三请四请不出来，今日侯相要倒霉。

百客朋友来装扮，要我侯相念到晏（晚）。

侯相晏毫无关系，百客晏我要生气。

半夜换到黄昏戌，吃亏还是这小巴西。

一条大路通到京，十个先生九个灵。

杭州城里五百万，洛阳才子文必正。

菖蒲石榴乘热闹，关公千里送皇嫂。

送得皇嫂回朝转，又请新人出堂来。

一对龙凤笑呵呵，子龙南洋抱阿斗。

阿斗本是金龙身，再请新人出堂门。

福禄寿喜四字齐，九代同居张公仪。

中堂挂起百子图，富贵荣华福寿多。

四月蔷薇开得美，双阳公主配狄青。

夫妻本是前生定，五百年前结成亲。

灯花结彩妙堂堂，前朝出个乾隆皇。

乾隆游玩到山东，李大姐受封撑正宫。

三国马超算大将，刘备张飞关云长。

桃园结拜三兄弟，可比同胞一母生。

洛阳桥下浪滔滔，蔡状元造起洛阳桥。

龙王迎接观音佛，来往客商把香烧。

新人勿必太噜苏。难道娘家来嘱咐。

多少宾客等长久，踮脚挂手请新妇。

走重山，又重山，我做傧相实在难。

勿是我傧相催得急，红日滚滚落西山。

新人好比大洋船，陪姑好比双支桅。

起风猛暴勿肯驶，静风静浪早开船。

新人肚皮像沙缸，百客面前难出堂。

早红等勿得晚红黄，叫声娘家烧姜汤。

花堂之上请新人，中军作乐闹盈盈。

陪姑新人听勿进，相劳百客传一声。

日出东方一点红，新人可比赵美蓉。

美蓉许配高怀德，万里封侯在朝中。

二只画眉放一笼，一只雌来一只雄。

雄的飞来喳喳叫，雌的飞来赖老公。

新人出堂后

吾王西天学修仙，不知得道是何年？

花堂之上施一礼，一时起步下凡来。

今日日子好风光，六个馒头摆花堂。

两个馒头贺新郎。一对陪姑样样长。

穿红着绿实漂亮。

堂前百客望望相，哪个陪姑早日生？

请新郎

前请新人后请郎，一生一世好风光。

百年夫妻花堂会，要请新郎出堂前。

五彩夫妻坐渔船，只见龙王送子来。

后来取名王华玄，大宋朝中登龙位。

苏州有个杨青峰，上京赴考状元中。

产下一女杨秀英，配与王华结成亲。

王华本是赵姓人，入主贤王是亲生。

今日父子重相会，又请新郎出堂前。

墙头一株奶边草，风吹叶子两边飘。

花堂多少多嘴嫂，要讲侯相嘴勿好。

一字写来像条龙，正德皇帝来游龙。

李凤大姐来摆酒，封你朝阳掌正宫。

二字写来加一分，宋朝天子赵匡胤。

赵家本有两条龙，相请新郎出堂中。

三字写来下划长，桃园结义刘关张。

金兰结义称兄弟，如同同胞一母生。

四字写来像窗门，新人可比陶三春。

新郎可比陈子民，天涯海角结成亲。

五子写来盘龙结，先朝出个王宝钏。

彩球抛打薛平贵，又请新郎出堂来。

六字廊下两盏灯，新郎原是文曲星。

六月六开仓枭陈谷，十二月翻仓收金银。

七字一笔钩过西，新人生儿中尚书。

十八学士连科中，门前高挂状元第。

八字眉毛两边分，新人美貌像观音。

新郎越看越欢喜，五百年前结成亲。

九字写来缠金柱，前门旗杆密密竖。

中堂之上钉牌匾，又请新郎出堂前。

十字一直加一划，匡胤千里送京娘。

送得京娘回屋里，一十八年等龙位。

掐指一算徐茂公，仁贵跨海去征东。

秦琼卖马潼关外，单鞭救主尉迟恭。

二十年前曹追马，二十年后马追曹。

西梁马超追曹操，割了胡须下红袍。

要请新郎出花堂，狮子捧球凑成双。

狮子抢球人欢喜，欢歌一曲凤求凰。

再请新娘出堂前，淡淡花烛现神仙。

今日夫妻同相对，此去风光月老圆。

又请新娘出花堂，好比织女会牛郎。

天喜之日莫错过，早拜堂来早成双。

红罗庆喜天地长，银烛花开四季春。

百万荣华千载尽，愿其夫妻百年春。

拜堂歌

男在东来女在西，夫妻鸳鸯莫高低。

凤逮鸾配结成双，拜谢天地日月光。

夫妻双双拜龙王，龙王择日到中堂。

来年产生龙凤子，得中头名状元郎。

三官大帝坐当中，四大金刚两边分。

目连救母西天去，八仙过海逐浪滚。

天又高，地又高，土地老爷实在好。

拜得土地中堂来，夫妻和合乐陶陶。

福德香火在堂中，拜谢家堂福寿隆。

来年产生龙凤子，高官并步月堂中。

祖宗积德有余光，整宅流芳万代昌。

千载宏业千秋继，愿得夫妻百年长。

新人头上一枝花，赛过江南第一家。

此花付于新郎戴，来年产生小娃娃。

此花回转还新人，胜过玉女下凡尘。

喜花本来人人爱，亲手戴花更相亲。

天又高，地又高，八仙过海浪滔滔。

王母娘娘亲赐酒，一杯好酒献蟠桃。

银壶倒酒满金杯，岳舅台上会神仙。

酒到胸前不可推，请上还有第二杯。

大道通国酒三杯，夫妻恩爱上莲台。

荣华发达同偕老，请上还有第三杯。

和同拜

东边一朵紫云来，西边一朵紫云开。

两朵紫云齐和合，夫妻交拜莫相推。

新人不必假害羞，对头四拜甬推凑。

新人可比金童女，新郎可比日上红。

新人新郎不必推，陪姑陪郎调转牵。

勿是傧相新创例，祖上流传八拜齐。

新人新郎整位

万岁头上龙位开，两张龙位在堂前。

新郎上前来整位，整位爹娘福寿添。

新人整位喜匆匆，想起龙位在堂中。

公婆面前齐四拜，祝愿公婆福寿隆。

拜双亲

夫妻双双拜双亲，要拜爹娘养育恩。

花堂之上齐八拜，可比周公礼仪深。

拜太公、太婆

太公太婆不必推，快快着衣请出来。

眼目昏花难行路，邻房伯叔两边扶。

拜大伯公、大伯婆

今日良辰娶侄妇，大伯公、大伯婆勿用推。

着衣戴帽到堂前，侄妇四拜理应该。

拜二伯公、二伯婆、二叔公、二叔婆

二伯公、二伯婆晓相推，豪豪爽爽请出来。

欢欢喜喜来接拜，勿论多少见面钱。

大（二）叔公、大（二）叔婆年纪轻，忖起接拜难为情。

礼节不论大与小，细花洋钿来钞票。

拜外太公、外太婆

新人头上喜红罗，要拜外太公、外太婆。

夫妻双双齐下拜，拜得外太公、外太婆增福寿。

拜舅公、妗婆

舅公、妗婆笑连连，甥妇四拜理应该。

慌慌张张来接拜，细花洋钿随身带。

拜丈公、姑婆

太极图书一落来，周公礼仪启三千。

丈公、姑婆来接拜，廿四元头随身带。

拜姨公、姨婆

姨公、姨婆勿相推，高高兴兴到堂前。

表嫂夫妇同四拜，钞票拿出一广盘。

拜老师头

一对鸳鸯配成双，师父快活到花堂。

夫妻双双顿首拜，师父恩德永不忘。

拜四亲六眷

择日良辰拜诸亲，送酒牵羊闹盈盈。

四亲六眷来恭贺，福如南山老寿星。

拜媒人

夏至落雨天做媒，雨打桃园百花开。

百花开来生九子，九子登科不忘媒。

拜厨倌

天配良缘结成双，劳碌厨倌其实忙。

夫妻双双来拜谢，请出厨倌到花堂。

拜厨下

千朵桃花共树开，荷叶飘飘水上眠。

端来桌椅百客坐，夫妻双双拜厨下。

送龙王

夫妻双双送龙王，送得龙王转庙堂。

中军作乐齐放炮，鼓乐喧天送龙王。

进洞房

夫妻双双进洞房，一生一世好风光。

鸾凤和鸣过吉日，百世其昌伴君王。

傧相喉咙透勿起，何人送茶送到底。

手抱茶盘笑连连，多谢送茶来。

红漆茶盘江西盏，上好茶芽出雁山。

高山流水落青山，让我傧相喝一盏。

一杯清茶到堂前，傧相喝茶心花开。

烧茶娘子增福寿，送茶郎君福寿添。

上楼梯

楼梯步步升得高，修仙司道乐逍遥。

手抱灯台上楼梯，陪伴新人、新郎进洞房。

一格楼梯一格高，鲁班禅师做得牢。

阁老丞相是正品，金銮殿上伴当朝。

二格楼梯二格高，凤凰飞来采仙桃。

王母娘娘蟠桃会，今日八仙都来到。

三格楼梯三格高，刘备东吴把亲招。

点兵遣将请孔明，华容道上捉曹操。

四格楼梯四格高，八仙过海乐逍遥。

纯阳三戏白牡丹，湘子云头吹玉箫。

五格楼梯五格高，三国英雄算马超。

关公千里送皇嫂，张飞独占马坂桥。

六格楼梯六格高，王家三姐彩球抛。

彩球单打薛平贵，不嫌贫贱爱英豪。

七格楼梯七格高，五虎上将秦叔宝。

封王拜帅兴大唐，一片忠心保王朝。

八格楼梯八格高，乱世奸雄是曹操。

三国鼎立成一统，铜雀春深锁二乔。

九格楼梯九格高，张果老，云头飘。

劝世祛恶要扬善，倒骑驴儿呵呵笑。

十格楼梯十格高，蔡状元修造洛阳桥。

四海龙王都来贺，早入仙山蓬莱岛。

十一格楼梯十一格高，仁宗太子登太保。

铁面无私包文正，迎接太子转回朝。

十二格楼梯十二格高，新郎今日上天朝。

封官受禄在朝廷，奉旨还乡结成亲。

十三格楼梯十三格高，新人是格女多娇。

宫女伴坐南正官，一品夫人在当朝。

望闼前

二字闼，不差分，蝴蝶梅花嵌当中。

府上请来老先生，写起对联左右分。

十字对联写得彩，贴在万岁金銮殿。

白纸糊窗勿作新，中央藏着玻璃镜。

大红窗帘绣凤凰，口衔洞房吉星灯。

大八仙

正月里来闹元宵，八仙庆寿献蟠桃。

二月里来杏花开，韩湘子吹箫云头来。

愿学修仙抛家室，曾度文公上天台。

三月里来桃花红，何仙姑面孔红冬冬。

懒在红尘学修道，苦志成仙在山中。

四月蔷薇开得美，钟离终南山来修仙。

紫阳洞里成正果，脚穿朝靴上九天。

五月玫瑰红艳艳，蓝采和修成女神仙。

四大名山都游到，手提花篮笑连连。

六月荷花水上漂，铁拐大仙道法高。

拐杖一挥神通显，夹眼已到蓬莱岛。

七月茉莉香气飘，张果老大仙年岁高。

须发苍苍云中走，倒骑毛驴乐逍遥。

八月桂花喷喷香，纯阳大仙苦修行。

身背宝剑走天下，点石化金济苍生。

九月金菊迎风开，曹国舅立志修成仙。

手拿一副阴阳板，游遍天下万重山。

八仙庆寿喜盈盈，新婚夫妇百年春。

看妆奁

春夏秋冬四季天，洞房花烛喜连连。

老新妆奁多得很，十担十扛加铺陈。

朋友是班白目人，妆奁名称讲勿清。

细木老师武艺高，做起金桌三尺高。

大红金桌设闼前，新娘生儿中状元。

梳妆台，着衣镜，毛蓝细布凑好拼。

大橱小橱镜八扇，虎腿炕床四面开。

大锁匙，开红箱，柜桄前门装铰链。

盆碗盏，凑成双，烛台镴壶有名堂。

纱帽椅，骨牌凳，漆漆茶盘边镶金。

象牙床，亮晶晶，龙凤被面鸳鸯枕。

印花布帐红茵茵，金打帐钩两边分。

琴棋书画样样有，五世其昌百年兴。

八仙桌在中堂里，配上八张红木椅。

面桶脚桶广条箍，浴桶水桶出温州。

妆奁名称说勿完，我班朋友寻倒霉。

相请百客多原谅，晚头还要望新娘。

望新人

一对红灯高高照，先看新人啥容貌。

青丝妙发亮晶晶，八字眉毛左右分。

琼瑶鼻子当中挂，樱桃小口一点红。

两只粉耳分左右，鹅蛋脸儿白又嫩。

美人肩呀一字平，十指尖尖如春笋。

新人容貌生得美，胜过南海观世音。

众班朋友还要看，要看新娘啥打扮。

吉日良辰闹哄哄，新人今夜封正宫。

龙凤珠钗头上戴，嵌宝耳环挂两边。

绫罗花衫绣金线，上绣着丹凤朝阳松竹梅。

百褶罗裙随地拖，花鞋上绣着刘海戏金蟾。

戴起凤冠加霞帔，夫妻同上金銮殿。

若要富，要看新人替里面衫替里裤。

若要发，要看新人红肚搭（肚兜）。

新人勿用呆度度，要看你肚搭下有啥货。

此物本是娘生养，朋友勿可多妄想。

原封勿动还新娘，新郎晚头派用场。

新人生来十完全，生子必定中状元。

新人相貌好得猛，生儿必定做宰相。

府上有福新人好，相请家娘姆送红包。

手拿红包笑盈盈，众班朋友话多情。

温岭大姐人人爱，人人都顶半爿天。

新人心灵手也巧，站在生产第一线。

黄昏戌，半夜撅，造福子孙多贡献。

洞房客套话

洞房间，喜洋洋，何人乱语勿可讲。

何人乱讲话，请出洞房外。

老泰山，请到度上间。

老姑婆请到茶房燣风炉。

后生怕生气，请到二间闼前猜拳喝酒听唱戏。

小人怕暴躁，请到台门头摸虎卵、打虎跳。

青年妇女怕生气，请到眠床做游戏。

土音土语真土言，年老老人做堂前。

小人专门靠娘边，中年后生请进来。

走进洞房里，老少勿插嘴。

走出洞房外，老少好排辈。

大的叫表兄，小的叫表弟。

只可帮衬你，勿可多插嘴。

我班众朋友来者勿呆，勿会倒场恶霉。

讨行礼

孔夫子，立文书，前朝周公定礼仪。

今夜在你洞房里，我班朋友爱行礼。

新郎行礼懂礼貌，生儿骑马并坐轿。

新人行礼福一福，生儿有寿并有福。

还　礼

厨倌今日办菜忙，多谢行堂端凳送茶汤。

新人新郎有礼情，多谢人客关照情。

厨倌行堂你有理，天亮课辰还你个大道理。

坐龙床

春夏秋冬四季天，梅兰竹菊朵朵开。

众朋友头又晕脚又酸，着得老新龙床困一困。

陈抟一睡有千年，彭祖寿高八百载。

站在洞房里，要看老新龙床上面解玩被。

五凤被里绒夹里，老新生儿做尚书。

青纱罗帐挂金钩，十字桃花做枕头。

绣上一双鸳鸯鸟，老新生儿做国老。

龙须草席产温州，我班朋友困一困。

插金花

太阳上山似盘花，凤凰分过万岁家。

正官娘娘生太子，两班文武插金花。

男送东床女送西，夫妻鸳鸯莫高低。

一对金花上眠床，老新生儿状元郎。

分镴台

打镴老师武艺高，打起镴台是八宝。

琴棋书画在当中，凤凰展翅抱金龙。

左边打起玉如意，右边打起珊瑚玛瑙并葫芦。

上面打起荷花芯，荷花芯上点红灯，叫声新人新郎镴台左右两边分。

换蜡烛

百祥树木算我奇，开花结籽脱宝衣。

脱了壳，换了衣，淋落宝烛套红皮。

设在桌上样样齐，叫声新人新郎换起蜡烛照紫薇。

日出东方向西行，紫薇映烛起光明。

紫薇金烛照到底，再燃宝烛亮如金。

灯花结彩无价宝，换起宝烛迎祥云。

生生世世永发达，子子孙孙伴王君。

抬金桌

大大树木出山林，小小树木江厦进。

细木老师叫进门，弹落木线紫腾腾。

锯落木板有尺寸，粗刨细刨刨得平。

细木老师武艺上，做起金桌头圈抽线带桄窗。

油漆先生本领崭，黄栀打地亮油盖。

梅兰竹菊头圈旋，油光晶亮实好看。

洞房间好比宽心阁，新人新郎抬金桌。

金桌打个大团圆，老新生儿中状元。

垫垫好，塞塞牢，迎来皇母献蟠桃。

讨凳头

喜日良辰厨下忙，相劳厨下端凳进洞房。

我班朋友笑嘻嘻，四条长凳送进洞房里。

昔日有个吕蒙正，时运未来寒窑读诗文。

鸡有两翼不及鸟，马有四蹄不及人。

我班朋友站在洞房里，众班朋友坐坐起。

众班朋友贺新郎，不见凳头入洞房。

纱帽椅，不方便，粗糙凳头也可以。

青田树木砍落无其数，撑我江厦埠头过。

锯板老师叫来破，做起凳头无其数。

厨下叔，有道理，四条长凳送进洞房里。

坐落位

老话说李闯打天下，顺治皇帝现成坐。

新郎坐上位，新人对面坐，众朋友顺次座上坐。

讨酒壶

金打酒壶亮晶晶，银打酒壶起光明。

铜打酒壶像黄金，铁打酒壶黑沉沉。

镴打酒壶如金银。叫声厨下叔，酒壶送进洞房门。

镴打酒壶七寸长，绍兴老酒桂花香。

百年夫妻结鸳鸯，我班朋友吃酒度得猛。

厨下叔拿拿显光相，酒壶结彩要帮主人家省。

我班朋友说得明，讲得清，拆了红纸（彩）贺新人。

复酒壶插旗

正官娘娘去游嬉，带来全副銮驾百号旗。

八洞大仙从此过，收了銮驾拔了旗。

讨酒杯

黄（岩）太（平）土沙多得很，江西酒杯有名声。

全国商埠靠江西，料细货好系头绳。

酒杯打捆牢又好，厨下送杯进洞房。

酒杯打捆拆不出，相劳新人解开盘龙结。

酒杯要从新郎分起，众朋友左右有次序。

讨　箸

一双玉箸七寸长，二八十六把金镶。

象牙嵌金亮烁烁，黑木嵌金连玉系着不能拆。

相劳新人用力拆，拆出玉箸各人分。

多谢厨下多费心，众班朋友接冷盘。

肉挟挟，酒喝喝，拿出手巾嘴擦擦。

第一分新郎，第二分自己，众班朋友照常理。

讨碗头

桃红柳绿百花开，年少寻芳几时回。

老新屋里客气显，买来碗头给我当酒坏。

讨酱油醋

多少厨下走忙忙，勿见酱油醋到新房。

厨下行堂多得显，请把酱油醋送进来。

讨冷碟

冬去春来百花香，喜鹊衔梅闹洋洋。

王母娘娘来庆寿，荤素冷盘共八盘。

冬笋、香菇、豆腐干，金桔、荸荠、葱韭菜。

蛤蜊、花鲜、炒猪肝，鱼子、司鱼、鸡鸭肉。

唱碗头

豆芽本是双门印，前朝出个小方卿。

勿怪姑娘良心狠，难为表姐一片心。

金针生来长又长，平贵做皇在西凉。

平贵带兵回朝转，宝钏受宠封娘娘。

肉皮泡胶黄又黄，苏小妹三次嘻新郎。

投石冲破水底天，鸳鸯并茂结成双。

雌参长在海里边，先朝出个蔡状元。

蔡状元造起洛阳桥，万民百姓乐无边。

新人贺礼

珠联璧合做夫妻，金兰结义比兄弟。

老新娘家糕点进洞房，众班朋友贺新郎。

有理无理新人吃起，若还无理，新郎代起。

分状元红——桔子

太白斗酒诗百篇，新人贪与新郎眠。

众班朋友实噜苏，相劳新人状元红分分开。

各个分了还勿算，先分新郎第一位。

剥状元红

黄岩蜜桔吃味好，文旦红栾好味道。

剥出里面夹加夹，望你老新献一法。

你半边，我一夹，老新生儿勿生因。

谢厨倌

我班朋友实无理，果子碟头自吃起。

厨倌厨下走得忙，没有果子到厨房。

你班朋友太费心，我班朋友礼物轻。

请你收回果子盆，众班朋友话多情。

春夏秋冬四季天，八仙庆寿永团圆。

荷花本是水底开，金童玉女捧酒回。

彭祖寿高八百岁，陈抟一睡有千年。

个个不是凡胎骨，三朝元老立两边。

新人新郎金桌抬转来，老新生儿中状元。

若要富，金桌抬过窝，若要发，金桌抬过塔。

望新人掌灯

树大叶茂实难攀，百丈岩头赛牡丹。

堂上坐起真君子，可比朝臣陪王晏。

阿义对人左右坐，众朋友，拿灯来。

左手拿起一对灯，右手拿起一对满堂红。

二十年前高大长寿烛，五百年前结成亲。

呆一呆，勿可提灯台。

呆来勿算呆，三洲六县请你来。

浙江省，浙江城，浙江城镇算绍兴。

绍兴府，算六县。

抢灯之人顶聪明，新郎官三日前有贴来请。

一来叫你望新人，二来叫你说花名。

打镴老司武艺真，打起镴台照新人。

上照王母娘娘蟠桃会，下照五子登科夺魁名。

照得左边陪姑，好比云头天仙女。

照得右边陪姑，好比万岁三公主。

望丫鬟

日落西山近黄昏，众班朋友心想望新人。

新人已望过，四个丫鬟呒望清。

老新今日出娘门，带来四个丫鬟相貌好得很。

第一个丫鬟武艺能，可比汉朝女昭君。

第二个丫鬟实稀奇，可比三国貂蝉女。

第三个丫鬟才学能，可比先朝孟丽君。

第四个丫鬟真稀奇，可比唐朝杨贵妃。

扎麻糍按

我班朋友勿肯开，相劳新人扎麻糍按。

红头绳，长又长，长短勿要用尺量。

待等娃娃落地满月来，长短就照麻糍按。

讨谢显

金清港潮涨八分，朝阳轮船使起身。

勿打电话勿寄信，人对人，面对面，相劳新人显出来。

共有一百零八显，三十六天显，七十二地显，相劳新人显几显。

讨鸡子

稀奇稀奇实稀奇，外是壳来内是皮。

我班朋友要回家，要讨新人肚搭里。

逢吉日，我要带，要带金鸡脚窝里。

我班朋友勿肯去，早子各人七八个。

十还子

一还一品当朝富贵子，二还二龙戏珠活宝子。

三还福禄寿三星子，四还四弟子龙抱太子。

五还五子登科连环子，六还六朝杨波抢太子。

七还云头吹箫韩湘子，八还八仙庆寿长寿子。

九还张仙送来麒麟子，十还老新生儿状元子。

去披纱

天下文明第一家，上海发落有披纱。

披纱本是外国进，红红绿绿实新鲜。

金丝眼镜亮晶晶，蝴蝶结彩伴新人。

花衫罗裙绣彩凤，新人今夜封正官。

去披纱，摘眼镜，卸花衫，换衣裙。

一身改装多整齐，新人生儿做尚书。

撒果子

贵府今夜送洞房，果子花生撒纱窗。

天配良缘凑成对，果子花生撒闼前。

先生喜来后生囝，果子花生撒眠床。

老新生儿状元郎，果子花生撒布帐。

老新生儿做宰相，果子花生撒柜桌。

老新生儿做总督，果子花生撒度橱。

老新生儿做尚书，果子花生撒枕头。

老新生儿封公侯，果子花生撒被絮。

好给老新滚狮子，果子撒得乱纷纷。

蝴蝶飞来采花芯，来年产生玉麒麟。

要造三透九花厅，富贵荣华享不完，福禄寿喜一满门。

左一透，右一透，一透透造到五朝大门外。

左手关门右手揎，子子孙孙大团圆。

（新中国成立前流行于温岭温西一带，太平邵云昌提供）

黄岩"洞房经"①节选

送洞房（一）

高兴晚头（今夜）送洞房，一对鸳鸯结成双。

送进洞房喜连连，执事公领头走在前。

福禄寿三星中堂坐，麒麟送进贵子来。

新郎一进来，新妇娘心花开。

红漆桶盘圆又圆，百年夫妻好团圆。

黄岩蜜桔捧加捧，各色糖果香又甜。

我抛喜果来祝贺，祝贺新郎新妇娘大团圆。

红鸡子送了好出门，新郎官新妇娘晚头生个文曲星。

送洞房（二）

八仙来，大门开，洞房花烛送进（开）；

手托金盘四角方，相伴新郎进洞房。

吉（ji）脚进洞房，宽心点笔做文章；

顺脚进洞房，连科及第状元郎。

洞房间里红艳艳，好比万岁八宝金銮殿。

新郎行礼连脱帽，生儿骑马兼坐轿；

新人行礼福一福，生儿有寿并有福。

花生瓜子撒（za）撒眼，先生儿来后生囡。

---

① 引自徐先学、张永生编著《黄岩民俗大观》，中国文史出版社 2011 年版。

花生瓜子撒（za）布帐，生个儿子做宰相。

利市果经

（旧时习俗，结婚当晚，众亲戚好友酒足饭饱后，要到新房看嫁妆，向新娘讨红鸡蛋。如果你能念"利市果经"，则增添喜庆气氛。）

说牡丹、话牡丹，百客人前开口难，

百客人前难开口，砻糠搓绳起头难。

上通箬山滩，下通滴水湾，

路桥十里铺，小仙哪里吭走过？到你府上望新妇。

脚踏台门里，眼关花堂里，

花堂里面摆起红艳艳，好比万岁金銮殿。

东边摆起孔雀盘，西边摆起着衣镜，

福禄三星中堂挂，明角珠灯挂堂前。

脚踏洞房里，洞房里面挨挨挤挤，

男男女女，好比杭州城里，

大的叫表兄，小的叫表弟。

只可帮衬，不可插嘴，帮衬有礼，插嘴无底。

要望新妇上望落，新妇头髻梳得散，

实在崭（好），实在洋，要望新妇下年好做娘。

大红面，毛蓝里。

要望新妇肚兜起，新妇肚兜挑起满江花，要望新妇一双好奶奶，

一双奶奶两个缀，要望新妇肚脐窟，

一窟紧固固，要望新妇洋袜箍（抽，方言），

洋袜箍长拔拔，扁嗒嗒，要望新妇双个下巴画眉眼。

新妇娘，笑也勿用笑，红鸡子拿出一毡帽。

红鸡子箱笼里，小仙可开得八把锁，红鸡子相送你。

杭州白滩锁，太平玉环锁，泽库西湖锁，

路桥是广锁，葭沚通落是前锁（所），

新妇娘带来一把长命锁，新郎官带来一把洞房锁，好年好月开新锁。

天上是天门，万岁是朝门，文武百官是衙门，

莨沚通落是海门，金岸金漆门，

新妇娘出家门，新郎官洞房门，好年好月开新门。

现在这一习俗已不多见，能念"利市果经"的人也很少。

拜见经

（结婚时，傧相主持拜见仪式，念《拜见经》。）

请新人

天开地昌福寿长，中堂客人喜洋洋，

堂前击打龙凤鼓，结婚典礼号吹响。

春夏秋冬四季天，桃红柳绿各争妍，

中堂站立众人客，快请新人出堂来。

请新郎

前请新妇后请郎，金童玉女配成双，

新郎快步中堂上，一生一世好风光。

黄道吉日喜匆匆，我做傧相好喉咙，

好事好日闹哄哄，挂灯结彩满堂红。

新郎整位

新郎整位喜冲冲，龙凤大位设当中，

爹娘头前先行礼，周公造落礼仪通。

新娘整位

寿比南山节节高，福如东海浪滔滔，

一对金椅摆当中，礼拜公婆福寿隆。

拜祖先

祖宗积德几千年，夫妻双双拜祖先，

祖德流芳昭百世，永得平安万万年。

拜舅公妗婆

今日好事喜相逢，请出家中老舅公，

外甥夫妇来见面，银洋捧出封加封。

拜四亲六眷

花开并蒂姻缘美，鸳鸯成双添恩爱，

才子佳人结伴侣，四亲六眷笑口开。

拜媒人

夏至落雨天做媒，雨打花园百花开，

百花开来生百福，福禄满堂不忘媒。

团圆拜

今日堂前喜冲冲，四亲六眷在堂中，

乡村风俗拜完全，家门福禄大团圆。

讨碗头经

一碗刺参有名声，仙女下凡看花灯。

远远看见高文贵，假化茅蓬结成亲。

二碗泡胶黄茵茵，今科状元小方卿。

可恨姑母良心狠，难为表妹赠花银。

三碗猪肚有名声，正德皇帝去游春。

游到江南杭州城，风调雨顺国太平。

四碗猪肉大家尝，夫妻双双上天堂。

八仙个个来庆贺，王母娘娘蟠桃会。

五碗黄鱼鲜又鲜，姜太公独坐钓鱼台。

八十三岁遇文王，白发苍苍做高官。

六碗猪腰碗上浮，三姐梳妆上彩楼。

彩球抛在平贵头，后来两国做王侯。

七碗猪肝紫丛丛，云头站着赤须龙。

赤须龙下凡乱朝廷，康王逃到杭州城。

八碗胖蹄红又红，刘备出门遇关公。

杀猪卖肉三张飞，桃园结义情义重。

九碗田蟹八只脚，先朝有个梁山伯。

梁山伯与祝英台，金童玉女下凡来。

十碗银鱼长又长，古代有个小沉香。

小沉香，来打洞，华山洞里救亲娘。

摆十三花

新妇娘，出手快，摆起果品十三花。

三打三，两打两，黄岩乳桔摆中央。

新郎头前要摆桂圆娘，新娘头前要摆节节生。

上摆梅花结顶，下摆柳树盘根。

三月三开花，九月九结子。

结起果子白蓬蓬，早生贵子成金龙。

抱 灯

一抱灯，二抱灯，三抱灯，三三得九九龙灯。

九九八十一盏状元灯，新娘配抱灯。

新郎双抱灯，众班朋友助抱灯。

五凤楼上大龙灯，五凤楼下抱珠灯。

子龙抱斗灯，诸葛孔明灯。

连升三级，离金殿三尺。

女娲娘娘朝天子，告老辞官转家门。

子龙抱斗灯，诸葛孔明灯。

连升三级，离金殿三尺。

女娲娘娘朝天子，告老辞官转家门。

（玉环沙门：旧时男女婚礼，成婚之夜，必先举行送洞房仪式。为了增加喜事的欢乐气氛，送洞房的人要遭遇闹洞房的人善意骚扰和刁难。对闹洞房的人给出的道道难题，送洞房的领队必须巧妙解答，解答的语言叫"洞房经"。如果解答不出，则进不了洞房门或进了洞房也吃不成酒菜。譬如，洞房门关着，不让新郎和送洞房的人进去，领队要念:)

八仙来，大门开，洞房花烛送进来。

手托金盘四方角，陪陪新郎进洞房。

洞房门打开了，进了洞房，领队人又念：

洞房间红艳艳，好像万岁金銮殿。

脚踏洞房地，眼望新人笑嘻嘻。

（进了洞房就可上菜，若帮厨不让送洞房的人吃，会在佳肴上放上一些东西，必须拿掉障碍物才能吃，领队人又念:)

五爪擒龙随身带，放得慢来拿得快。

（拿掉东西就可以喝酒吃菜了，菜上齐了要打八仙，又念道:)

师父差我洞房送，我送洞房打八仙。

钟离老祖道法高，铁拐李祖师乐逍遥。

洞宾肩背青锋剑，湘子云头吹玉箫。

国舅手拿云阳板，采和轻盈提花篮，

果老年纪已很高，白发苍苍两边飘，

仙姑人貌十二分，牡丹亭上操瑶琴，

瑶琴操得实在好，皇母娘娘献蟠桃。

皇母娘娘蟠桃会，八洞神仙下凡来。

（吃过酒菜，还要抛果子［糖、花生］，插金花，抛果子时念道：）

果子撒被丝，新郎新娘滚狮子，

果子撒门床，早生贵子状元郎，

果子撒地，万年富贵。

（插金花时念：）

日出太阳似盘花，凤凰飞过万岁家，

正宫娘娘生太子，我班朋友插金花，

金花插门床，早生贵子状元郎。

（零散"洞房经"：）

花儿红叶儿青，新人摆出好花名。

正月梅花趁早开，彭祖寿高八百年。

二月兰花样样齐，武则天娘娘做皇帝。

三月桃花开清明，方卿到了九松亭。

四月青梅节节高，宋朝有个杨宗保。

五月菖蒲喷喷香……

说牡丹来画牡丹，百客人前开口难。

今日好事凑成双，欢欢喜喜送洞房。

红漆桶盘亮堂堂，大红喜烛照新房。

脚踏云梯步步高，凤凰飞过彩仙桥。

王母娘娘蟠桃会，东方大叔献蟠桃。

八仙大门两边开，新郎新娘请进来。

男站东，女站西，一对鸳鸯做夫妻。

夫妻本是前生定，五百年前结成婚。

高山流水水不断，恩爱夫妻千万年。

新郎新娘互敬礼，百年夫妻好欢喜。

新妇房间闪金光，要看新娘好嫁妆。

红木漆器绫罗缎，朝南放着百子床，

四柱八档凤凰将。龙凤被子南寿帐，

花头薰荐龙须席。龙须席上好夫妻，

新郎新娘行云雨，五子登科盘花对。

大公子当朝一宰，二公子礼部天官，

三公子河南总镇，四公子封侯挂印，

五公子少年神童，才高八斗状元郎。

大囡一品凤冠戴，二囡正宫伴皇帝。

八抬八绰八人扛，代代儿孙并肩王。

两脚退出福人地，左手关门右手闩，

代代子孙中状元。

后　记

　　写完书稿，掩卷沉思，是什么让我进入陌生的民俗学领域呢？仅仅是出于热爱，或者基于学术，或者是现实需要？我无法马上回答。但有一点我是明白的，那就是对于地方民俗学的关注起于当代文学研究产生困境之时，多年的研究已经无以为继了，受到偶然的启发，转型走异路进而热情迸发。

　　在转型的过程中，有一个人需要特别提一下，以示尊敬和感谢。在华东师范大学访学时，得到导师殷国明教授的悉心指导，我开始步入学术的殿堂，发表了近 30 篇文章，出版了个人第一本专著。那时我认识了支持我转型的华东师范大学民俗学研究所所长、民俗学家田兆元教授，是田教授看似漫不经心的几句话，让我觉得地方民俗研究于我而言还有空间。他的话其实有深意，记得他提到浙江民俗研究，说浙江各地市民俗研究都富有成效，只有两个市还没有非遗研究中心，其中一个即台州市，而台州市恰恰是民俗文化发达地区，民俗研究空白较多。我留心了。2011 年访学回来准备成立台州民俗研究所，并拟请田教授任指导老师，与华东师范大学民俗学研究所展开合作，但由于人事变故，研究所未能成立，原计划落空。没有研究所不等于转型的道路阻断，我选择了台州婚俗作为人生第一个民俗研究对象，在收集了几万字"洞房经"后，着手申报课题，在编写申报书时，又是田教授悉心指导，课题最后得到肯定，被列为 2013 年度浙江省哲学社会科学规划课题。2014 年，台州市文广新局和台州职业技术学院共建的"地方民俗与文化研究所"终于成立。两年的研究，课题的最终成果：

"诗性婚俗——台州'洞房经'的审美研究"终稿完成，虽不完美，但凝结了我的心血。这里，我对田老师的无私教诲表示诚挚的谢意。

台州是一片神奇的土地，这里有九万里壮丽河山，八千年历史风云，七百里黄金海岸，六百万英雄儿女。从"下汤文化"开始，台州风云激荡，三国时卫温率队开启远航台湾的征帆，东晋时中国海盗鼻祖孙恩三次海攻临海，南朝陈、隋时代创立佛教"天台宗"，天台国清寺成为日本、朝鲜的国教祖庭，诞生人文地理学始祖王士性，戚继光抗倭的丰功伟绩留存台州人民的心底，更有台州"绿壳"张扬历史，在新中国成立前曾是浙江的三大名片之一（还有绍兴师爷、宁波商帮）……数千项文化遗产光耀千古，以待有缘。汉民族仅存的对歌"洞房经"就诞生在这片迷人的土地上，"洞房经"的传唱之境，是一片山海之地，它三面环山，东面环海。这大海广垠无边，波涛汹涌，神奇壮阔，这群山，连绵不断，绿荫葱葱。置身碧水青山、小桥流水之中，仿佛就在海上仙子国，典型的江南水乡。起伏的群山，温婉的河水，含蓄的大海塑造出台州与众不同的自然景观；它俊秀、婉约、节奏明快而又蕴藏着深沉、沉郁；它清俊、潇洒、坚毅而又深藏着剽悍、刚强。如果说，环境具有人格力量的话，那么俊秀、婉约、坚毅、灵动就是江南台州的特殊"个性"。千百年来，它以自己独特的个性潜移默化地影响着台州人的生活习性，"硬气"伴随着浙东绵绵的群山和苍茫的大海，铸就台州人的性格内涵。台州文化精神的四个要素"务实、兼容、和合、创新"和台州的文化性格"四气"："硬气、灵气、和气、锐气"源头既来源于台州的自然山水，又来源于台州久淀的文化和人文。特有的审美情趣、自强不息的奋斗精神孕育了一代又一代的台州人，制约着他们的文化选择并最终完成台州文化的塑造。它既异于苍茫、恢宏、悲壮、沉郁的黄土高原的文化，又不同于同是丘陵、湖泊、水乡大海的南方文化，在台州各类民间音乐中最直接最集中体现江南水乡文化个性的，非"洞房经"莫属。

但全球化的后现代语境打破了我们固有的一切。

当下，台州城市群也已成为当地城市和经济发展和台州文化最重要的空间载体。但同时引发了台州区域文化的巨变。这一巨变主要体现在文化内涵的变更上，当代台州文化在某种意义上已经偏离传统的诗性特征。从理论和经验来看，台州城市文化虽是江南传统文化的最新形态，但这个最新形态已与传统文化的诗性本质大相径庭。与过去原生性文化相比较，当今台州在文化创造上的理念与动力更主要源于开放的本性和现实政治利益，不是发自文化自身生产与消费的内在需要，这与历史上吴、越文化和海派文化生发的根源不一致。

我们不可否认，现在台州地方文化传承、发展和创新所涉及的历史文物如古迹、古镇、古街、风物、民俗等大都以经济效益为终极目标，与传统文化倡导的诗意栖居式的社会、文化价值理念相去甚远，小桥流水样的江南文化典型样式——古村落、古街、故居，虽有留存、修复，如蟠滩古镇、神仙居古镇、桃渚古城、临海紫阳街等，但大都与经济效益直接挂钩，真正公益性的文化古村落、古街、故居本留存不多，能保持原貌的相当寥寥，更不用说，在城市化冲击下，人为毁灭或被历史湮灭的文化古迹数不胜数，文人笔下充满诗情画意的情景如桨声灯影、荷塘月色、梅雨绿潭、钓台春昼、江南采莲、悠长雨巷等已经无法再现于我们的视野，城市集群的快速发展和台州诗性文化的沉寂形成鲜明的对照，这种发展的极不平衡性导致文化建设的影响力、冲击力大为弱化。从振兴传统台州文化角度看，目前我们在文化建设上所做的一切举措可能还只是皮毛并没有深入五脏六腑。加快文化建设与经济发展亦步亦趋，弘扬台州诗性文化传统、提升人民的文化价值观势在必行。

如今，我们不缺乏地理学的台州、经济学的台州、历史学的台州、区域文化学的台州，但是很显然，这些不仅与我们记忆中那个令人魂萦梦牵的台州有干系，而且台州文化的诗性内涵在这些学科滔滔不绝的谈论中被深深地遮蔽起来了。在全球化时代，我们在深入解读和阐释代表经济发展成果的城市文化时，对环绕其中的经济人文、政治人文、社会人文与诗性人文如何做一种合理性的学术解读与解释，这是我们亟待要弄清的学术问题，因为现实的台州文化已经无法与传统诗性文化产生正面的碰撞，更多的现象显示着两者呈现互不相干的状态，传统的台州诗性文化的本质——精神的脱俗超拔、生命的激越、个性的剽悍自由等构成的审美结构未能充分体现在后现代台州的精神与人文建构中，而消费文明时代的台州更能彰显一种西方色彩的文化。虽然有人认为时下台州经济主流模式——家族文化、商业文化是传统江南文化的复制版，如刘士林在他的《江南文化理论》有过类似的解释。江南文化的这两个特质：商业文化和家族文化，在现在的台州文化里虽有所继承，但似乎也是形似而神不似，这其中的"神"即文化内涵。如果台州文化能与江南诗性文化产生碰撞，如果新新人类对传统江南的诗情画意能够产生某种依恋之情，那么人文台州的自由奔放精神下的新型地方文化构架将被重新树立。这是当下管理层梦寐以求的愿景。

在台州，一个蓬勃旺盛的消费社会正在兴起，不仅价值观念发生急剧变化，文化的产生和接受都被卷入全新的历史场景。面对新的文化语境，传统美学体系显然面临挑战，必须寻找如何重新构建人的精神价值美学体系的办法。有几点现象值得我们注意，（一）目前台州文化实质上是以海派文化为核心的重新结构图展，（二）现在学界提出的台州文化建设理论基本上是基于经济效益，社会（意识形态）效益很少纳入思维范围，（三）借助于台州文化载体能够重树新的人生价值观吗？

随着全球化经济时代到来，中西方文化的交互、碰撞融合也随之到来，一个具有西方色彩特征的文化时代已经出现，给我们带来全新的文化视野和美学价值。年轻一代在思想、行为上更愿意接受西方文化与生活方式的影响，他们已经拒绝了传统的生活方式，很多传统的东西逐渐被封存在历史的记忆中，婚俗"洞房经"走向沉寂和没落。城市集群的快速形成，打乱了台州传统的悠闲、豪放、粗犷而精致的生活状态，文化及其文化消费随着经济的高速发展变得快节奏。在这种文化氛围下年轻一代快速多变的情感已无法安放那颗躁动不安的心灵，他们喜欢寻求无生活苦难记忆的孤独与寂寞，向往一刹那心灵的释放与慰藉，所以，包含了文化消费的消费文化活力四射。

在这种巨变的历史时刻，提炼价值观、建立强大区域文化，影响浙江进而影响全国，是历史赋予台州人的光荣而艰巨的任务。遍观历史，要完成这一重任唯有台州民俗这一传统诗性文化最适于作为一种资源参与当前台州文化建设，台州草根文化非常发达，底蕴深厚，涵盖面极广，我认为，台州文化是一口至今没有穷尽的深井。在这口深井之中，我们至少可以打捞出家族文化、商业文化、审美文化三块沉甸甸的文化宝石。这三种文化都强调人文精神，突出江南文化自由奔放超拔创造的特质，加上优美的人文山水，为台州人民的心灵解放与诗意栖居提供了从精神到现实的可能。如果能与当今的时代精神融会贯通，足以建立一种新美学价值体系。所以，问题的关键不在于在传统台州文化这口深井里打捞出什么，而在于打捞上来后我们通过什么方式和手段使之形成一种广为认同的新文化价值形式，以一种人文学的文化充盈于社会、人生，让台州人重新树立新的价值观，这样的打捞才会有历史价值。如果光是打捞而无法让台州诗性文化内涵重新焕发生机，那只能束之高阁供人瞻仰或作饭后谈资。

台州地方民俗文化源远流长，历史悠久，辐射广阔，内容广博，影响深远，是越地民俗文化的核心构成之一。从现存的汉民族婚俗考察，以对歌形式呈现的婚礼是汉民族仅存的，有其独特意义和价值，如果把它置于更广阔的文化背景中，其内在的诗性品性和台州人民追求秩序、幸福生活的冲动及意志的沉淀可以推广到人类婚俗的社会意义和价值的呈现上。粗狂、直白、老土，带着浓浓的乡韵，走向我们的生活，沁人心脾，声播千里，就是这块谜一样的土地留给世人的财富。

台州民俗文化还可以放在更为深广的中华文化的背景中或跨文化语境中进一步深入探讨。对于台州民俗研究而言，目前的开展并不乐观，整体研究基本处于散、小阶段，民俗研究的专业人才匮乏，或者可以说，收集台州民俗资料汇编的成果较多，而从事民俗所体现的地方文化意蕴以及与地方文化的构成、宗教信仰、文化性格、精神世界关系的研究几乎是空白，有较为宽广的研究空间。坚持台州民俗研究，多出成果，出好成果，吸引区域内、国内的民俗、文化学术界的关注，实现台州文化涵盖的地域隐形价值的提升，扩大台州市在省内、国内的影响，于区域文化而言具有深广的意义。

本书在写作中，有关细节和说法来源于公开资料和网络，附录的台州"洞房经"是整理了广泛流传的样本，温岭市的"洞房经"全部由温岭市非遗保护中心邵银燕主任提供，临海的"洞房经"一部分来自临海市民间歌谣，在这里做一说明。

在这里，还需感谢台州市非遗保护中心主任李秋宁先生，他本身也是课题组的主要成员，对课题研究作出了很多贡献，市文广新局许良云局长给予关心和热情支持，主管非遗工作的监察室主任俞志罕也给予很多帮助，温岭市非遗保护中心主任邵银燕提供了温岭市"洞房经"，在此一并表示深深的谢意。

周仲强

2015 年 3 月 30 日